弥生文化像の新構築

藤尾慎一郎 著

吉川弘文館

序

　本書は，日本列島の水田稲作が前10世紀に始まったとする説を前提とする弥生長期編年のもとでは，西日本各地の水田稲作開始年代，水田稲作が広がる速度，鉄の使用開始と普及，弥生集落の景観，弥生文化の範囲，という5つの問題に関するこれまでの考え方を，どのように変えなければならないのかを論じたものである。

　弥生長期編年の根拠とは，いうまでもなくAMS炭素14年代測定によって導き出された新しい年代観であるが，ほとんどの読者はこの測定法を文献のない先史時代の遺跡や遺物に年代を与える手段と理解しているであろう。確かに第一義的にはその通りであるが，実は，考古学をサイエンスとする重要なツールの一つなのである。

　どういう意味なのか，二つの例をあげて説明しよう。まずは相対年代が絶対年代にかわる意味である。これまで考古学は，相対年代と呼ぶ尺度で縄文文化や弥生文化のイメージを語ってきた。たとえば，頭を切り取られた人が葬られていたことで有名になった佐賀県吉野ヶ里遺跡が所在する佐賀平野には，弥生前期末に100基，中期初頭に50基，中期前半に500基，中期後半に100基の成人甕棺墓が分布する。

　相対年代でこの現象を解釈すると，前期末に造営が始まった佐賀平野の成人甕棺墓は，中期初頭にかなり落ち込むものの，中期前半にピークを迎え，中期後半には減少する，という考古学的な説明ができる。

　では，時代を変えて，明治時代に100基，大正時代に50基，昭和時代に500基，平成時代に100基の墓が造られた，という説明を受けた場合，読者はどのように理解するであろうか。数字の増減こそ，佐賀平野にみた弥生前期から中期後半にいたる推移と同じであるが，私たちは明治が45年，大正が15年，昭和が63年，平成が25年（現在も継続中），つづいたことを知っているので，年数（存続幅）が違うのに，それを考慮せずに増加したとか減少したとか評価しても意味がないことを知っている。年数が短い大正が少なく，長い昭和が多いのは当た

り前。むしろ，15年しかなかった大正に45年つづいた明治の半分の50基も造られていることの方が注目されるのではないかと。

　もうおわかりであろう。AMS炭素14年代は，明治以降の絶対年代のもとで墓の変遷を評価したときと同じ歴史的評価を，弥生でも可能としたのである。現在，私たちは，AMS炭素14年代測定をもとに，弥生前期末が前380年頃から30年，中期初頭が50年，中期前半が100年，中期後半が200年の存続幅を持つことを明らかにしている。この存続幅をもとに先の甕棺の時期別推移を評価すると，30年しかない前期末が100基，200年もある中期後半が100基であるとしたら，先の相対年代のもとでの評価とは当然異なり，絶対年代のもとでは前期末の甕棺墓の造営数が非常に多いと評価できる。単純に計算しても前期末には1年で3基造られるのに対して，中期後半は1年で0.5基なので，前期末は6倍のペースで造られたことを意味するのである。

　弥生短期編年にもとづく従来の年代観のもとでは，どの時期（土器型式）も30年程度の同じ存続期間をもつと仮定していたので，前期末は1年で3基，中期後半も1年で3基造られたことになって，同じ意味になってしまう。これでは評価がまったく異なるものとならざるを得ないことがわかる。炭素14年代は考古学をサイエンスとした，という最大の理由がここにある。どの土器型式も同じ存続幅を持つという仮定（均等存続幅）は過去のものとなり，型式ごとの存続幅は大きく異なる（不均等存続幅）という歴史的事実を明らかにしたのである。

　二つ目に世界標準の年代のもとでの解釈を可能とした点である。

　弥生長期編年は弥生研究者に少しずつ採用されつつあるが，すでにグローバル・スタンダード化している分野がある。植物考古学の世界である。

　AMS炭素14年代測定によって年代が確定する炭化植物と，第Ⅰ章で扱うレプリカ法の急速な普及によって，植物考古学は縄文時代におけるマメ・ドメスティケーションの存在を明らかにした。縄文ダイズや縄文アズキを対象とした縄文人の栽培活動と灌漑式水田稲作との関連を研究するには，弥生長期編年に依拠することによってはじめて，中国や韓半島などの東アジア世界との比較考察が可能となるのである。

　二つの例からも明らかなように，多くの可能性を秘めたAMS炭素14年代測

定にもとづく弥生長期編年をもとに構成したのが本書である。弥生長期編年は，秦・前漢時代に成立したイネと鉄の弥生文化像，どの土器型式も30年前後の均等な存続幅をもつという仮定で構築されてきた弥生文化像を，どのように新構築して，新しい研究の地平を切り開くのか，早速本論にはいることとしよう。

2013年2月

佐倉にて
藤 尾 慎 一 郎

目　　次

　序

プロローグ ……………………………………………………………………… 1

　1　弥生稲作500年遡上説が意味するもの ……………………………………… 1
　2　本書の構成 ……………………………………………………………………… 1
　3　これまでの弥生文化観 ………………………………………………………… 2
　　⑴　1960〜70年代の弥生文化——三大要素，時代区分論争　2
　　⑵　1980〜90年代の弥生文化——時代区分論争，主体者論争　4
　　⑶　21世紀の弥生文化——弥生長期編年の登場　5
　4　弥生文化の年代 ………………………………………………………………… 6
　　⑴　従来の相対年代法　6
　　⑵　史書が描く世界と弥生年代　7
　　⑶　交差年代法——中国鏡を利用した中期末以降の年代　8
　　⑷　交差年代法——炭素14年代測定結果を使った前期末〜中期初頭の年代　8
　　⑸　交差年代法——炭素14年代測定結果を使った弥生開始年代　9
　　⑹　炭素14年代と樹木年輪年代の導入　12
　　⑺　自然科学者の努力　13
　　⑻　歴博の年代研究　14
　　⑼　今後の課題　15
　　⑽　ま と め　16

Ⅰ　弥生稲作の開始年代 ……………………………………………………… 19

　は じ め に ………………………………………………………………………… 19
　1　年代決定の基本的な考え方 …………………………………………………… 20
　2　九州北部における弥生稲作の開始年代 ……………………………………… 21
　　⑴　弥生稲作開始期の山の寺・夜臼Ⅰ式の測定例　21

(2)　黒川式の整理　*28*
　　(3)　統計処理の前作業　*36*
　　(4)　ゴチックで表した測定値の検討　*37*
　　(5)　統計処理と実年代　*39*
　　(6)　弥生早期～前期初頭の較正年代　*41*
　　(7)　較正年代の絞り込み　*42*

　3　九州東部・西部瀬戸内における弥生稲作の開始年代
　　　　——弥生前期中頃の炭素14年代……………………………………*42*
　　(1)　弥生稲作開始直前の大分平野　*43*
　　(2)　弥生稲作開始直前の西部瀬戸内　*45*
　　(3)　高知平野における弥生稲作の開始年代　*45*
　　(4)　西部瀬戸内における弥生稲作の開始　*49*

　4　徳島平野における弥生稲作の開始年代……………………………*52*
　　(1)　測定した遺跡と土器　*52*
　　(2)　土器の特徴と炭素14年代値，較正年代　*53*
　　(3)　徳島平野における弥生稲作の開始年代　*53*

　5　愛知県における弥生稲作の開始年代………………………………*55*
　　(1)　測定した遺跡と土器　*55*
　　(2)　土器の特徴と炭素14年代値，較正年代　*55*
　　(3)　愛知県内の弥生土器の年代学的調査に関する諸問題　*57*

　6　較正年代の算出——弥生早期と弥生前期中頃……………………*58*
　　(1)　弥生前期初頭以前　*58*
　　(2)　弥生前期中頃～後半　*59*

　おわりに………………………………………………………………………*66*

Ⅱ　弥生稲作の開始と拡散……………………………………………………*72*

　はじめに………………………………………………………………………*72*
　　(1)　本章の目的と構成　*72*
　　(2)　急速な拡散説から，緩やかな拡散説へ　*72*
　　(3)　各地の弥生稲作開始年代　*73*

(4) 長くかかった意味　74

　1　福岡・早良平野における
　　　　　　　弥生稲作民と園耕民の住み分け……………75
　　(1) 弥生開始期の集団　75
　　(2) 諸遺跡のもつ条件　77
　　(3) 福岡・早良平野における農耕民化と，農耕民と園耕民の住み分け　88
　　(4) 福岡・早良平野における相互交流モデル　98
　　(5) 玄界灘沿岸地域における園耕民の農耕民化過程　102

　2　大阪湾沿岸地域における
　　　　　　　弥生稲作民と園耕民の住み分け…………104
　　(1) はじめにかえて　104
　　(2) 問題の所在　106
　　(3) 共存期の確認——長原式新とⅠ-1-古　114

　3　炭素14年代の導入………………………………124
　　(1) 炭素14年代値　124
　　(2) 近畿各地における弥生稲作の開始　129
　　(3) 大阪湾沿岸地域における弥生稲作開始期の特質　129
　　(4) 100年間の意味　131
　　(5) まとめ　134

　おわりに………………………………………………135

Ⅲ　弥生文化の鉄——弥生長期編年下の鉄史観……………138
　はじめに………………………………………………138
　1　鉄と出会った日本列島の人びと………………138
　　(1) 金属器との出会い——鉄製工具との出会い　138
　　(2) 本格的な出会い以前　140
　　(3) 弥生人と金属器の出会いの意味　142
　　(4) 青銅器との出会い　143

　2　鉄素材の種類……………………………………144
　　(1) 鋳鉄系鉄素材　144
　　(2) 鍛鉄系鉄素材　147

3 弥生人の鉄器製作……………………………………………… 148
　(1) 弥生人の鉄器製作とは　148
　(2) 鋳造鉄斧片再利用説　150
　(3) 弥生人，鉄を求めて海を渡る　152
　(4) 鍛錬鍛冶Ｂ　154

4 弥生製錬はあったのか………………………………………… 160

5 鉄をめぐる古墳時代成立論…………………………………… 163
　(1) 従来の説　163
　(2) 村上恭通の批判　164
　(3) 検　　証　166

おわりに…………………………………………………………… 169

Ⅳ　新しい弥生集落像…………………………………………… 172

はじめに…………………………………………………………… 172

1 「同時期」の意味……………………………………………… 173
　(1) 同時併存住居の認識の違い——縄文集落論と弥生集落論　173
　(2) 住居跡出土土器からいえる時期とは　175
　(3) 仮にすべての住居の建設・放棄の年代が確定できた場合　176

2 「同時期」の認定法…………………………………………… 177
　(1) 従来の年代観による集落論　177
　(2) 較正年代による宝台遺跡の集落論　181
　(3) ま と め　183

3 累積結果か一時期か…………………………………………… 184
　(1) 一時期の認定は難しい　184
　(2) 解決の手がかり　186

4 人口・規模の認定法…………………………………………… 187
　(1) 不均等性のシミュレーション　187
　(2) あくまでも同時併存にこだわる場合　192
　(3) 前期末〜中期初頭の人口急増の背景——生産量増加の背景　194

おわりに ……………………………………………………… *196*

Ⅴ　弥生文化の輪郭 …………………………………………… *199*

　　はじめに ……………………………………………………… *199*

1　藤本強の前一千年紀の列島内諸文化
　　　　――続縄文・弥生・貝塚後期文化・ボカシの地域 ……… *202*
　　(1)　「中の文化」　*202*
　　(2)　「北の文化」――続縄文文化　*203*
　　(3)　「南の文化」――貝塚後期文化　*204*
　　(4)　まとめ　*204*

2　弥生文化とはどんな文化なのか――弥生文化の指標 ……… *205*
　　(1)　複数の指標で考えられた1970年代以前　*205*
　　(2)　単独の指標の重視――水田稲作という経済的側面　*206*
　　(3)　時代区分論争と弥生文化の指標　*206*
　　(4)　社会的・祭祀的要素の重視　*207*
　　(5)　系譜を重視する考え方　*209*
　　(6)　農耕の起源地と拡散地　*210*
　　(7)　前後する文化との関係　*213*
　　(8)　まとめ　*214*

3　弥生文化の質的要素――横と縦のボカシの地域・時期について ……… *215*
　　(1)　西日本　*215*
　　(2)　伊勢湾以東・以北の東日本　*218*
　　(3)　3つの指標の分布　*220*
　　(4)　3つの側面からみた地域的なまとまり　*221*
　　(5)　縦の「ボカシ」　*223*

4　「中の文化」の細分 ……………………………………… *225*
　　(1)　文化的まとまりの時期別変遷　*225*
　　(2)　「中の文化」の輪郭　*232*

5　縄文文化と古墳文化との境界 …………………………… *235*
　　(1)　縦の「ボカシ」とエピ縄紋　*235*

(2)　各地のエピ縄紋段階　　*237*
　　(3)　古墳文化への転換　　*239*
　おわりに……………………………………………*241*
エピローグ………………………………………………*246*
　あとがき……………………………………………*253*
　参 考 文 献……………………………………………*258*
　索　　　引……………………………………………*270*

写真・図・表 目次

写真1　測定した種実類顕微鏡写真　*54*
写真2　コクゾウムシの電子顕微鏡写真　*90*
写真3　大久保遺跡出土鉄製品　*139*
写真4　福岡市比恵遺跡出土の鋳造鉄斧　*147*

図1　黒川式古・新段階の土器実測図，炭素14年代とδ^{13}C　*29*
図2　山の寺式・夜臼Ⅰ式土器実測図，炭素14年代とδ^{13}C　*30*
図3　夜臼Ⅰ式新，夜臼Ⅱa式土器実測図，炭素14年代とδ^{13}C(1)　*31*
図4　夜臼Ⅰ式新，夜臼Ⅱa式土器実測図，炭素14年代とδ^{13}C(2)　*32*
図5　縄文晩期～弥生早期土器の炭素14年代の中心値を較正曲線上におとしたもの　*34*
図6　黒川式新～夜臼Ⅱb・板付Ⅰ式共伴期までの型式間境界　*40*
図7　大分市玉沢条里跡遺跡第7次調査出土土器　*44*
図8　今治市阿方遺跡出土沢田式新土器　*46*
図9　土佐市居徳遺跡出土倉岡式，沢田式古・新土器　*48*
図10　日本産樹木の炭素14年代値　*50*
図11　阿方遺跡出土古式遠賀川系土器　*51*
図12　沢田式新～古式遠賀川系土器の型式間境界　*51*
図13　愛知県内出土の縄文晩期後半～弥生前期の土器　*56*
図14　弥生前期中頃～前期後半の測定土器　*60*
図15　板付Ⅱa式の確率密度分布図　*62*
図16　九州北部・大分・愛媛・広島の土器型式分布図　*63*
図17　夜臼Ⅱb・板付Ⅰ式と板付Ⅱa・古式遠賀川系と板付Ⅱa式と板付Ⅱb式の型式間境界　*65*
図18　土器型式別の炭素14年代値（2012年版）　*67*
図19　中国・韓国南部・九州北部の編年表　*68*
図20　水田稲作の拡散推定ルートと開始年代　*74*
図21　弥生開始期の集団をあらわす用語　*76*
図22　福岡・早良平野における弥生早・前期の遺跡分布図　*78*
図23　板付遺跡周辺の地形図　*79*
図24　福岡平野における初期水田　*80*
図25　板付遺跡環壕出土の祖型甕と板付Ⅰ古式甕実測図　*80*
図26　祖型甕から板付Ⅰ式甕への型式変遷図　*81*
図27　比恵・那珂台地上の遺跡分布図　*83*

図28　那珂遺跡と雀居遺跡の祖型甕　*84*
図29　板付遺跡・那珂遺跡と雀居遺跡の屈曲部にみられる器形上のクセ　*86*
図30　有田遺跡の屈曲甕・砲弾甕と板付甕にみられる器形上の特徴　*86*
図31　縄文後期後半の遺跡分布　*89*
図32　弥生早期の遺跡分布　*92*
図33　弥生前期初頭の遺跡分布　*94*
図34　板付遺跡全体図　*95*
図35　弥生前期中頃の遺跡分布　*97*
図36　フロンティア模式図　*99*
図37　大阪市長原遺跡出土土器と縄文系祭祀遺物　*108*
図38　近畿の長原式と遠賀川系の遺跡分布　*109*
図39　近畿における突帯文・突帯文系土器，遠賀川系土器の分布　*110*
図40　縄文晩期から弥生前期の河内平野　*111*
図41　炭素14年代測定を行った縄文晩期〜弥生中期土器　*115*
図42　神戸市大開遺跡出土長原式新併行の突帯文系甕と標準甕　*118*
図43　東大阪市水走遺跡出土の突帯文系甕と遠賀川系甕　*119*
図44　東大阪市若江北遺跡出土の標準甕　*121*
図45　奈良県唐古・鍵遺跡出土の突帯文系甕と標準甕　*123*
図46　炭素14年代測定を行った突帯文・突帯文系甕，標準甕，遠賀川系甕　*126*
図47　日本列島における水田稲作の開始時期と較正曲線　*128*
図48　池島・福万寺遺跡の水田　*132*
図49　縄文園耕民と弥生稲作民との出会い　*133*
図50　縄文園耕民と弥生稲作民との同化・融合の進行　*133*
図51　弥生稲作民の成立　*133*
図52　福岡県今川遺跡出土青銅製品　*141*
図53　梯子形鉄斧の鋳造用鋳型にみられる単合范と双合范の違い　*141*
図54　鋳造鉄斧と破片加工品の分布　*146*
図55　前近代における製鉄工程模式図　*149*
図56　側辺に折り返しを持つ鉄製品　*151*
図57　鋳造鉄斧破片の再利用模式図　*151*
図58　鋳造鉄斧の破片例　*152*
図59　韓半島における弥生土器出土遺跡分布図　*153*
図60　鍛冶炉と鍛冶工程との関係　*155*
図61　島根県上野Ⅱ遺跡と出土した板状鉄製品　*156*
図62　島根県平田遺跡の鍛冶炉と鉄製品　*157*
図63　弥生後期の鍛冶遺構から出土した道具類　*158*
図64　弥生中・後期の鍛冶遺跡分布図　*160*

図65　広島県小丸遺跡の製鉄炉　　*162*
図66　福岡市宝台遺跡　　*178*
図67　福岡市宝台遺跡各地点の遺構配置図　　*178*
図68　九州北部の弥生土器編年図　　*182*
図69　弥生中期付近の較正曲線　　*183*
図70　IntCal04上における土器型式分布図　　*185*
図71　福岡県三国丘陵の縄文系弥生人の住居跡　　*188*
図72　指数関数による人口増加率　　*188*
図73　ロジスティック曲線と年あたりの増加率　　*191*
図74　指数関数的増加モデルと発掘住居数から計算された渡来系弥生人の人口　　*191*
図75　ロジスティックモデルと発掘住居数から計算された渡来系弥生人の人口　　*192*
図76　歴博の較正年代による指数関数的増加モデル　　*192*
図77　三沢蓬ヶ浦遺跡全体図　　*194*
図78　弥生文化以降の日本列島の諸文化　　*199*
図79　東アジアにおける水田稲作の起源地と拡散地　　*211*
図80　弥生文化の3要素の時期別・地域別分布　　*216-217*
図81　食糧生産を基礎とする生活を送る地域と諸文化　　*220*
図82　環濠集落の分布　　*220*
図83　青銅器祭祀の分布　　*220*
図84　3つの側面からみた日本列島　　*222*
図85　第一段階　　*226*
図86　第二段階　　*226*
図87　第三段階　　*226*
図88　第四段階　　*226*
図89　東日本における水田稲作の目的　　*229*
図90　前3～前2世紀の諸文化　　*233*

　　　　　　　図22～30は〔藤尾 1999c〕，図46・49～51は〔藤尾 2009c〕，図2～
　　　　　　　16は〔藤尾 2009d〕，図31～35・55・81～88・90は〔藤尾 2011b〕より．

表1　1960～70年代の炭素14年代値と補正値　　*10*
表2　縄文晩期初頭～弥生前期後半の炭素14年代とδ^{13}C　　*22-27*
表3　九州北部における弥生土器型式の炭素14年代と実年代一覧表　　*67*
表4　土器型式ごとの較正年代　　*69*
表5　近畿地方の縄文晩期～弥生中期初頭の実年代　　*125-126*
表6　編年観の違いによる弥生文化の鉄の歴史の違い　　*143*
表7　韓半島における弥生土器出土遺跡一覧表　　*154*
表8　宝台遺跡で見つかった住居跡の一覧表　　*180*

表9　発見住居数と推定渡来系人口　　191
表10　ロジスティックモデルによる渡来系の人口増加率　　191
表11　三国丘陵の時期区分と較正年代　　192
表12　三沢蓬ヶ浦遺跡の地点別・時期別累積住居数　　194
表13　日本列島上に存在した4つの文化の特徴　　233

プロローグ

1　弥生稲作500年遡上説が意味するもの

　AMS炭素14年代測定と考古学との学際的な共同研究の結果，灌漑式水田稲作（以下，弥生稲作）の始まりが，紀元前10世紀後半まで，約500年さかのぼるという説を，私たち，国立歴史民俗博物館（以下，歴博）の年代研究グループが発表してから今年で11年目に入った〔春成・今村・藤尾・坂本 2003〕。発表当初は500年さかのぼったことや，鉄器が弥生前期の終わりにならないと出てこないことなどに関心が集まったが，しだいにこの問題の本当の意味が浸透してきた。

　すなわち，これまで長い間，弥生研究の大前提であった，すべての土器型式の存続幅は約30年ぐらいであるという，いわゆる土器型式の均等存続幅仮説は過去のものとなり，30年幅の型式もあれば150年幅の型式もあるといった具合に，不均等存続幅であることを前提にすれば，これまでの私たちがイメージしてきた弥生人の村や社会が大きく変わらざるを得なくなってくる点である。

　世界でもっとも高精度な土器編年をほこる日本考古学だからこそ可能であった，AMS炭素14年代測定との学際研究によって，土器型式ごとに暦年代が与えられたことは，日本考古学がよりどころとしている精緻な相対年代にもとづく方法論に，新しい可能性を切り開くものであると同時に，弥生式土器の発見以来，130年あまりにわたって積み上げられてきた弥生文化観を早急に見直し，新しい弥生文化観の再構築を促しつつある。

2　本書の構成

　本書は，AMS炭素14年代測定によって構築された弥生長期編年[1]によって大きく見直しが必要な4つのテーマと，見直しの基礎となる弥生年代観について，5つの章に分けて考察したものである。

第Ⅰ章「弥生稲作の開始年代」では，弥生長期編年にもとづく弥生早期，前期，中期の実年代と，九州北部から伊勢湾沿岸に至る各地で弥生稲作が始まった年代を，2009年の前稿〔藤尾 2009d〕以降に新たに得られた試料を加えて再構築した。

　第Ⅱ章「弥生稲作の開始と拡散」では，福岡・早良平野と大阪湾沿岸地域における弥生稲作開始期の問題を取り上げ，これまで考えていたよりも弥生稲作の広がる速度が遅かったことを述べ，その背景について考えた。

　第Ⅲ章「弥生文化の鉄──弥生長期編年下の鉄史観」では，弥生稲作が始まって600年あまり後に出現する鉄器文化の見直しと，それによって影響を受ける弥生文化像について考えた。

　第Ⅳ章「新しい弥生集落像」では，土器型式の存続幅が，これまでの均等幅である約30年から，不均等幅の30～170年になることによって，大きく変わる弥生人の村の景観と，そこから導き出される人口規模や社会像について述べた。

　第Ⅴ章「弥生文化の輪郭」では，これまで北・中・南の文化に分けられていた弥生文化併行期の日本列島について，本州島のなかにも利根川を境に，水田稲作を生産基盤とする2つの文化が存在し，弥生文化として一つにくくることはできないことを述べた。

　本論に入る前に，これまでの弥生文化観がどのように作られてきたかを振り返るとともに，その前提となった弥生短期編年が構築されてきた過程をみることによって，本書の「プロローグ」とする。

3　これまでの弥生文化観

(1)　1960～70年代の弥生文化──三大要素，時代区分論争

　小林行雄が1936年に縄文文化（当時は縄文式文化）や古墳文化との間に位置する独立した文化として弥生文化（当時の弥生式文化）を日本列島の先史時代に位置づけてから約80年がたった〔小林 1936〕。弥生文化は弥生土器（当時は弥生式土器），農業，鉄という3つの要素によって規定され，しかもこの3つが弥生前期段階にはそろっていたとの予想は戦前からあったが，実際に前期の

遺跡で確認されたのは1940～50年代に行われた福岡県板付遺跡（弥生式土器と農業）〔森・岡崎 1961〕や熊本県斎藤山遺跡（鉄器）〔乙益 1961〕の発掘調査によってである。この結果，弥生文化は農業と鉄器が同時に出現する世界で唯一の先史文化として広く認識されると同時に，特に鉄器こそが弥生文化を成立させる要素として重要視されることとなった〔小林 1947〕。

小林行雄が定義した「遠賀川式土器」「定型化した水稲農業」「鉄器」という要素は，2003年まで弥生文化の三大要素でありつづけたと筆者は考えている。1960年代に刊行された日本史や考古学の講座本には，弥生文化は鉄器が青銅器より先に，しかも農業と同時に出現し，かつ鉄器は利器，青銅器は礼器・祭器として使い分けられていた点を最大の特徴とする文化として描かれている。これはすでに鉄器時代に入っていた秦・漢世界に弥生文化が組み込まれていたことに原因が求められていた〔石母田 1962，近藤 1962，和島 1967〕。

根拠となったのは弥生稲作の開始当初から鉄器が存在するという斎藤山遺跡の発掘所見で，東アジアのなかで弥生文化を位置づける際に大きな影響を与えてきた。

70年代になると三大要素をそのままにしたまま「定型化した水稲農業」という経済的側面を重視する見解を佐原真が示す〔佐原 1975〕。西アジアの新石器革命に相当するものとして弥生文化を位置づけることを目的とした佐原は，弥生土器が使われていた時代を弥生時代，文化を弥生文化とする定義から，水田稲作を生活の基本とする生活が始まった時代を弥生時代，弥生時代の文化を弥生文化，弥生時代の土器を弥生土器，とする定義への変更を行った。

佐原の変更は当初，時代を区分するための指標を弥生土器から水田稲作へ変えただけであって，最初は単なる定義変更にとどまると思われた。弥生時代の始まりが実際に動くことになろうとは誰も考えてはいなかったと推測される。

しかし1970年代末から80年代初めにかけて調査された福岡県板付遺跡（水田）や曲り田遺跡（鉄器）〔橋口 1985〕，佐賀県菜畑遺跡（水田）〔中島 1982〕で見つかった縄文晩期末における水田稲作と鉄器の存在を受けて，佐原は先の定義にしたがい水田稲作が始まった縄文晩期末の突帯文土器段階を弥生早期（当初は先Ⅰ期）とする見解を示した〔佐原 1983〕。しかしこの措置で小林の弥生文化の三大要素が変更されなかったこともまた事実である。すなわち弥生時

代の土器が「弥生土器」という定義にしたがえば，水田稲作を行う九州北部の突帯文土器もまた弥生土器となるからである。最古の定型化した弥生土器が板付Ⅰ式土器から突帯文土器に代わったことで，鉄器・農業とともに弥生時代の当初から小林の3つの要素が存在していたことになる。

　弥生早期の設定は，弥生文化成立の契機をこれまでの秦・漢世界から戦国末の越の滅亡などと関連づけて考える説〔金関ほか 1995〕を生み出すに至り，弥生開始年代も前5～前4世紀までさかのぼることになる。

　(2)　1980～90年代の弥生文化──時代区分論争，主体者論争

　弥生早期の設定をうけて時代区分論争が活発化するなか，水田稲作などの経済的側面ではなく，社会的側面を重視した時代区分の考え方が出てくる。田崎博之〔田崎 1986〕，藤本強〔藤本 1988〕，武末純一〔武末 1991〕，白石太一郎〔白石 1993〕は，農業の開始ではなく環壕集落や戦いの始まりなど質的に異なったものの出現をもって弥生時代の始まりとすることが時代区分の常道だという見解を示す。弥生文化の経済的側面だけを重視するのではなく，農業を生産基盤とする社会の成立にこそ弥生文化の特質が現れるという，社会的側面を重視する考え方である。

　この時期，時代区分論争と並んで活発だったのが，弥生文化の成立に大きな役割を果たしたのは渡来人なのか在来人なのかという，いわゆる主体者論争である。在来人主体説の根拠となる縄文以来の豊富な要素がどうしても目につく九州北部の研究者には在来人有利に見えてしまうものの，水田稲作技術や水田を造る土木技術，社会組織や農耕祭祀など，目には見えにくい渡来系の要素に目を配り，その背後にいる渡来人の存在を重視するべきだという宇野隆夫〔宇野 1996〕や筆者〔藤尾 2003a〕は，経済的側面や社会的側面に加えて弥生独自の祭祀的側面も重要であることを説いた。

　このように土器や鉄器などの考古資料を三大要素として定義されていた弥生文化は，経済的側面に社会的側面や祭祀的側面などを加えて総合的に定義されるようになった一方で，東アジア世界での位置づけも，中国に加えて韓半島の影響をより強く見る考え方が出てくるようになる。

　1979年に福岡県今川遺跡で見つかった遼寧式銅剣の再加工品が弥生前期前葉

（板付Ⅰ式新）に比定され，韓半島の無文土器時代中期（青銅器時代後期）文化に属す松菊里式に併行することがわかると，弥生文化の成立に韓半島無文土器中期文化が大きな鍵を握っている可能性が強まった。三大要素の1つである定型化した弥生土器（遠賀川式土器）の甕は縄文系譜で成立したと考えられてきたが，農業や金属器と同様に韓半島無文土器の影響下で成立した可能性も出てきたわけなので，弥生文化の成立に与えた韓半島の影響度はさらに高まったのである。

(3) 21世紀の弥生文化——弥生長期編年の登場

2003年に歴博年代研究グループが発表した弥生稲作開始年代前10世紀説は弥生文化の定義にもこれまでにない衝撃を与えた。三大要素の1つであった鉄器が水田稲作の開始期には存在しないこと，すなわち弥生文化が始まってから600年ほどたたないと鉄器が出現しないことを意味したからである。なぜなら弥生稲作が始まった前10世紀といえば，当時，東アジア唯一の鉄生産国であった中国ですら，青銅製儀器の一部分にしか鉄を使用しておらず，しかもその分布範囲は黄河中流域の中原に限られていたために，前10世紀の日本列島に，しかも利器である斧が存在する可能性はまず考えられないからであった（本書第Ⅲ章）。

ここに弥生文化の三大要素が当初からそろっているという小林行雄以来の弥生文化の定義が崩れ，弥生文化の当初から存在するのは弥生土器と農業だけになるとともに，弥生文化成立時の東アジア世界は西周の時代となった。また韓半島が果たした役割はますますその重きを増し，韓半島農耕社会の発展が弥生文化成立の引き金となる人びとの移住をもたらす要因となったという安在晧の説〔安 2009〕が出されるにまで至っている。

以上のように，戦後の弥生文化の定義と弥生文化を取り巻く国際環境は変化してきたわけであるが，弥生稲作開始年代前10世紀説に伴い，弥生前期と中期初頭～中頃の継続時間が2倍近くに伸びたことによって，九州北部で始まった弥生稲作が伊勢湾沿岸まで広がるのに約400年，関東南部まで広がるのにさらに350年のあわせて800年近くもかかっていることがわかってきた。

このように西日本においては弥生稲作の開始時期が大幅にさかのぼったこと

により，弥生文化の存続期間はほぼ倍増して約1200年間となるとともに，水田稲作を行いながらも西日本のような大陸系譜の要素が明確でない地域が本州の東半分に存在することが明らかになってきた。たとえば水田稲作をわずか300年間しか行わずに採集狩猟生活に戻ってしまう東北北部のように，一度始めた水田稲作を完全に止めてしまう地域の存在。鉄器を使っていた証拠が見つからなかったり，農耕社会成立の証とみられる環壕集落や方形周溝墓が見つからない利根川以北の地域だったりである。

こうなると，もし東北北部まで含めて弥生文化の範囲と考えるとすれば，もはや石川日出志や設楽博己のように，水田稲作を一瞬でも行う文化を弥生文化と規定するか〔石川 2010，設楽 2000〕，水田稲作に別の考古学的な指標も加えて弥生文化自体を再定義するのかなど，弥生文化の概念自体を問い直すことが必要となってこよう。

筆者は弥生文化を，「(灌漑式水田稲作を) 選択的な生業構造のなかに位置づけた上で，それに特化し，いったん始めれば戻ることなく古墳文化へと連続していく文化である」〔藤尾 2013a：32頁〕と考えている。弥生文化とは何か，その指標を何に求めるのか。弥生文化の時間的・空間的範囲，すなわち弥生文化の範囲は，本書第V章のテーマである。

農業の開始当初から存在した鉄器を使って世界のどの文化よりも急速な古代化を達成したという佐原の弥生文化像は根本的に見直す時期に来ている。

4　弥生文化の年代

(1)　従来の相対年代法

交差年代法とは，西アジア・ヨーロッパにおいて文字社会の情報から非文字社会の年代を復元する方法として開発された，20世紀前半の主要な考古学的な方法である〔宇野 2009〕。

実年代のわかる資料をもつ文字社会の情報をもとに，非文字社会である日本列島の年代を復元することができる。東アジアの場合は中国が前15世紀ぐらいから文字社会に入るため，中国系文物が日本列島で出土したり，型式学的な影

響関係にあるものが出土したりすれば，交差年代法を用いて年代を推定することができる。

　日本列島で製作年代の明らかな中国系文物が出土するようになるのは楽浪郡の設置以降と仮定されていたので，前108年以降であれば交差年代法を用いて年代を当てはめることができる。それ以前は基本的に交差年代法が使えないので理化学的方法に頼ることになり，実際に1960年代には炭素14年代を使って弥生前期の開始年代を前300年に求めたのは後述するとおりである。

　交差年代法が利用できる前108年以降であっても，双方向の交差年代法でなかったことや前300年という弥生開始年代という枠のなかで実年代が考えられたことに，この時期の弥生年代論の特色がある。

　交差年代法の定点は中国系の文物の製作年代に置かれるべきなのだが，特に前漢以前の場合や韓半島系の文物の場合は，製作年代を直接求めることができなかったため，前300年という従来の弥生開始年代や前108年の楽浪郡設置以降でないと中国系の文物は日本列島に入ってこないという前提が，これらの文物の年代を考える実質的な定点になった。このことが製作年代から副葬年代までの間に長い時間を認める，いわゆる傾斜編年に立脚した弥生短期編年をとることにつながり，そのことが弥生開始年代を引き下げる原因となったのである。

(2) 史書が描く世界と弥生年代

　弥生文化の暦年代を考える際に大きな役割を果たしてきたのが史書との関係である。弥生暦年代の研究史をみるとき，研究者の頭のなかにはつねに史書との関係があったと考えられる。宇野隆夫によれば小林行雄も，衛満朝鮮の成立（前2世紀初め）や燕の遼東進出（前4世紀末〜前3世紀初）を前期末や弥生開始年代を考える際のよりどころとしていたことがわかる〔宇野 2009〕。

　つまり弥生文化の年代研究では交差年代法によっておおよその暦年代を明らかにした後，中国史書に記された歴史的事件に当てはめる方法が伝統的に採られてきたのである。森貞次郎による燕の政治変動を契機とする弥生時代の始まり〔森 1968〕，田辺昭三と佐原真による弥生中期末を倭国大乱に結びつけて後2世紀末にあてる考え〔田辺・佐原 1966〕などがその代表である。

　高橋徹がいうように，弥生文化の暦年代はこれら史書の世界の物語と一体と

なって研究者の頭にすり込まれてきた。そして弥生開始年代がさかのぼると連動してストーリーも変わっていく。その繰り返しであった〔石川日出志ほか 2009〕。では具体的にみてみよう。

(3) 交差年代法——中国鏡を利用した中期末以降の年代

弥生文化の年代を考古学的に求めるには，製作年代がわかっている中国系文物を用いた交差年代法によって求めることになるが，中国系文物で求められるのは前1世紀後半の中期末以降の年代に限られる。これに先鞭をつけたのが岡崎敬による洛陽焼溝漢墓出土の漢式鏡を用いた研究である。

高橋徹によれば，甕棺に副葬された中国鏡を使って弥生文化の年代を推定した富岡謙蔵以来，その集大成ともいえるのが1977年に刊行された『立岩遺跡』であるという〔高橋 2011〕。だがここに示された弥生中期と後期の年代が，田辺昭三・佐原真ら近畿地方の研究者になぜ共有されなかったのか，高橋は1つの推測を述べている。最終的に弥生後期の開始年代をめぐる九州と近畿間の年代のズレを解消したのは，後述する大阪府池上＝曽根遺跡で見つかった大型建物の柱の年輪年代であった。

中国系文物を利用した交差年代法によって得られた中期末〜後期前半の暦年代は，炭素14年代測定が進んだ今日でも変更する必要はまったくない。製作年代に異論がない中国製の鏡を対象とした交差年代法がいかに手堅い研究であるかがわかる。

岡崎が1976〜79年にかけて作成した手書きによるガリ版刷りの『日本における古鏡』は，その後，白石太一郎を研究代表とする歴博の共同研究「日本出土鏡のデータ修正及びその利用に関する基礎的研究」（1988〜90年）に引き継がれ，860頁に及ぶ『国立歴史民俗博物館研究報告』第56集として刊行され，共同利用に供されている〔白石編 1994〕。

(4) 交差年代法——炭素14年代測定結果を使った前期末〜中期初頭の年代

弥生前期末から中期初頭の年代は，森貞次郎が細形銅剣の型式分類と甕棺との共伴関係，炭素14年代，韓半島出土紀年銘資料との交差年代法を駆使して求めた。

武末純一は森の方法について，精緻な甕棺編年と研磨が及ぶ範囲を根拠に細分した細形銅剣との共伴関係から，細形銅剣の序列と年代を求めるという手堅い方法であると評価する〔武末 2011a〕。森は，1966年の段階〔森 1966〕では前3世紀のどこかで始まるとしていた弥生時代の開始年代について，1968年には弥生前期の始まりを宇木汲田遺跡から出土した板付I式に比定された木炭の炭素14年代（2240±50）と，前期後半に比定された木炭の炭素14年代（2180 B.P.）を用い，前290年（1950年から2240を引いた）と前170年（1950年から2180を引いた）という値を参考に，前期末は前2世紀前半よりくだらないとみて，前期の存続幅を約1世紀と捉える〔森 1968〕。すなわち炭素14年代を使って板付I式と前期末の時期をまず決めて，前期の存続幅を100年あまりと考えたのである。

　この年代は燕の昭王（前312〜279年）の時代と結びつけられ，弥生文化は遼東方面における燕の政治勢力の進出を契機に起こったと考えられるとともに，細形銅剣の流入は衛満朝鮮の建国と関連づけられることになる。

(5)　交差年代法——炭素14年代測定結果を使った弥生開始年代

　弥生前期の開始年代を前300年とする決定に大きな役割を果たした炭素14年代測定を積極的に実施したのは岡崎敬である。炭化米や籾痕土器の計測と並んで，自然科学と考古学との学際研究のまさに嚆矢と位置づけられる。

　そもそも1951年に小林行雄が前2, 3世紀と推定していた弥生文化の開始年代〔小林 1951：163頁〕は，近藤義郎の「弥生文化論」でも前300〜前200年のどこかにくると推定されていた〔近藤 1962〕。

　その後，弥生文化の開始年代をめぐる研究は，板付遺跡や宇木汲田貝塚の調査をふまえて本格化する。

　1961年に刊行された『日本農耕文化の生成』の総論で杉原は，「炭素の放射能」の測定結果が考古学に取り入れられつつある現状を肯定しながらも，「年代の誤差が非常に大きくてあまり役立たない」と指摘して，「比較年代決定法」の適用による前期の年代を披露する〔杉原 1961〕。まず前漢鏡が副葬された年代を西暦紀元〜100年としたうえで，中期初頭の城ノ越式を前1世紀に押さえる。次に前期の土器型式の数を2〜3型式に仮定し，前3〜前2世紀と推定し

表1　1960～70年代の炭素14年代値と補正値

遺跡名	資料名	測定機関番号	相対年代	炭素14年代	佐原の表（自ら補正）	補正年代	備考
板付	木炭	Gak-2358	板付Ⅰ式	2400±90	450±90	477±90	杉原使用（前360）
板付	貝殻	Gak-2360	板付Ⅰ式	2560±100	610±100	668±100	
宇木汲田	木炭	KURI-0053	夜臼Ⅱa式	2370±50	420±50	442±50	森・岡崎使用（前290）
宇木汲田	木炭	KURI-0054	板付Ⅰ式	2240±50	290±50	289±50	

註　補正年代は，佐原1975：128～129頁　表1　弥生時代の^{14}C 年代　より引用．半減期5730年で計算．

た。このとき，土器型式の年代幅をどのくらいにするかの根拠について山内清男の縄文土器1型式100年という数字があったことを大塚初重が明らかにしている〔大塚 1998〕。

そして弥生前期の炭素14年代が登場する。初出は1966年に刊行された『第四紀研究』に掲載された名古屋市西志賀貝塚の年代である。執筆した渡辺直経は弥生時代の炭素14年代が実年代より50～100年古くでることを指摘し，炭素14年代が常にそのまま実年代を示すものではないことを念頭におくよう注意を促している〔渡辺 1966〕。

ついで宇木汲田貝塚出土炭化米の炭素14年代が1968年に報告される〔岡崎 1968〕（表1）。夜臼層から出土した貝や木炭（G10区，夜臼式のみを出した貝層中：現在の夜臼Ⅱa式）は炭素14年代ベースで2370年前，板付Ⅰ式層：炭素14年代ベースで2240年前と表記されている（78頁）。この結果を受けて森は，板付Ⅰ式が前3世紀前半（前290年：西暦1950年－2240炭素年という引き算），板付Ⅱ式（前期後半）が（前230年：西暦1950年－2180炭素年という引き算），すなわち前3世紀後半であることを知る。

森は，「佐賀県唐津市宇木汲田貝塚の炭化木材（KURI0054：2240±50，貝塚6区，板付Ⅰ式）の放射性炭素測定（九州大学理学部）は前290年を示しているので，いちおう紀元前3世紀の前半と推定できる」〔森 1968：72頁〕と評価した。

この年代を背景に弥生文化の形成は，遼東方面における燕の政治勢力の進出に伴って起こったものと理解し，炭素14年代から得られた前275年という年代を，弥生文化形成初頭の年代として適当と認めるに至ったのである。

つづいて岡崎も宇木汲田貝塚の夜臼式，板付Ⅰ式の炭素14年代を引き，それ

ぞれ前5～前4世紀，前4～前3世紀という年代を示して，弥生文化の開始年代を西志賀貝塚の炭素14年代を引いて，弥生初頭の年代としている〔岡崎1971〕。ただしこの論文の36頁の編年表に記された，弥生後期以降の土器型式には西暦を付与しているにもかかわらず，中期後半以前の土器型式には西暦を付与せず空白としている点が興味深い。

　岡崎は中国から舶載された鏡を使って確率度の高い年代を明示できる中期後半以外の年代について，炭素14年代の使用に慎重でありながらも，それは決して無視したり黙殺したりするべきではないことを指摘しており，遺物形式の相対編年を厳密に行ったうえで，炭素14年代を比較検討する態度が必要だと結んでいる。

　そのようななか，すでに弥生文化の開始年代を前300年とか前3世紀に求めていた杉原荘介が，板付遺跡の第5区環溝下部出土の木炭塊の炭素14年代（Gak-2358：2400±90BP：西暦1950年－2400炭素年という引き算＝前450年）を取り上げ，弥生時代から土師時代にかけては，約10％古く数値が出ることが通例なので，許容範囲（誤差）の新しい方（前450年－90炭素年という引き算＝前360）の値が前300年という年代決定にかなり接近するとして，妥当な結果として肯定的に捉えている〔杉原　1970〕。

　このように1960～70年代の初めまでは，概して古く出るという一般的な傾向はありながらも，1950年から炭素14年代を直接引き算することによって，許容範囲の中心の年代が前300年を前後する年代であれば，肯定的に受け止めていた時期であるといえよう。使えるものは使うし，使えないものは古く出たとして参考にとどめるという姿勢が研究者のなかに一貫していたと推測される。

　以上のように，1960年代の炭素14年代導入に始まる弥生開始年代の研究は前300年開始説の大きな根拠となったが，炭素14年代測定はそれ以降，ほとんど利用されてこなかった。ヨーロッパの先史考古学では1967年に起こった第2次炭素14年代革命によって，交差年代法にもとづく暦年代とヨーロッパ内における相対年代との違いが明確になった時点で，炭素14年代測定法が速やかに採用され，以後，交差年代法は補完的に用いられるようになっていったのとは対照的である。

(6) 炭素14年代と樹木年輪年代の導入

　70年代も後半になると韓半島における考古学的な調査が進んだことを受けて，中国鏡が出土しない中期中頃以前においても交差年代法を用いた研究が進展する一方で，炭素14年代の世界にも樹木年輪による補正という考え方が紹介され，佐原真が早くも導入を計る。

　佐原はまず炭素14年代を用いた西暦年代の求め方について正しい方法の浸透を図る。中央の値がもっとも信頼でき，誤差の範囲内に幅をみているかのように誤解している研究者がいることを指摘し，「すべて^{14}C年代について，もとめられた値になる数学的確率は三分の二であって，それより古く，あるいは新しくなる可能性は三分の一は残っているという原則を承知していない考古学者も多い」〔佐原 1975：76頁註26〕と述べている。これは3点測定してそのうちの2点が許容範囲のなかに収まり1点が外れることを正しく指摘したものである。

　したがって，杉原や森，岡崎の炭素14年代の使い方が誤っていることに注意を促したことになる。そのうえで，60年代後半以降，欧米で始まった年輪補正を紹介し，自ら補正を行った値を表に提示した（表1）。よって杉原が根拠とした板付出土の板付Ⅰ式に比定された木炭は，前477年を中心値として，前567～前387年の間におさまる確率が3分の2。森や岡崎が根拠とした宇木汲田出土の板付Ⅰ式に比定された木炭は，前289年を中心値として，前339～前239年の間におさまる確率が3分の2であることを正しく指摘したのである。

　また，佐原は前300年頃を境にそれより古い値は炭素14年代より若干古くなること，それより新しい値は若干新しい値になることも指摘している。

　よって，佐原は炭素14年代よりも考古学資料の操作による年代の方に信頼度をおかざるを得ないとし，九州から東日本までの土器様式相互間の年代比定を正しく進め，九州を舞台とした交差年代法によって暦年代を割り当てるのが年代研究の基本方針であろうと結んだ。

　1981年には1975年に用いた一覧表の値を図化して炭素14年代値がいかにばらついているかを視覚的に示した上で，「…現状では少なくともおよそ3000年前以降の炭素14年代測定値は暦年代からほど遠いものとにらんでいる」〔佐原 1981：13頁〕と書いている。

そして，炭素14年代が現状でもっとも有力な自然科学的な年代測定法であること，方法の改善にその分野の研究者が取り組み精度を高めつつあること，自然科学者による方法の改善に努力し，それを見守り全面的に協力すること，しかし測定結果を無責任にはふりまわさないことなどを，考古学者のあるべき姿と結んでいる。

　しかし日本の考古学者の炭素14年代に対する対応は1980年代の半ばになっても敵対的なものすらあると井川史子が書いており，佐原の考古学者のあるべき姿とは裏腹に，両者をめぐる環境は決して望ましいものではなかったことがわかる。

(7)　自然科学者の努力

　年輪資料を用いた炭素14年代の補正はリビー博士の頃から始まっており，日本でも宇宙線強度の過去の変動歴を調べる目的で屋久杉を対象とした2000年間にわたる測定が行われている。世界的には1981年の段階でカリフォルニア中東部山岳地帯の針葉樹を対象とした7000年間にわたる測定が行われ，BP5000〜7000の試料は炭素14年代法によって800年程度，若く測られることがわかっている〔浜田 1981〕。

　乾燥地帯であるカリフォルニアで行われていた年輪年代研究を日本に持ち込んで発展させようとしたがうまくいかず，停滞していた日本の年輪年代研究を進めるきっかけをつくったのは，ドイツの方法を持ち込んだ佐原である。光谷拓実に託した奈良国立文化財研究所の年輪年代研究が1980年頃から試行的研究を始め，1985年にはヒノキの年輪を使った年輪年代法の実用化に成功する。

　弥生研究で炭素14年代測定法が再度使われるようになるのは誤差の少ないAMS炭素14年代測定法の登場を待たなければならなかった。1989年にAMS炭素14年代測定法が紹介されると，1995年に前420年までの年輪パターンが明らかになった年輪年代法との学際研究によって，弥生前期後半〜末が前5世紀にさかのぼる結果が出始める。

　また奈良県纒向石塚の木棺年代が後200年前後，1996年4月には弥生Ⅳ期末（中期末）に比定された大阪府池上＝曽根遺跡の木柱年代が前52年に伐採された可能性が報告され，それまで九州北部と近畿の研究者の間にみられた弥生後

期の開始年代のずれが解消される。

1998年に刊行された『弥生時代の考古学』(シンポジウム [日本の考古学 3])の「はしがき」には，年輪年代法によって近畿の弥生中期後半（第Ⅳ様式期）の暦年代は従来の定説より100年古くなるのか，という衝撃的な取り上げ方をされ，これが弥生文化の開始年代をさかのぼらせることにつながるのかどうかが，このシンポジウムの課題とされている。

参加者の武末は，弥生の始まりと一連の年輪年代は切り離して考えるべきとしながらも，韓国の松菊里式の年代との関連から板付Ⅰ式の上限が前400年まで上がる可能性，早期の上限が前5世紀にはいる可能性を指摘している。その後，武末は早期を前6～前5世紀，前期を前5～前4世紀という年代観を示した〔武末 2002〕。

筆者も2002年に『縄文論争』という本のなかで，名古屋大学の山本直人が北陸地方の縄文土器に付着したススを試料に測定した炭素14年代研究〔山本 2002〕を紹介している。すなわち山本は北陸の弥生文化の開始年代が前700年までさかのぼる可能性を指摘しているわけだが，炭素14年代は古くなればなるほど実年代とのズレが大きくなるとの当時の常識に縛られ，弥生開始年代が前10世紀にさかのぼるなどとは，まったく思い及ばなかったことを覚えている〔藤尾 2002〕。

北陸の弥生文化が前700年にさかのぼるということは，九州北部の弥生文化はさらにさかのぼることを意味しているのだが，まったく想定していなかったのである。

(8) 歴博の年代研究

歴博の組織的な年代歴史学研究は，1997年に奈良国立文化財研究所から異動したばかりの佐原を研究代表とする科学研究費基盤研究A「ヒノキ・スギ等の年輪年代による炭素14年代の修正」〔佐原 2005〕と今村峯雄を研究代表とする文部科学省の研究高度化推進プロジェクト研究「縄文時代の高精度編年研究」〔今村編 2003〕によって，本格的に始まった。佐原プロジェクトでは，大阪府池上=曽根遺跡や秋田県払田柵など，年輪年代や文献ですでに実年代がわかっている試料と炭素14年代測定結果との相互検証が行われ，その精確さを初めて

実証した。

　今村プロジェクトでは青森県三内丸山遺跡を初めとした測定試料をもとに，炭化物やウルシを試料とした高精度・高正確度の編年を実年代で行うための手法が確立され，縄文土器付着炭化物約700点を試料とする基礎研究が継続して行われたのである。

　この研究で土器付着炭化物を対象とした年代測定研究のノウハウを確立した今村は，弥生新年代の発表につながる文部科学省の基盤研究Ａ「縄文・弥生時代の高精度年代体系の構築」を2001年にスタートさせ，弥生土器に付着した炭化物を対象とした測定を始めた結果が，2003年5月の発表につながったのである。

　以上，7年あまりにわたる基礎研究を受けてスタートしたのが西本豊弘を研究代表として2004年に始まった文部科学省科学研究費学術創成研究「弥生農耕の起源と東アジア」であり，6年に及ぶ研究の結果，現在の年代的枠組みを構築するに至った〔西本 2010〕。

　このように岡崎が先鞭をつけた弥生研究における相対編年と炭素14年代測定との学際研究は，板付遺跡の調査以降，森貞次郎や小田富士雄によって構築された精緻な高精度編年と，韓半島南部と九州北部との間で武末純一らが構築した交差年代法による精緻な併行関係をふまえて結びつけられた，型式ごとの土器付着炭化物（主にスス）を対象としたAMS炭素14年代測定によって，日本の水田稲作の開始年代が前10世紀までさかのぼるという研究成果を導き出すことにつながったのである。

(9)　今後の課題

　武末が正しく指摘するように，交差年代や相対編年を無視して炭素14年代値だけで研究を進めることは論外である。また，わずか1例の共伴資料を根拠に炭素14年代値を無視して交差年代を決める方法に固執する学問姿勢もまた論外である。高橋徹によれば，縄文土器の短期編年にこだわり炭素14年代を否定しつづけた山内清男を，岡崎にしては珍しく名指しで厳しく批判しているという〔高橋 2011〕。

　「日本先史時代の土器の上限の年代が中近東の先史時代よりはるかに古くさ

かのぼるため，山内清男氏は^{14}C年代に疑問を差し挟んだが，同氏のいうシベリアの先史編年の年代も日本の年代もいわば仮定の年代であり，^{14}C年代の成果をまったく無視することは出来ないと思われる。ただし考古学の立場からは，まず遺物形成の相対編年を厳密に行ない，そのうえで^{14}C測定年代と比較検討する態度が必要だと思う」（岡崎 1971：33〜34頁）。

　仮の年代にすぎない従来の年代観に固執することがあってはならない。またモンテリウスは最低30例の一括遺物で考えるべきだと述べているのだから，一括遺物の利用についてはなおさら慎重であるべきだろう。

　測定試料の時期比定に慎重さを欠いた点はあったとしても，炭素14年代の結果と考古学的な相対編年が双方成り立つべく年代論を展開した森や岡崎に比べて，現代の研究者のなかには，炭素14年代をまったく無視する人がなんと多いことであろうか。相対編年はあくまでも仮定にすぎないという岡崎の言葉を，私たちはもう一度，真摯に受け止めるべきであろう。

⑽　ま と め

自然科学的年代法の導入

　2003年の歴博年代研究グループによる弥生開始年代前10世紀説の発表から6年たった2008年に行われた座談会における発言にもあるように，すでにこの時点で前10世紀説と前8世紀説が主流となりつつあった〔石川ほか 2009〕。2つの説のなかで炭素14年代および考古学的な事実の双方をかなり満たしているのは前10世紀説だけで，前8世紀説は炭素14年代を完全に無視することによって成り立っている。考古学が総合学問である以上，いずれは解決していかなければならない問題であり，座談会でも取り上げられているように大学教育のカリキュラムから変えていく必要があるであろう。

日本版較正曲線の構築と弥生年代

　日本産樹木年輪試料を炭素14年代測定することによって歴博年代研究グループが構築した日本版炭素14年代較正曲線，いわゆるJCal（Japanese Calibration Curve）が，弥生時代の実年代研究に与えた影響はきわめて大きい。2004年にIntCal04が公開されると歴博年代研究グループもこれを用い始めたが，弥生早

期から古墳前期にかけての約1300年の間にIntCal04では説明がつきにくい時期が2時期あることがわかってきた。尾嵜大真が指摘する前700～650年と後1～3世紀である〔尾嵜 2009〕。前者は弥生稲作の西日本における拡散期，後者は古墳の開始年代に関係してくるだけにその影響は大きい。

以上のように日本版較正曲線の構築によってIntCal04だけでは整合性がとれなかった弥生前期中頃と弥生後期末から古墳初頭にかけての較正年代を精確に求められるようになったことこそ，弥生文化の年代研究に与えた大きな成果といえよう。

較正年代導入による弥生文化像への影響

2008年の座談会でも話題になっているように相対年代さえあれば不自由はしないという声をよく聞く。特に西日本に根強い。しかし弥生早期が前10世紀後半に，前期が前8世紀初に，中期が前4世紀に始まるとなれば，九州北部における中期後半以前の土器型式の存続幅は，前期末や中期初頭の30～50年を除いてそのほとんどが100年以上の長いものになる。すると1世代（約30年）ごとに土器型式が変化していくという仮定自体が成り立たなくなるので，2軒の住居跡に同じ土器型式に属する土器が廃棄されていたからといって，2つの住居を同時併存とは単純に認定できなくなる。

以上のような事例は，炭素14年代測定にもとづく較正年代を導入することによって初めて具体的に想定できるようになった。このことが何を意味するのか，地域によっては中期後半以前の集落像の大幅な見直しにつながることもあろう。もちろん瑣末な議論として切り捨てる研究者もいるが，座談会でも話し合われているように決して瑣末な問題ではない[2]。

弥生中期後半以前における同時併存住居を厳密に認定できないのであれば，小林謙一のいう縦切り派，すなわち集落総体を累積結果として大きく把握し，そのなかの構造を読み取る方法を磨くしかない。同時併存していたのかどうかは定かでないが，弥生早期，前期，中期の単位集団を起点に，発展していく集団構造の認定についての方法論的見直しが急務である〔小林謙一 2009〕。

炭素14年代の活用は集落論や墓地構造論にとどまらない。小林謙一も紹介している水田や堰の時期比定，継続期間の検討にも有効である。また炭素14年代

を測った結果，堰の年代が土器を基準に比定された弥生前期前葉から前期末以降に変更される可能性がでてきた遺跡もある〔藤尾・今村ほか 2009〕。相対年代で議論していたころとは異なる弥生時代像を私たちに見せてくれるのが，炭素14年代と考古年代が織りなす新しい歴史像なのである。

註
1) 弥生稲作の始まりを前5～前4世紀とする従来の年代観を弥生短期編年，前10世紀後半とするAMS炭素14年代にもとづく年代観を弥生長期編年とする。
2) 仮に中期後半の集落復元案があるとした場合，これをみた人はそこに復元されたすべての建物が同時に存在していたと理解している場合が多い。「ここには100年間の累積結果が表現されています」とキャプションを加えるだけで，印象は大きく変わってくる。明治の初めから昭和45年までの村の復元案が1枚の絵で描けるわけがないのと同じ理由で，100年の間ずっと継続していたとは簡単にいえなくなるし，一時期あたりの人口も減ることになるからである。詳しくは〔石川日出志ほか 2009：237頁〕を参照のこと。

I　弥生稲作の開始年代

はじめに

　2003年5月に歴博の年代研究グループは，日本列島の弥生稲作が前10世紀に九州北部で始まっていたという，それまでの考え方よりも500年早い弥生稲作開始説を発表した。本グループが1996年から縄文土器に付着した炭化物約700点を対象に実施した炭素14年代測定と方法論の整備をふまえての発表であったが，西日本を中心とした弥生文化の研究者には縄文土器を対象としたこれまでの研究がよく知られていなかったこともあって多くのご批判をいただいた。

　発表から10年，今や弥生稲作の開始年代が従来通りの前5～前4世紀でよいという研究者は九州北部の数人となり，開始年代について発言している中国・韓国考古学を専門とする研究者のなかには，前600年説〔武末 2002〕，甲元眞之・宮本一夫・石川日出志のような前8～前7世紀説，ひいては西周前期である前10～前9世紀までさかのぼる可能性を示唆する大貫静夫〔大貫 2007〕などの説が出てくるようになった。まだ議論を見守っている研究者がほとんどとはいえ，歴博以外にも弥生稲作が従来の考えよりも早く始まっていたという意見がいくつも出てくるようになった背景には，弥生稲作の開始年代を考古学的に語るうえで重要な鍵を握っている，中国の遼東・遼西地域の研究が進んだことをあげることができよう。

　中原系の青銅器を介する傾斜編年で弥生開始年代を求めてきた考古学に対して，年代を直接知ることができる炭素14年代測定が示した弥生稲作前10世紀開始説は，考古学的にもすでに射程に入ったといえる。

　さらに年輪年代のわかっている日本列島産樹木の炭素14年代測定が進んだことによって，前820～前240年までの炭素14年代値が明らかにされたことも大きい。炭素14年代値が2600 ^{14}C BP 台を示す年輪は，前796年より古い年輪であることがわかったからである。ちなみにこれは2600 ^{14}C BP 台の測定値をもつ

夜臼Ⅱa式が，前796年より古いことを意味する。

　本章はこれまで本グループが発表してきた日本列島における灌漑式水田稲作の開始年代のうち，筆者が直接関わった九州北部，西部瀬戸内，徳島，愛知県域における現状での見通しについて述べたものである。さらに2011年に測定した鳥取平野における弥生稲作の開始年代についても概要を述べることとする。

　第1節では筆者たちのグループがどのようにして実年代を求めているのか，統計的な手法を述べる。第2節から第5節までは2009年以降に新たに得た測定値も加えて九州北部（第2節），九州東部・西部瀬戸内（第3節），徳島（第4節），愛知県（第5節）における弥生稲作が始まった炭素14年代を確定し，第6節ではこれらの炭素14年代の実年代を求める。

　また2011年に測定値を得た板付Ⅱa式と板付Ⅱb式の測定値をもとに，前稿〔藤尾 2009d〕では測定数が足りずに誤差が大きかった2つの土器型式の存続幅の精度を高めたので，第7節で報告する。

1　年代決定の基本的な考え方

　弥生時代の実年代を求める場合，まず行うのは同じ土器型式に属する炭素14年代値をできるだけ多く測ることである。理想は1型式につき20点ぐらい。試料は土器の外面に付着したススや内面に付着したコゲが望ましい。その土器に伴うことが確実だからである。木炭だと木炭自身の考古年代は出土状況に頼らざるを得ず，土器との厳密な同時性が保証できないからである。次に集めた土器型式ごとに炭素14年代の中心値を較正曲線上に並べていき，較正曲線上における土器型式ごとの位置を決定していく。較正曲線上の複数の場所に中心値をおける場合もとりあえずプロットしてみる。当然土器型式には存続幅があるので，同じ土器型式の測定値は何十年間の範囲に分散する。

　海洋リザーバー効果の影響を受けた炭化物の測定値や，測定上のエラーのものは型式の集中域から大きく外れてしまうので，グラフ上で視覚的に識別することができる。またある程度データ数が増えれば土器型式の順番と逆転する位置にプロットしてある測定値は外すことができるようになる。この作業を繰り返していけば土器型式ごとの炭素14年代値を絞り込むことがやがて可能になる。

こうして型式ごとにまとまった炭素14年代の上限値と下限値をもとに較正年代への変換を行えば，自然科学的な方法だけで行うよりは，考古情報を盛り込むことでより絞り込んだ較正年代を得ることができる。繰り返し批判されるような土器1点の測定値をもって恣意的に年代を求めているわけではない。

さらに土器型式の較正年代の上限値と下限値を求める場合は，型式ごとにまとめた炭素14年代値の上限値と下限値の較正年代から求めているのではなく，隣接する土器型式との境界を統計的に求めている。

まず次節で九州北部の縄文晩期末から弥生前期中頃までの土器に付着した炭化物を試料として測定した炭素14年代の値を用いて，土器型式ごとの炭素14年代値を求める。

2 九州北部における弥生稲作の開始年代

暦年較正曲線の凹凸（ウィグル）の特性を利用して，木材の年輪に沿って多数の年輪の炭素14濃度を測定し，得られたパターンと較正曲線パターンとを比較照合することによって高精度・高確度の年代を得る方法が本来のウィグルマッチ法である。

年輪の代わりに土器型式と実年代との関係を出土状況からわかる新旧や相対編年の情報を活用し，土器型式に対する実年代を暦年較正曲線上で解析する方法が土器型式を用いたウィグルマッチ法である。

(1) 弥生稲作開始期の山の寺・夜臼I式の測定例

九州北部における弥生稲作の開始年代について考える。表2は縄文晩期から弥生前期後半までの九州を中心とした西日本と伊勢湾沿岸地域の土器型式の炭素14年代値を遺跡ごとにならべたものである。日本列島でもっとも早く弥生稲作が始まるのは，山の寺式や夜臼I式と呼ばれている土器型式の段階なので，開始年代を知るには直前の土器型式である黒川式新段階の土器と開始期の土器型式との間で統計処理を行い，両型式の境界を求めることによって弥生稲作が始まった実年代を求めることができる。表中の各型式の総点数は有効な測定値だけをカウントしたものである。

表2 縄文晩期初頭～弥生前期後半の炭素14年代と $\delta^{13}C$ （ゴチックは除いてカウント）

遺跡名	測定機関番号	炭素14年代	$\delta^{13}C$ (‰)	器種	備考（歴博番号など）	コメント
入佐式（晩期初頭）2点						
加世田市諏訪牟田	Beta-176043	2990±30	-27.9	粗製深鉢	FJ0007	未報告，旧称農業センター
鹿児島県始良町中ノ原	PLD-4645	2940±25	(-26.8)	粗製深鉢	KAMB77	48集489.
黒川式古（晩期前半）1点，上菅生B式古3点						
南島原市権現脇	IAAA-40542	2910±30	(-26.2)	粗製深鉢	FJ0431	晩期初頭の年代
霧島市上野原	**IAAA-30253**	**3010±40**	**(-23.0)**	**組織痕文土器**	**FJ0003**	
大分市玉沢条里跡7次	MTC-07426	2955±30	-25.8	深鉢		上菅生B式古
大分市玉沢条里跡7次	MTC-07427	2905±30	-26.0	無刻目突帯文土器		上菅生B式古
大分市玉沢条里跡7次	MTC-07428	2945±35	-26.8	深鉢		上菅生B式古
黒川式新（晩期後半）9点＋前池式併行突帯文土器2点						
北九州市石田	MTC-03785	2890±80	-26.1	瀬戸内型屈曲一条甕	FJ0145	前池式併行
土佐市居徳4D区（殺傷人骨）IVB層	Beta-184565	2810±40	-25.9	瀬戸内型屈曲一条甕	KCM6	前池式併行
佐賀市東畑瀬	Beta-184543	2860±40	-26.1	粗製深鉢	FJ0149	
佐賀市東畑瀬	Beta-184541	2850±40	-26.5	粗製深鉢	FJ0159	
佐賀市東畑瀬	Beta-184542	2840±40	-26.3	粗製鉢	FJ0154	
小城市石木中高4	MTC-03788	2810±60	-25.5	刻目文鉢	FJ0165	平均値 2831±33
小城市石木中高4	Beta-191834	2840±40	-25.7		FJ0165Re	
小城市石木中高7	Beta-189558	2820±40	-25.4	屈曲型粗製鉢	FJ0168	
小城市石木中高1	Beta-189556	2830±40	-26.0	粗製鉢	FJ0162	
唐津市菜畑	Beta-189570	2820±40	-23.5	屈曲型粗製鉢	FJ0403	
唐津市菜畑	Beta-189572	2820±40	-26.7	砲弾型粗製甕	FJ0401	
南島原市権現脇	PLD-5055	2825±25	-26.3	組織痕文破片	FJ0573	報告書未掲載
山の寺・夜臼Ⅰ式（早期前半）10点，上菅生B式新2点						
唐津市菜畑	**Beta-189571**	**2880±40**	**-26.5**	**屈曲型二条甕**	**FJ0406**	**黒川式古の年代で古すぎる**
唐津市菜畑	Beta-188522	2730±40	-25.2	甕底部	FJ0408	
唐津市菜畑	Beta-189574	2710±40	-25.8	浅鉢坏屈曲部	FJ0407	
福岡市橋本一丁田	MTC-08113	2765±40	(-27.7)	方形浅鉢	FUFU27	
南島原市権現脇	IAAA-41894	2790±40	(-27.9)	リボン付き粗製鉢	FJ0576	平均値 2769±40
南島原市権現脇	IAAA-40546	2750±30	-26.4		FJ0442	
南島原市権現脇	IAAA-41101	2780±40	-26.3		FJ0577	
南島原市権現脇	PLD-4661	2780±25	-26.6	組織痕文破片	FJ0575Re	報告書未掲載
南島原市権現脇	PLD-5056	2775±40	-26.7		FJ0574	
南島原市権現脇	PLD-4657	2715±30	(-30.1)	鉢	FJ0435Re	報告書未掲載
平戸市里田原	IAAA-41094	2750±40	-25.4	粗製鉢	FJ0478	
平戸市里田原	IAAA-41095	2740±40	-26.8	屈曲鉢	FJ0481	
唐津市菜畑	Beta-189573	2760±40	-25.7	浅鉢	FJ0409	
福岡市日佐1-13	Beta-188185	3060±40	-26.0	組織痕文鉢	FJ0043	後期末の年代．再測定したのがIAAA-41080
	IAAA-41080	2780±40	-26.0		FJ0043re	

遺 跡 名	測定機関番号	炭素14年代	$\delta^{13}C$ (‰)	器 種	備 考 (歴博番号など)	コ メ ン ト
大分市玉沢条里跡7次	IAAA-40795	2760±40	-25.9	無刻目突帯文土器	FJ0460	
大分市玉沢条里跡7次	IAAA-40796	2760±40	-26.1	無刻目突帯文土器	FJ0461	
夜臼Ⅰ式新4点，夜臼Ⅱa式(早期後半)11点						
福岡市板付34次	Beta-204385	2620±40	-25.8	砲弾型一条甕	FUFU42	第1回目は2410^{14}C BPが出た
福岡市雀居4次	MTC-08030	2690±35	(-23.6)	砲弾型粗製甕	FUFJ4	
福岡市雀居4次	MTC-08038	2745±35	-20.8	浅 鉢	FUFJ30b	海洋リザーバー効果の影響
福岡市雀居4次	MTC-08037	2735±35	-21.7	夜臼Ⅱa	FUFJ29	海洋リザーバー効果の影響
福岡市橋本一丁田	Beta-172128	2770±40	-25.1	砲弾型一条甕		夜臼Ⅰ式の年代，古すぎる
福岡市橋本一丁田	Beta-172130	2660±40	未測定	砲弾型一条甕	FJ以前	平均値 2630±28
	MTC-08115	2600±40	(-27.3)		FUFU30	
福岡市橋本一丁田	Beta-172131	2650±40	-25.8	砲弾型一条甕	HSM6	
福岡市橋本一丁田	Beta-172129	2640±40	-26.1	屈曲型二条甕	HSM3	
福岡市橋本一丁田	MTC-08117	2620±45	(-27.8)	砲弾型一条甕	FUFU32	
唐津市梅白2	Beta-174313	2680±40	-24.1	杭	FJ番号なし	
唐津市梅白1	Beta-174312	2600±40	-32.8	杭	FJ番号	
唐津市菜畑	Beta-188523	2810±40	-22.8	唐津型甕	FJ0412	海洋リザーバー効果の影響
唐津市菜畑	Beta-189575	2300±40	-25.9	砲弾型粗製鉢	FJ0410	新しすぎる
	IAAA-41083	2480±40	-25.9		FJ410Re	新しすぎる
唐津市菜畑	Beta-188526	2600±40	-25.4	粗型甕B	FJ0418	
福岡市板付34次	Beta-184551	2670±40	-26.4	砲弾型粗製甕	FJ048	平均値 2650±28
	Beta-204409	2630±40	-27.1		FUFU49	
福岡市板付34次	Beta-204406	2630±40	-25.8	甕底部	FUFU40	
福岡市板付34次	Beta-204407	2600±40	-25.7	砲弾型粗製甕	FUFU41	
南島原市権現脇	IAAA-40543	2600±30	(-27.1)	リボン付粗製鉢	FJ0436	平均値 2596±24
	IAAA-40544	2590±40	-26.4		FJ0434	
小城市石木中高6	IAAA-41081	2650±40	-25.5	屈曲型刻目文土器	FJ0167Re	平均値 2630±20
	MTC-03787	2870±60	-25.7		FJ0167	
	Beta-189568	2610±40	-25.5		FJ0167Re	
福岡市橋本一丁田	MTC-08118	2585±40	(-27.4)	浅 鉢	FUFU33	やや新しい
唐津市大江前	MTC-07433	2530±30	-26.6	甕底部	SAGFJ9	新しすぎる
福岡市橋本一丁田	MTC-08114	2490±40	(-28.0)	方形浅鉢	FUFU28	新しすぎる
鹿屋市榎木原3	PLD-9667	2635±25	-26.9	浅 鉢		
福岡市福重稲木2次	PLD-9654	2410±25	(-24.6)	砲弾型一条甕		新しすぎる
夜臼Ⅱb式21点・板付Ⅰ式(前期初頭)7点						
福岡市板付34次	Beta-204410	2570±40	-25.5	粗製鉢	FUFU50b	
福岡市雀居12次	Beta-172132	2560±40	-26.3	屈曲型二条甕	JKY2	
筑後市上北島塚ノ本	IAAA-40832	2550±40	-25.0	甕底部	FJ0600	
福岡市那珂君休4次	MTC-04310	2510±35	-26.2	砲弾型一条甕	FJ0074	
福岡市橋本一丁田	MTC-08120	2535±40	(-26.9)	脚台底部甕	FUFU36	

遺 跡 名	測定機関番号	炭素14年代	$\delta^{13}C$ (‰)	器 種	備 考 (歴博番号など)	コメント
福岡市橋本一丁田	MTC-08116	2515±40	(−28.7)	砲弾型一条甕	FUFU31	
福岡市橋本一丁田	MTC-08119	2505±40	(−27.7)	砲弾型一条甕	FUFU34	
唐津市大江前	MTC-07430	2610±40	−25.6	砲弾型一条甕	SAGFJ5	誤差の範囲
唐津市大江前	Beta-217421	2460±40	残材なく非測定	唐津型甕	SAGFJ3B	
唐津市大江前	Beta-217422	2580±40	残材なく非測定	甕底部	SAGFJ6	
唐津市大江前	MTC-07429	2465±30	−26.5	唐津型甕	SAGFJ4	誤差の範囲
唐津市大江前	MTC-07434	2530±30	−26.9	砲弾型一条甕	SAGFJ13	
唐津市大江前	MTC-07435	2550±30	−25.9	甕底部	SAGFJ14	
唐津市菜畑	Beta-188527	2800±40	−22.8	唐津型甕	FJ0423	海洋リザーバー効果の影響
唐津市菜畑	Beta-188526	2600±40	−25.4	祖型甕	FJ0418B	誤差の範囲
唐津市菜畑	Beta-188525	2590±50	−26.1	砲弾型一条甕	FJ0420	
福岡市雀居4次	MTC-08031	2495±35	(−26.1)	砲弾型一条甕	FUFJ8B	
福岡市雀居4次	MTC-08035	2550±35	(−23.3)	屈曲型二条甕	FUFJ20A	
福岡市雀居4次	MTC-08028	2455±35	(−24.8)	浅鉢脚底部	FUFJ1	
福岡市雀居4次	MTC-08029	2535±35	(−25.7)	夜臼Ⅱ	FUFJ2	
福岡市雀居4次	MTC-08030	2690±35	(−23.6)	夜臼Ⅱ	FUFJ4	海洋リザーバー効果の影響
唐津市菜畑	Beta-188524	2570±40	−26.7	板付Ⅰ式甕底部	FJ0415	
福岡市雀居12次	Beta-172134	2620±40	−26.8	板付Ⅰb〜Ⅱa式	JKY5	
福岡市那珂君休4次	Beta-184553	2520±40	−26.1	板付Ⅰ式	FJ0035	
唐津市大江前	MTC-07431	2525±30	−25.8	板付Ⅰ式	SAGFJ7	
唐津市大江前	MTC-07432	2530±30	−26.4	板付Ⅰ式	SAGFJ8	
福岡市雀居12次	Beta-172135	2590±40	−26.4	板付祖型甕	JKY6	
福岡市福重稲木2次2	PLD-9652	2510±25	(−25.0)	砲弾型一条甕	FUFJ38a	胴部外面
福岡市福重稲木2次5	PLD-9653	2480±25	(−26.1)	板付Ⅰ式	FUFJ41	もっとも若い板付Ⅰ式の年代
福岡市福重稲木2次15	PLD-9656	2565±25	(−26.1)	祖型甕	FUFJ51	口縁部外面
原山式(前期初頭)6点						
佐賀市礫石B	IAAA-30252	2550±50	(−27.5)	砲弾型一条甕	FJ0002	
小城市石木中高8	Beta-189557	2560±40	−25.1	甕底部	FJ0169	
南島原市権現脇	IAAA-40545	2590±40	(−29.7)	屈曲型胴部一条甕	FJ0440	
南島原市権現脇	IAAA-41100	2570±40	−26.1	屈曲型二条甕	FJ0571RE	
南島原市権現脇	IAAA-40541	2570±30	(−27.6)	屈曲型二条甕	FJ0428	
南島原市権現脇	Beta-194400	2530±40	NA	粗製鉢	FJ0437	隆帯に刻目
九州南部の突帯文系土器,擬孔列文土器10点						
曽於市薬師堂の古墳	MTC-07870	2530±40	(−29.0)	屈曲型二条甕	KAFJ13	夜臼Ⅱb式併行
曽於市上中段	MTC-07871	2460±40	(−25.1)	屈曲型甕	KAFJ18	夜臼Ⅱb式併行
曽於市上中段	MTC-07872	2490±40	(−30.8)	組織痕文鉢	KAFJ20A	夜臼Ⅱb式併行
曽於市上中段	MTC-07873	2515±40	(−27.7)		KAFJ20B	
曽於市上中段	MTC-07878	2470±45	(−32.9)	砲弾一条鉢	KAFJ21B	夜臼Ⅱb式併行
曽於市小倉前	MTC-07879	2510±40	(−26.8)	孔列文付鉢	KAFJ29	
曽於市小倉前	MTC-07880	2490±40	(−27.4)	屈曲型甕	KAFJ44	

遺　跡　名	測定機関番号	炭素14年代	$\delta^{13}C$ (‰)	器　種	備　考 (歴博番号など)	コメント
鹿児島県中ノ原	PLD-9670	2520±25	−26.5	組織痕文土器	KAMB-132	黒川式に比定したが前期初頭まで残存するのか？
日置市市ノ原	PLD-9666	2530±25	−26.6	二条甕		亀ノ甲式古
日置市市ノ原	PLD-9668	2505±25	−27.0	二条甕		亀ノ甲式古
南溝手・岡大式5点						
高松市東中筋11	Beta-184569	2550±40	−25.9	突帯文土器	KGT11-26	口縁部外面
高松市東中筋13	Beta-184570	2590±40	−24.8	浅　鉢	KGT13-43	口縁部外面
高松市東中筋7	Beta-184567	2580±40	−26.6	瀬戸内型屈曲一条甕	KGT7-1	口縁部外面
高松市東中筋8	Beta-184568	2550±40	−26.1	突帯文土器	KGT8-12	口縁部外面
高松市東中筋16	IAAA-31604	2480±30	−26.6	浅　鉢	KGT16-77	胴部内面
沢田式新11点						
土佐市居徳1C区IV D層，No.26	MTC-03782	2620±60	−25.5	湾曲型一条甕	FJ-0102	口縁部外面
土佐市居徳1C区IV D層，No.35	MTC-03783	2510±50	−26.3	湾曲型粗製深鉢	FJ-0105	頸部外面
土佐市居徳1C区IV D層，No.34	IAAA-31592	2490±30	−25.8	湾曲型粗製深鉢	FJ-0106	胴部外面
土佐市居徳1C区IV D層，No.125	IAAA-31593	2530±30	−25.7	粗製深鉢	FJ-0108	底部内面．遠賀川系？
土佐市居徳1C区IV B層，No.392	IAAA-31594	2460±30	−25.0	湾曲型一条甕	FJ-0110	底部内面．遠賀川系？
土佐市居徳1C区IV B層，No.896	MTC-03784	2610±70	−26.5	砲弾型一条甕	FJ-0112	胴部外面
土佐市居徳1C区IV B層，No.1013	IAAA-31595	2550±30	−26.7	粗製深鉢	FJ-0115	胴部外面
今治市阿方5a・b	MTC-07844	2520±35	(−23.9)	屈曲型一条甕	EHFJ-5	突帯下外面
	MTC-07845	2495±35	(−25.1)			胴部外面
今治市阿方7a・b	MTC-07846	2475±35	(−24.5)	湾曲型一条甕	EHFJ-7	頸部外面
	MTC-07847	2460±35	(−24.9)			胴部外面
今治市阿方8	MTC-07848	2535±35	(−22.3)	屈曲型一条甕	EHFJ-8	頸部外面
今治市阿方9a・b	MTC-07849	2540±35	(−24.9)	湾曲型一条甕	EHFJ-9	頸部外面
	MTC-07850	2475±35	(−25.2)			胴部外面
板付IIa式1点						
福岡市福重稲木2次	PLD-9659	2640±30	(−32.5)	板付IIa式？	FUFJ-55	古すぎる．グラファイト不足か？
雀居遺跡4次	MTC-08032	2400±35	(−26.3)	板付IIa式	FUFJ-11	
板付IIa式併行2点，中山I式3点						
大分市玉沢条里跡7次2	IAAA-41085	2480±40	−26.0	湾曲型一条甕系	FJ0449	11と同一個体
大分市玉沢条里跡7次11	IAAA-41088	2490±40	−26.9	湾曲型一条甕系	FJ0456	2と同一個体
大分市玉沢条里跡7次5	IAAA-40792	2410±40	−25.7	屈曲一条甕系	FJ0452	
大分市玉沢条里跡7次10	IAAA-40793	2370±40	−26.4	屈曲一条甕系	FJ0457	11と同一個体
今治市阿方3a	MTC-07841	2330±35	(−23.3)			

遺跡名	測定機関番号	炭素14年代	$\delta^{13}C$ (‰)	器種	備考 (歴博番号など)	コメント
今治市阿方3b	MTC-07842	2420±35	(−25.9)	遠賀川系甕	EHFJ-3	中山Ⅰ式
今治市阿方3c	MTC-07843	2370±35	(−26.1)			
今治市阿方3bre	PLD-6552	2410±25	−26.1			
今治市阿方1	MTC-07839	2350±35	(−25.6)	遠賀川系甕	EHFJ-1	中山Ⅰ～Ⅱ式古
今治市阿方1re	PLD-6550	2485±25	−27.1			
今治市阿方2b	MTC-07840	2300±35	(−24.1)	遠賀川系甕	EHFJ-2	中山Ⅰ～Ⅱ式
今治市阿方2bre	PLD-6551	2470±20	−26.9			
板付Ⅱb式6点，亀ノ甲Ⅱ式6点，高橋Ⅱ式1点						
福岡市福重稲木2次17	PLD-9657	2480±25	(−26.8)	砲弾型一条甕	FUFJ-53	亀ノ甲Ⅱ式
福岡市福重稲木2次18	PLD-9658	2510±25	(−27.0)	砲弾型一条甕	FUFJ-54	亀ノ甲Ⅱ式
福岡市雀居4次	Beta-188181	2520±40	−25.9	二条甕	FJ078 亀ノ甲Ⅱ式	内面．以前はリザーバー効果か？としていたもの
福岡市雀居4次	Beta-188187	2540±50	−25.6	二条甕	FJ081	内面．以前はリザーバー効果か？としていたもの
福岡市雀居4次18	MTC-08033	2415±35	(−24.5)	如意状口縁甕	FUFJ-18b	
福岡市雀居4次19	MTC-08034	2360±35	(−24.3)	如意状口縁甕	FUFJ-19b	
福岡市雀居4次21	MTC-08036	2400±35	(−25.2)	如意状口縁甕	FUFJ-21b	
福岡市雀居4次31	MTC-08040	2430±35	−19.0	如意状口縁甕	FUFJ-31b	C_4植物か？
福岡市雀居4次36	MTC-08041	2400±35	(−26.1)	如意状口縁甕	FUFJ-36a	
	MTC-08042	2385±35	(−25.4)		FUFJ-36b	
長崎市深堀1	IAAA-41092	2570±30	−24.3	二条甕	FJ0470b	海洋リザーバー効果か？
	IAAA-41093	2610±40	−24.4		FJ0470c	
大分市玉沢条里跡7次1	IAAA-41084	2450±40	−25.6	砲弾型一条甕	FJ0448	亀ノ甲Ⅱ式
鹿児島県川辺町古市	IAAA-30254	2380±50	(−27.3)	二条甕	FJ0004	高橋Ⅱ式
徳島市庄・蔵本遺跡　第Ⅰ様式中段階7点						
木炭	IAAA-71926	2400±30	−25.3		TKFJ-2	SK313
キビ	IAAA-71927	2400±30	−10.2		TKFJ-3b	SK312焼土
アワ	IAAA-71928	2420±30	−9.1		TKFJ-3c	SK312焼土
木炭	IAAA-71929	2480±30	−29.2		TKFJ-4	SK312焼土
コメ	IAAA-71930	2540±30	−24.1		TKFJ-5a	SK315下層・炭化物層
木炭	PLD-9660	2420±30	−27.3		TKFJ-6	SK315下層・炭化物層
土器付着炭化物	IAAA-71932	2580±30	−26.2	甕用蓋	TKFJ-12	SD315上層，蓋内面
馬見塚F地点式2点，馬見塚式2点，馬見塚～樫王式2点						
名古屋市牛牧	PLD-8809	2660±25	(−25.8)		馬見塚F地点式	
名古屋市牛牧	PLD-8808	2695±25	−25.9		馬見塚F地点式	C_4植物か？
一宮市馬見塚	PLD-8799	2515±20	−12.1		馬見塚式	
春日井市松河戸	PLD-8804	2465±25	−30.9		馬見塚式	

遺　跡　名	測定機関番号	炭素14年代	$\delta^{13}C$ (‰)	器　種	備　考 (歴博番号など)	コメント
春日井市松河戸	PLD-8805 PLD-8806	2430±25 2430±25	−27.2 −24.9	馬見塚〜樫王式	内面 外面	
一宮市山中	PLD-8807	2580±25	−26.0	馬見塚〜樫王式		

　2004年に佐賀県唐津市菜畑遺跡9〜12層出土の山の寺式（図2-2）を測定後，2005年には福岡市板付遺跡第34次調査第9層出土の夜臼Ⅰ式（図3-1，図4-1・2・4）を測定した。板付の砲弾型一条甕（図3-1）1点と晩期系粗製深鉢5点の炭素14年代はすべて2600 ^{14}C BP台であった。夜臼Ⅱa式と同じ炭素14年代をもつ第9層出土土器は，刻目がヘラ刻目であることや口縁部の突帯が口縁端部まで上昇していることなど，板付G-7a・b区最下層出土の夜臼Ⅰ式に比べて型式学的に後出するという山崎純男の指摘もあり，夜臼Ⅰ式新段階として処理した。

　その後しばらく山の寺式や夜臼Ⅰ式の測定値を得ることはできなかったが，2006年12月になって福岡市西区橋本一丁田遺跡第2次調査出土の方形浅鉢（図2-1）の口縁部外面から採取した炭化物の炭素14年代値を測定したところ，2765±40 ^{14}C BPという値を得た。方形浅鉢は菜畑9〜12層や唐津市宇木汲田貝塚第Ⅺ層から出土するもので，山の寺式に伴うものはこれまでも知られていたが，夜臼Ⅰ式に伴うもので炭素14年代が得られたのはこれが初めてであった。その後，2012年に至るまで，これより古い弥生稲作開始期の土器の炭素14年代値は得られていない。

　2005年に報告した山の寺式の測定値3点のうち，菜畑9〜12層出土の2880 ^{14}C BPを示す土器（Beta-189571）は飛び抜けて古いため検討の余地があることを指摘したが〔藤尾2007a〕，2700 ^{14}C BP台を示す他の2点（図2-2・3）の山の寺式に比べると方形浅鉢の値はわずかに古い値である。

　橋本一丁田遺跡のある早良平野は早良・福岡平野として一括して扱われることも多いが，土器相には違いがみられる。特に橋本一丁田遺跡の突帯文土器には，東部九州系の器形をもつ屈曲型一条甕や口縁端部を折り曲げて体部を湾曲させる瀬戸内系の一条甕（図3-3）があるなど，板付遺跡の突帯文土器とは異なる特徴をもっている。早良における最古段階の突帯文土器の特徴には，従

来の指刻目ではなくヘラ刻目が最古段階にくる可能性をもつだけに，夜臼Ⅱa式に比定した突帯文土器のなかには夜臼Ⅰ式段階まで上がる可能性のある土器が含まれている可能性も否定できない。早良の突帯文土器編年を整備する必要がある。

山の寺・夜臼Ⅰ式の4点ではとても統計処理にたえられる測定数ではないので，最古の突帯文土器に伴う粗製深鉢を含めて統計処理を行うことにする。そのためには，最古の突帯文土器に伴って出土することが多い黒川系粗製深鉢を年代的に特定しなければならない。

(2) 黒川式の整理

概　　要

黒川式には，突帯文土器が伴わない黒川式単純と突帯文土器が伴うものの二者があり，これまで年代研究グループでは後者を黒川式新と呼んできた。菜畑遺跡，佐賀県小城市（旧三日月町）石木中高遺跡，長崎県南島原市（旧深江町）権現脇遺跡，平戸市（旧田平町）里田原遺跡から出土した黒川式はほとんどがこの黒川式新に属す。しかし黒川式単純は権現脇遺跡や鹿児島県霧島市上野原遺跡出土品などわずか数点に過ぎず，しかも整合性のある炭素14年代が得られているのは権現脇の1点（図1-1）だけである。

黒川式は浅鉢や鉢など精製土器を基準に2～3に細分されている土器群だが，炭素14年代が測定できるのは炭化物が付着する粗製土器が基本なので，黒川式の細別型式と炭素14年代との対応をとるのが難しい。これが黒川式単純の測定値が少ない理由の一つである。

突帯文土器との共伴の有無にもとづいて，黒川式古，黒川式新という細別を行ったのはこのような理由からである。特に山の寺式に比定されている菜畑9～12層における晩期系土器の出方とその炭素14年代値が2800 ^{14}C BP台であったことを考慮したのである。

ところが測定が進むにしたがって，黒川式古，黒川式新のいずれについてもこれまでは予想しなかった事実が次々に明らかになった。まず黒川式の特徴と考えられてきた組織痕文土器の炭素14年代が，晩期初頭の標識土器である大洞B式と同じ炭素14年代を示す上野原例（IAAA-30253）が出てきて，組織痕文

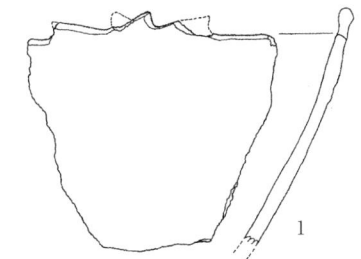

権現脇(IAAA-40542)　2910±30　(−26.2‰)
黒川式古

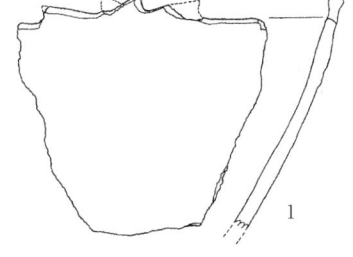

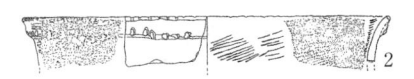

石田(MTC-03785)　2890±80　−26.1‰
前池式併行

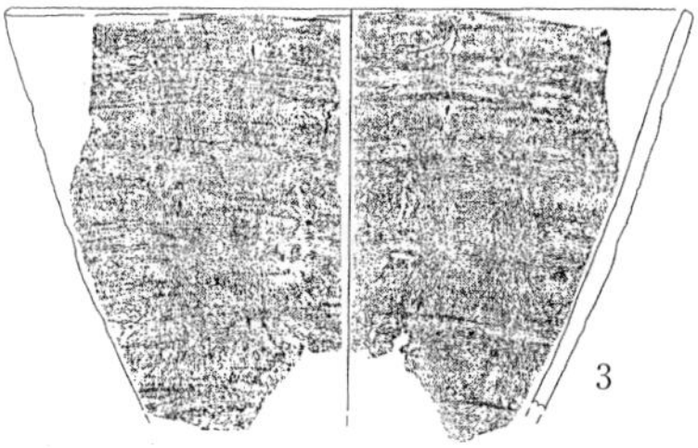

東畑瀬(Beta-184543)　2860±40　−26.1‰
黒川式新

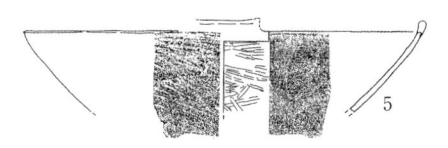

東畑瀬(Beta-184541)　2850±40　−26.5‰
黒川式新

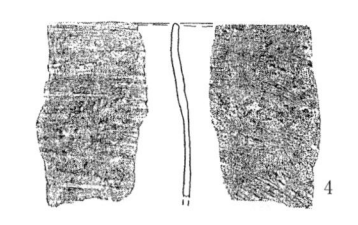

東畑瀬(Beta-184542)　2840±40　−26.3‰
黒川式新

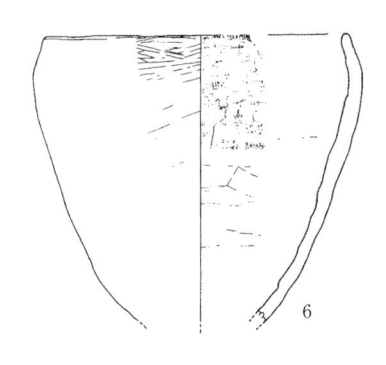

菜畑(Beta-189572)　2820±40　−26.7‰
黒川式新

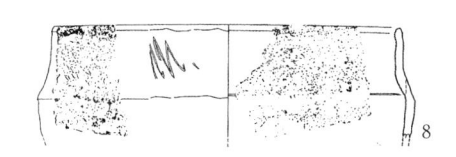

石木中高(Beta-189556)　2830±40　−26.0‰
黒川式新

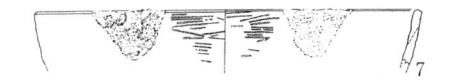

菜畑(Beta-189570)　2820±40　−23.5‰
黒川式新

図1　黒川式古・新段階の土器実測図，炭素14年代と $\delta^{13}C$
(縮尺不同，各報告書から転載)

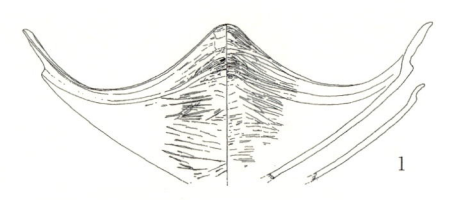

橋本一丁田(MTC0-8113)　2765±40　－27.7‰
夜臼Ⅰ式

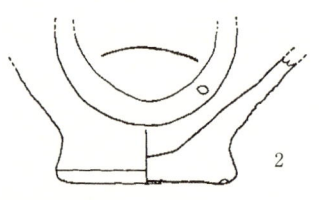

菜畑(Beta-188522)　2730±40　－25.2‰
山の寺式

菜畑(Beta-189574)　2710±40　－25.8‰
山の寺式

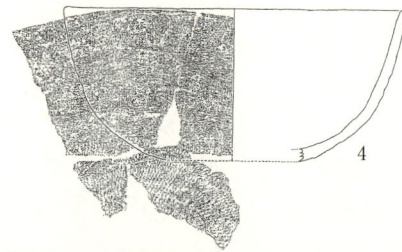

権現脇(IAAA-41101 ほか)　2780±40　－26.3‰
山の寺式

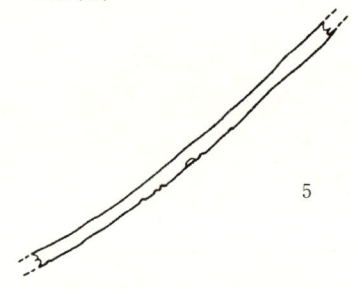

菜畑(Beta-189573)　2760±40　－25.7‰
山の寺式

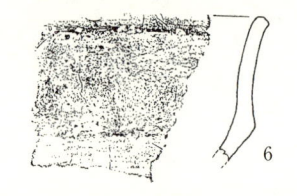

里田原(IAAA-41095)　2740±40　－26.8‰
山の寺式

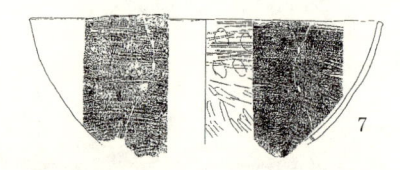

日佐(IAAA-410810)　2780±40　－26.0‰
夜臼Ⅰ式

図2　山の寺式・夜臼Ⅰ式土器実測図，炭素14年代と$\delta^{13}C$

(縮尺不同，各報告書から転載)

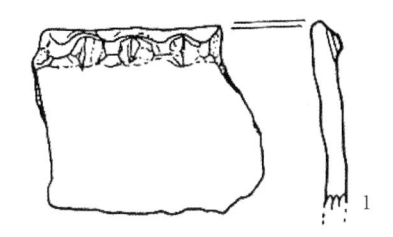

板付34次(Beta-204385)　2620±40　-25.8‰
夜臼Ⅰ式新

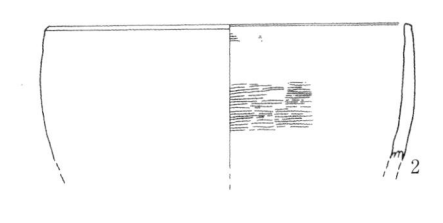

雀居4次(MTC-08030)　2690±35　(-23.6‰)
夜臼Ⅱa式

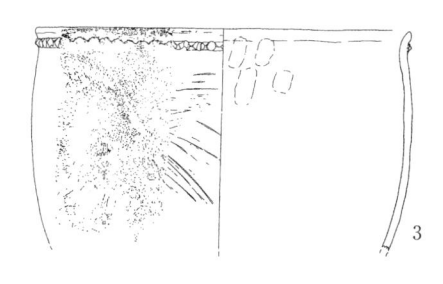

橋本一丁田(Beta-172130)　2660±40　未測定
　　　　　　(MTC-08115)　2600±40　(-27.3‰)
夜臼Ⅱa式

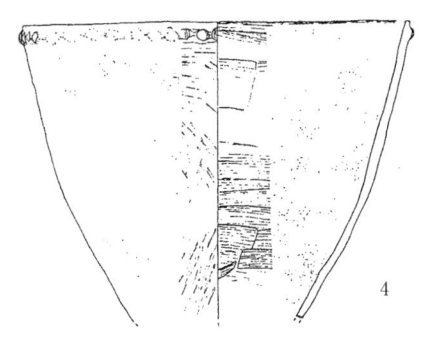

橋本一丁田(Beta-172131)　2650±40　-25.8‰
夜臼Ⅱa式

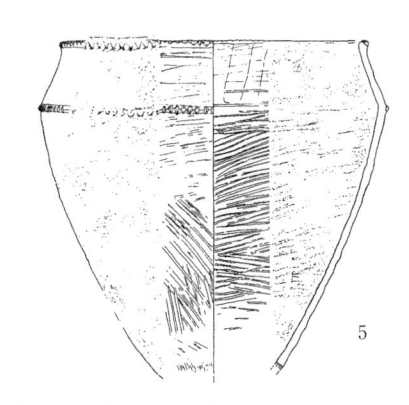

橋本一丁田(Beta-172129)　2640±40　-26.1‰
夜臼Ⅱa式

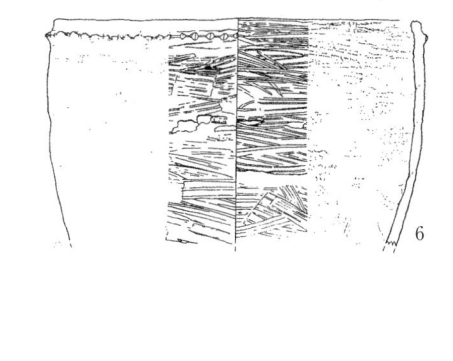

橋本一丁田(MTC-08117)　2620±45　(-27.8‰)
夜臼Ⅱa式

図3　夜臼Ⅰ式新，夜臼Ⅱa式土器実測図，炭素14年代と$\delta^{13}C$(1)
(縮尺不同，各報告書から転載)

板付34次（Beta-184551） 2670±40 −26.4‰
夜臼Ⅰ式新

板付34次（Beta-204406） 2630±40 −25.8‰
夜臼Ⅰ式新

菜畑（Beta-188526） 2600±40 −25.4‰
夜臼Ⅱa式

板付34次（Beta-204407） 2600±40 −25.7‰
夜臼Ⅰ式新

権現脇（IAAA-40543） 2600±30 （−27.1‰）
夜臼Ⅱa式

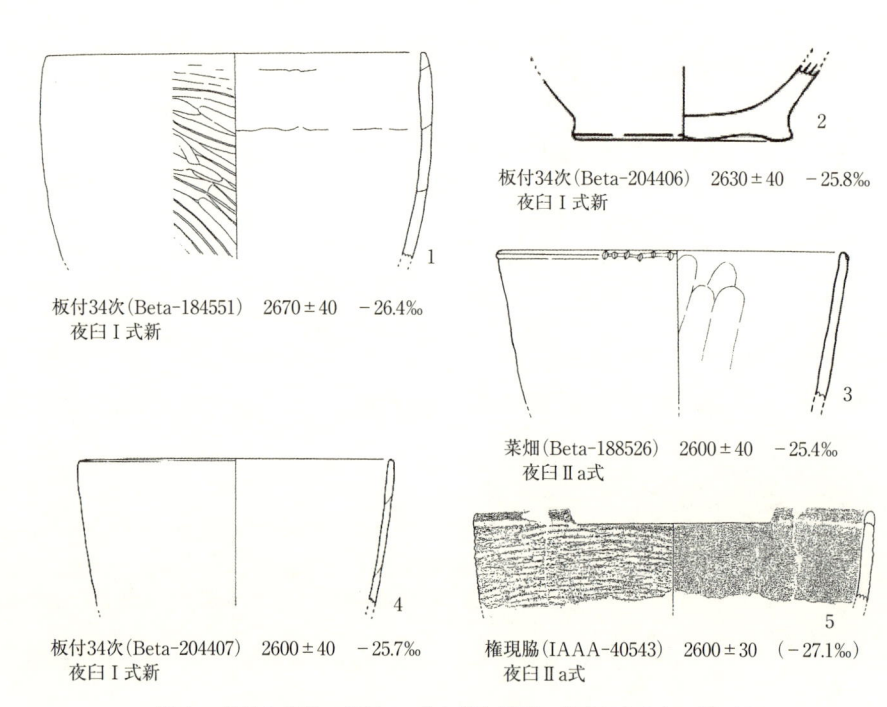

図4　夜臼Ⅰ式新，夜臼Ⅱa式土器実測図，炭素14年代と$\delta^{13}C$(2)
（縮尺不同，各報告書から転載）

土器の上限が上がるのか黒川式の年代が上がるのか，判断が難しくなってきたことがある。また突帯文土器と一緒に出土する黒川式新の粗製深鉢には，特に九州南部大隅地域のように板付Ⅱa式併行の前期突帯文系土器とともに出土する場合もあることがわかってきた。

　黒川式古の問題は，後述するように黒川式自体が晩期初頭にかなり近づくことがわかってきたため解決に向かいそうだが，黒川式新についてはこのままの定義で使いつづけると研究史との間で齟齬があまりにも大きくなってしまう。なぜなら，山崎純男が1980年に夜臼Ⅰ式を設定した際，夜臼Ⅰ式の煮炊き用土器のなかに深鉢Ⅰ類として晩期系の粗製深鉢を組み込んでいたからである〔山崎 1980〕。これでは研究史と夜臼Ⅱa～板付Ⅱa式に併行する黒川式新が矛盾してしまう。したがって黒川式新の取り扱いを発展的に解消する必要性に迫られていた。

筆者はこのような矛盾を感じながら，山の寺式の良好な測定値を得ようと努力したのであるが，山の寺式や夜臼Ⅰ式など西北九州最古の突帯文土器にはもともと炭化物自体があまり付着していないこともあって，長い間解決の糸口をつかめなかったのである。

晩期系土器の5細別

2006年12月になって，筆者は佐賀県佐賀市（旧富士町）に所在する東畑瀬遺跡の報告書を刊行するための打ち合わせを兼ねて現地を訪問した。東畑瀬は2003年7月に炭化物の試料採取に出向き，黒川式新に比定した粗製深鉢や粗製鉢3点の測定値を得た遺跡である。

発掘調査中に試料を採取した際には，山の寺式が伴っていることを根拠に黒川式新に比定したのだが，整理作業が進んだ結果，山の寺式は2〜3点しかないことがわかり，ほぼ黒川式単純段階と弥生前期前半の土器群の2群に分かれることが明らかになったのである〔藤尾・小林 2007〕。東畑瀬の黒川式単純の炭素14年代はすべて2800 ^{14}C BP台で，これまで測定した山の寺式の炭素14年代よりも明らかに古い年代である。

さらに嘉瀬川を挟んだ東畑瀬の対岸には西畑瀬遺跡があり，ここで出土した黒川式土器は東畑瀬遺跡の黒川式土器よりも型式学的に一段階古い可能性のあることを調査担当の徳永貞昭からうかがった。西畑瀬遺跡の黒川式土器は2007年以降に年代測定が行われる予定なので，どのような炭素14年代が出るかわからないが，型式学的に古いことが事実となると2800 ^{14}C BP年代の後半から2900 ^{14}C BP年代前半の値が出る可能性もある。

実際，権現脇や上野原出土の黒川式土器に比定された組織痕文土器や粗製深鉢の炭素14年代値は2900 ^{14}C BP台が出ていることを参考にすると，これまで精製土器でしか細分できなかった黒川式以降の晩期系粗製土器は，炭素14年代を使って5つに分けられそうである。すなわち，突帯文土器が伴わない黒川式単純を2細別（第1群，第2群），山の寺式や夜臼Ⅰ式など最古の突帯文土器に伴うもの（第3群），夜臼Ⅱ式に伴うもの（第4群），原山式など弥生前期の突帯文系土器に伴うもの（第5群），の5つの群である（図5）。

2006年4月に筆者は一度これらの土器群を段階設定したことがある〔藤尾

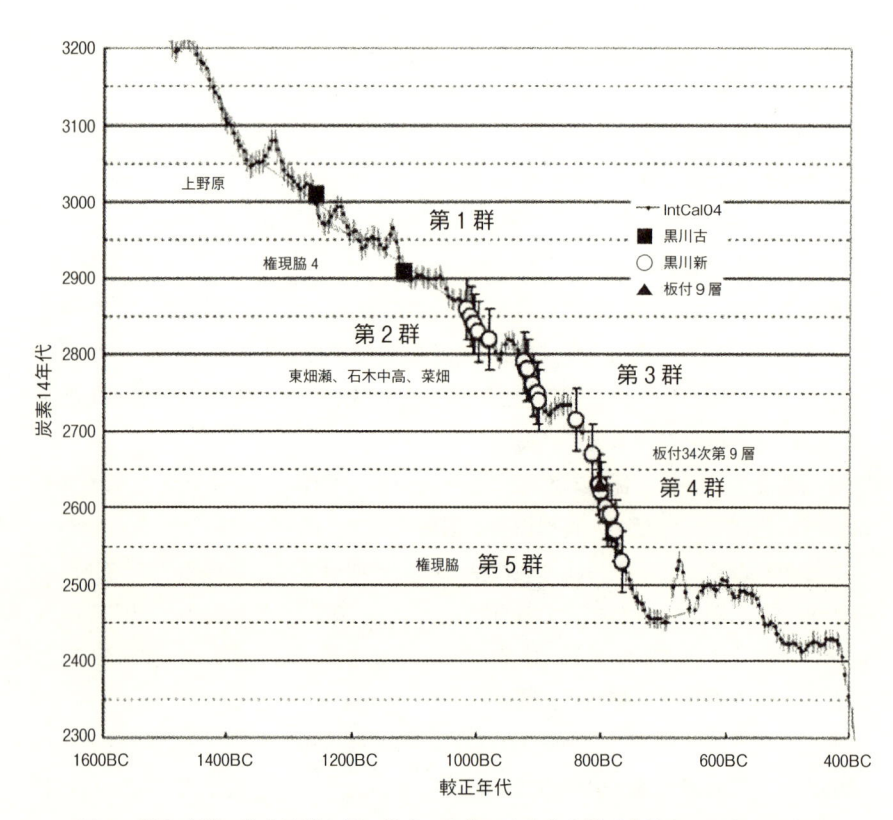

図5　縄文晩期～弥生早期土器の炭素14年代の中心値を較正曲線上におとしたもの

2006]。このときは先にも述べたように，2800 ^{14}C BP 年以降の晩期系土器をすべて黒川式新と呼んだうえで5つに段階設定したが，その理由は菜畑9～12層から出土する山の寺式土器との同時性を重視したためである。山の寺式に比定された9～12層には多くの晩期系土器が含まれていたことと，これらの炭素14年代が2800 ^{14}C BP 台を示していたからである。

しかしこのような事情が先に指摘した矛盾を生むことにつながったのであるから，今回の東畑瀬と西畑瀬での調査成果をふまえて，黒川式新の定義を変えることで黒川式と晩期系土器群について新たに段階設定をすることにした。

黒川式と山の寺式との境界はまだはっきりしないが，東畑瀬の黒川式単純の炭素14年代値がすべて2800 ^{14}C BP 台だったことを考慮して，これまで得られ

ているもっとも古い突帯文土器の測定値である2765 ^{14}C BP に35 ^{14}C BP を加えた2800 ^{14}C BP 年を仮の境界とし，以前を黒川式単純，以降を突帯文土器単純段階の晩期系煮炊き用土器と仮定する。そのうえで黒川式単純を古と新に分ける。呼び方が同じなので混乱しそうだが，黒川式新とは突帯文土器出現以前の黒川式単純の新相という位置づけである。突帯文土器に伴う晩期系土器については，突帯文土器の煮炊き用土器のセットを構成する一つの形式と認識した山崎の定義にしたがう〔山崎 1980〕。

黒川式の上限

　ここで黒川式の上限と晩期系土器群の下限についてもふれておこう。先ほど2900 ^{14}C BP 台の黒川式の例をあげたが，これらは晩期初頭の土器型式である大洞B式や九州南部・入佐式の炭素14年代とかなり近いこともあって，当初は測定結果が間違っているのではないかという意見もあった。黒川式に特徴的な組織痕文土器が晩期初頭まで上がるはずがないという考えにもとづくものである。こうした疑問については，縄文時代のコメの上限が後期の初めまでさかのぼりつつある現状[1]では，織物が存在した可能性を示している組織痕文土器が晩期の初めに上がっても問題はないと考えることもできる。

　その後，九州中部における晩期初頭の土器型式である天城式の炭素14年代が後期末まで上がる事実や，九州東部における晩期初頭の土器型式である大石式の典型的な土器として有名な図面が，実は後期末の熊本県御領貝塚の土器であることなどが明らかになってくると，これまで晩期初頭に比定されてきた九州の土器群が後期末に上がることによって，ぽっかりと空いた穴を埋めるように黒川式の上限が晩期前葉に近づいていくのはまぎれもない事実である〔水ノ江 1997〕。したがって2900 ^{14}C BP 台を示す黒川式古段階の土器を晩期前葉の土器群として設定しても矛盾がない状況になりつつあると考える。

　東部九州でも状況は同様である。北九州市石田遺跡出土の前池式併行の屈曲型一条甕（図1-2）の炭素14年代は2890 ^{14}C BP であったし，後述するように大分市玉沢地区条里跡第7次調査出土の上菅生B式古（図7-1～3）も2900 ^{14}C BP 台である〔藤尾・小林 2006b〕。これまで刻目突帯文土器出現直前の晩期後半に位置づけられていた刻目文土器や無刻目文土器が晩期前葉まで

上がる可能性が豊前や豊後でも認められる。第3節で詳しく述べる。

晩期系土器の下限

　晩期系土器群の下限問題については，板付Ⅱa式段階まで残る傾向のあることを指摘したことがある〔藤尾 2006〕。原山式と呼ばれてきた島原半島の突帯文土器に伴う晩期系土器は，板付Ⅰ式併行の土器群であるし，大隅半島では山の寺式と同じ型式学的特徴をもつ晩期突帯文土器に，晩期系土器群と擬孔列文土器が伴うことを確認しているが，炭素14年代は2400 ^{14}C BP台まで下るものがある。福岡平野でも板付第34次調査第9層出土土器に晩期系土器群が伴っており，夜臼Ⅱa式と同じ2600 ^{14}C BP台の値が出ている。

　以上のように黒川式以来の晩期系土器群は，炭素14年代測定を行うことによって古い方も新しい方もこれまで予測し得なかった事態に直面しつつある。考古学的な方法だけでは対応しきれない段階にはいったといえよう。

(3)　統計処理の前作業

概　　要

　夜臼Ⅰ式の測定値を1点追加し，2800 ^{14}C BP台を示す晩期系土器を山の寺式から除外したうえで黒川式新を型式学的に再考した結果，2012年8月現在，山の寺式や夜臼Ⅰ式を含む前後の土器型式の測定値は，黒川式新9点，山の寺・夜臼Ⅰ式10点（突帯文3，晩期系7），夜臼Ⅱa式15点（夜臼Ⅰ式新4点を含む），夜臼Ⅱb式21点，板付Ⅰ式7点，沢田式新11点，板付Ⅱa式8点（表2中には載せていないが計算では加味），板付Ⅱa式に併行する古式遠賀川系土器5点，板付Ⅱb式（亀ノ甲タイプを含む）（表2中には載せていないが計算では加味）13点になった。また徳島市庄・蔵本遺跡で出土した第Ⅰ様式中段階の土器付着炭化物と炭化種子・炭など7点，鳥取市本高弓ノ木遺跡で出土した第Ⅰ様式古〜中段階併行の付着土器炭化物18点を追加した。これらの測定値をもとに統計処理を行い，山の寺・夜臼Ⅰ式から板付Ⅱb式および第Ⅰ様式中段階までの年代を再計算してみよう。なお，2013年3月以降に報告される予定の小郡市大保横枕遺跡や本高弓ノ木遺跡の測定値は表1に掲載していないが，計算結果には反映されていることを付け加えておく。

表2のコメント欄に海洋リザーバー効果と書いてあるものは$\delta^{13}C$の値からみて海洋リザーバー効果の影響を受けて古く出過ぎていると考えられるもの，ゴチックは別の要因で測定結果に疑問が残るものである。型式ごとに統計処理を行うにあたり用いる測定値を選別しなければならないが，海洋リザーバー効果の影響がある可能性が高いものは当然外す。

複数の測定値をもつ土器の扱い

黒川式新段階に比定した土器に疑問のある測定値はないが，石木中高4のように，同一個体で複数のサンプリングを行ったために複数の測定値をもつものがある。外面と内面で測定値に違いが出るかどうかを調べたものや，1回目の誤差が大きかったために再測定したもの，サンプリング後に完形に復元されて結果的に良心的ブラインドテストとなったものなど，原因はさまざまだが，統計処理をする前にこれらを一本化しておく必要がある。なぜなら同一型式の炭素14年代分布に偏りを生じてしまうからである。ある土器の使用期間は属する型式の存続幅のごく一部にすぎないために，もしある土器がもつ複数の測定値を使って統計処理すると，型式の存続幅のなかの特定の年代に偏ることになり，型式ごとの存続幅を出す場合にはきわめて具合が悪い。

詳細は省略するが石木中高4の平均値は$2831\pm33\ ^{14}C$ BPとなる。当然のことながら平均値を出すと誤差は小さくなっていく。複数の測定値をもつ資料を平均すると黒川式新の炭素14年代は9点，これに併行する北九州市石田遺跡出土の前池式に併行する突帯文土器を加えると10点になる。

(4) ゴチックで表した測定値の検討

山の寺式や夜臼I式に含めた突帯文土器の測定値は依然として少ないが，2700 ^{14}C BP台を示す粗製深鉢，菜畑9〜12層の浅鉢，今回新たに加わった橋本一丁田の方形浅鉢など山の寺・夜臼I式段階の土器は10点に達する。

菜畑9〜12層出土の屈曲型二条甕（Beta-189571）は刻目の形態などから山の寺式新または夜臼IIa式に比定した資料だが，山の寺式の炭素14年代として統計処理に用いたことがある〔藤尾ほか 2005：図5-3段目〕。現在では本章でもすでに述べたように2880 ^{14}C BPという炭素14年代は明らかに黒川式古段階

の測定値であることから，山の寺式の炭素14年代からは外している。山の寺式の測定値は2750 ^{14}C BP付近に集中するが，それから100 ^{14}C BP以上も古い測定値であることからも妥当な処置と考える。

　この時期には複数の測定値をもつ資料が2つある。権現脇のリボン付き粗製鉢（FJ442, 576, 577）は良心的ブラインドテストの結果，3つの測定値をもつにいたったもので，平均すると2769±40 ^{14}C BPになる。

　福岡市日佐遺跡の組織痕文鉢（図2-7, 藤尾ほか 2005：図5-1段目）は，Beta-188185の3060±40 ^{14}C BPという測定値が，縄文後期末の土器の測定値であることから，明らかに山の寺式の測定値とはかけ離れていると考えられるので，再測定したIAAA-41080の2780±40 ^{14}C BPに一本化した。

　板付34次の夜臼Ⅰ式新を含む夜臼Ⅱa式には，ゴチックの測定値と海洋リザーバー効果の影響がうかがえる測定値がある。板付34次の砲弾型一条甕（Beta-204385, 図3-1〔藤尾ほか 2005：図5-2段目〕）の測定値は，1回目が2410±40 ^{14}C BP，2回目が2620±40 ^{14}C BPであった。2005年の論文では前者を採用したが，その後，2回目の測定値を得ることができたので，2006年日本考古学協会第72回総会研究発表では後者で報告している（表1中〔藤尾・春成ほか 2006〕）。2410±40 ^{14}C BPという値は明らかに板付Ⅱa式以降の測定値だからである。したがって本章でも2回目の測定値を採用して統計処理を行う。

　菜畑8下層出土の砲弾型粗製鉢（FJ410）は他の夜臼Ⅱa式の値より100 ^{14}C BPほど新しい値なので，〔藤尾ほか 2005〕では外したが，板付Ⅱa式前半まで存在することは唐津市大江前遺跡のあり方を見ても可能性があるので，統計には用いないものの混じり込みの可能性がある。大江前（MTC-07433）と橋本一丁田（MTC-08114, 08118），福重稲木（PLD-9654）は，誤差の範囲に収まらないほど若い値が出ているので用いないことにする。

　一方，δ^{13}Cの値から海洋リザーバー効果の影響の可能性がうかがえて夜臼Ⅰ式以前の値が出ている測定値は統計に用いていない。

　複数の測定値をもつ橋本一丁田（Beta-172130, MTC-08115）の平均値は2630±28，板付34次（Beta-184551, 204409）の平均値は2650±28，権現脇（IAAA-40543, 40544）の平均値は2596±24，石木中高6（IAAA-41081, MTC-03787, Beta-189568）の平均値は2630±20である。

夜臼Ⅱb式と板付Ⅰ式には2点（Beta-188527, MTC-08030）に海洋リザーバー効果の影響が認められるので外す。2007年の報告〔藤尾2007a〕時，板付Ⅰ式はすべて2500 ^{14}C BP台だったが，今回，福重稲木の試料（PLD-9653）がはじめて2400 ^{14}C BP台を示し，現状では板付Ⅰ式のなかでももっとも新しい炭素14年代値を持つ。前回，大江前の調査で出土した夜臼Ⅱb式のなかに初めて2400 ^{14}C BP台の測定値を得た際は，板付Ⅰ式の下限より夜臼Ⅱb式の下限の方が新しい可能性を指摘したが，板付Ⅰ式・夜臼Ⅱb式ともども2400 ^{14}C BP台の測定値を得たことになるので下限問題はまた白紙に戻ったことになる。

2400 ^{14}C BP台の板付Ⅰ式や夜臼Ⅱb式はまだ1点ずつしか確認できていないので，今後もこの意味について考えていきたい。

(5) 統計処理と実年代

弥生時代の開始年代

黒川式新と山の寺・夜臼Ⅰ式の境界を統計的に算出することによって弥生早期の実年代を算出する。2005年段階との違いは，黒川式新を突帯文土器出現以前の晩期土器に限定した点である。

図6-①をみるとわかるように，黒川式新のピーク（実線）9点と山の寺・夜臼Ⅰ式のピーク（破線）10点が重複する境界部付近の前960～前935年のどこかに両者の境界がくるとみられる。2005年段階の境界は前935～前915年の間にくるという統計結果だったのでわずかに上がったことになる。この原因は山の寺式3点だけで統計処理を行った2005年段階は，精度が粗かったからかも知れない。今回は菜畑の山の寺式新である2880 ^{14}C BPを外した一方で，橋本一丁田の2765 ^{14}C BPや日佐の2780 ^{14}C BPを加えることによって，試料数が増加したために精度が上がったと考えられる。よって2007年2月以降，九州北部における弥生稲作の開始を前10世紀後半と考えている。

山の寺・夜臼Ⅰ式と夜臼Ⅱa式の境界

図6-②をみると，山の寺・夜臼Ⅰ式のピーク（実線）10点と夜臼Ⅱa式のピーク（破線）15点が重複する境界付近の前840～前835年あたりに両者の境界がくるとみることができる。前回は前900～前860年頃にくるとみていたのでわず

①黒川式新＞山の寺・夜臼Ⅰ式を計算に考慮した場合

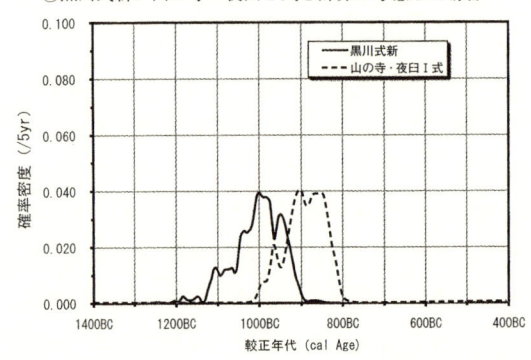

②山の寺・夜臼Ⅰ式＞夜臼Ⅱa式を計算に考慮した場合

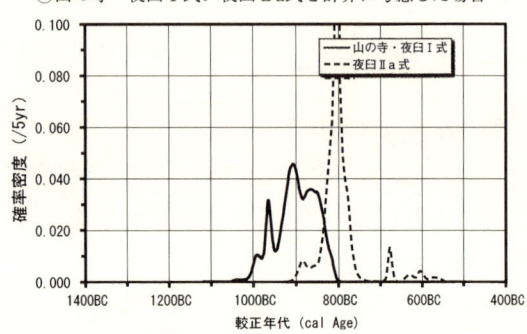

③夜臼Ⅱa式＞夜臼Ⅱb式＋板付Ⅰ式を計算に考慮した場合

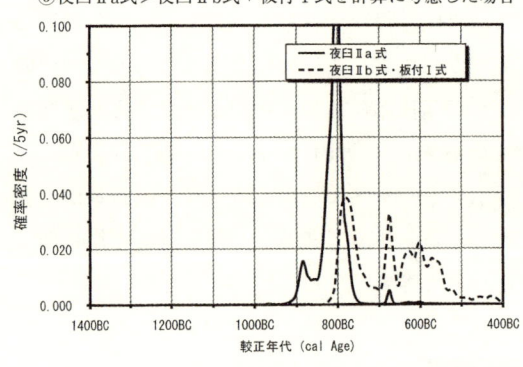

図6　黒川式新～夜臼Ⅱb・板付Ⅰ式共伴期までの型式間境界
　　　今村峯雄氏のプログラムを用いて計算．

かだが下ったことになる。試料数が3：6から10：15，10：15にかなり増えたことで精度が高まったことと，夜臼Ⅱa式の2600 ^{14}C BP台後半の測定値が増えたことが原因と考えられる。

　この結果，山の寺・夜臼Ⅰ式の存続幅は100年強となり前回よりわずかに長くなった。これまで戦いや環壕集落は弥生稲作が始まってわずか25～50年で出現すると考えられてきたが，今回の結果をみるとその倍以上の時間がかかっていたことになる。

夜臼Ⅱa式と夜臼Ⅱb式・板付Ⅰ式との境界

　図6-③をみると夜臼Ⅱa式のピーク（実線）15点と，夜臼Ⅱb式・板付Ⅰ式のピーク（破線）28点が重複する境界部付近の前790～前785年頃に両者の境界がくるとみることができる。前回は前780年頃に板付Ⅰ式が出現するとみていたので，わずかに上った前8世紀初頭に前期が始まったことになる。

　試料数も6：11から15：25，19：28と微増して精度を増したこと，夜臼Ⅱb式に2400 ^{14}C BP台前半の値を示すものが4点加わったことが新しくなった原因と考えられる。比較対象を板付Ⅰ式のみ，夜臼Ⅱb式のみにして夜臼Ⅱa式との境界を求めても結果はほぼ同じであった。

　この結果，夜臼Ⅱa式の存続幅は60～70年ほどになる。

(6)　弥生早期～前期初頭の較正年代

①2800 ^{14}C BP台を示す粗製深鉢や組織痕文土器を黒川式新に比定し，突帯文土器以前という前提で検討した。

②2700 ^{14}C BP台は山の寺や夜臼Ⅰ式，およびそれに伴う晩期系土器の炭素14年代という前提で検討した。

③2600 ^{14}C BP台は，夜臼Ⅱa式，およびそれに伴う晩期系土器の炭素14年代という前提で検討した。

④2500 ^{14}C BP台～2400 ^{14}C BP台前半は夜臼Ⅱb式や板付Ⅰ式の炭素14年代という前提で検討した。

　以上の前提のもとに統計処理を行った結果，2008年12月時点の弥生時代開始年代および型式間の境界年代は次のとおりである（2012年はこの時期の新試料の

追加がないので,この段階の年代に変更はない)。

山の寺・夜臼Ⅰ式　　　　965-935〜840-835（2005年段階　930-915〜900-860）
夜臼Ⅱa式　　　　　　　840-835〜790-785（2005年段階　900-860〜810）
夜臼Ⅱb・板付Ⅰ式　　　790-785〜（2005年段階　810〜750）

(7)　較正年代の絞り込み

　この計算結果は年輪年代がわかっている日本の樹木の炭素14年代とも整合的である〔Ozaki et al. 2007〕。東広島市黄幡１号遺跡から出土したヒノキ材や飯田市埋没樹幹から得られた年輪年代（前820年〜前240年）と,それを炭素14年代測定をすることで作ったJCal（図10）である。IntCal04とあわせて検討してみよう。

　①前796年以前の年輪年代の炭素14年代はすべて2600 ^{14}C BP 台以前であった。

　②前766年以前の年輪の炭素14年代値は,2521 ^{14}C BP 以前であった。

　①②から何がいえるのか。まず①からは2600 ^{14}C BP 台を示す夜臼Ⅱa式以前の較正年代が前796年以前にあたることを意味する。つまり夜臼Ⅱa式および先行する山の寺式や夜臼Ⅰ式は前796年以前ということになる。②から,2600〜2521 ^{14}C BP 台をもつ夜臼Ⅱb式や板付Ⅰ式は前766年以前にくることを意味する。したがって夜臼Ⅱa式が前796年以前に来ることは確実なので,夜臼Ⅱa式が前９世紀にまで上がるとしたら2003年の歴博発表は正しかったといえる。したがって日本列島における灌漑式水田が,前10世紀までさかのぼる可能性は高いのである。

3　九州東部・西部瀬戸内における弥生稲作の開始年代
―――弥生前期中頃の炭素14年代

　玄界灘沿岸地域で始まった本格的な弥生稲作は前７世紀以降,九州東部や瀬戸内地域へと拡散していく。それがいつ頃なのかを調べるために良好な資料が出土している大分平野,愛媛県高縄半島の遺跡から出土した縄文晩期最終末の沢田式新や遠賀川系土器,高知県居徳遺跡の沢田式新の年代学的調査をもとに

考える。

　大分市玉沢地区条里跡遺跡第7次調査によって出土した無刻目突帯文土器と弥生前期前半の突帯文系土器，愛媛県今治市阿方遺跡から出土した突帯文土器（岡大・沢田式土器）と遠賀川系土器（中山Ⅰ式土器）に付着する炭化物の炭素14年代測定を行った。その結果，これらの地域では灌漑式水田稲作が前8～前7世紀には始まっていた可能性が出てきた。

(1)　弥生稲作開始直前の大分平野

　大分市玉沢地区条里跡遺跡第7次調査から出土した無刻目の突帯文土器に付着した炭化物の炭素14年代を測定した（図7-1～4，8）。これらの土器群は，これまで上菅生B式新段階に属すると考えられていた煮炊き用土器で，屈曲する胴部をもつ深鉢の口縁部に，断面の大きさが小ぶりの突帯を貼り付けている（2・4・8）。突帯上に刻目を施文しないところに，名称の由来がある。

　山の寺式や夜臼Ⅰ式に併行するとされる豊後の刻目突帯文土器である下黒野式の前には，無刻目の突帯文土器である上菅生B式土器が設定されていた〔髙橋 1980〕。上菅生B式土器は断面の形が大ぶりの突帯を貼り付ける点に特徴があり，上菅生B式新とはその点で区別されている。

　上菅生B式新に比定されたこれらの煮炊き用土器の炭素14年代を測定したところ，2900 ^{14}C BP 台を示すグループ（1～3）と2700 ^{14}C BP 台を示すグループ（4・8）の2つに分かれた。型式学的な識別は難しいが，炭素14年代値からみると前者が晩期前葉，後者が山の寺式に併行する弥生早期併行の土器群であることがわかるので，前者の型式比定は再考が必要である[2]。

　大分平野で灌漑式水田稲作が始まるのは弥生前期にはいってからなので，これらの土器群の段階の大分平野は弥生稲作以前の晩期文化段階にあったことになる。

　今回の調査では2800 ^{14}C BP 台の炭素14年代をもつ，いわゆる黒川式に併行する土器群の調査を行うことができなかったので，大分平野における晩期終末の状況は依然として，よくわからないといえよう。玉沢地区条里跡遺跡でも黒川式併行段階は，生活がとぎれていた可能性があると考えられている。

3　九州東部・西部瀬戸内における弥生稲作の開始年代　　43

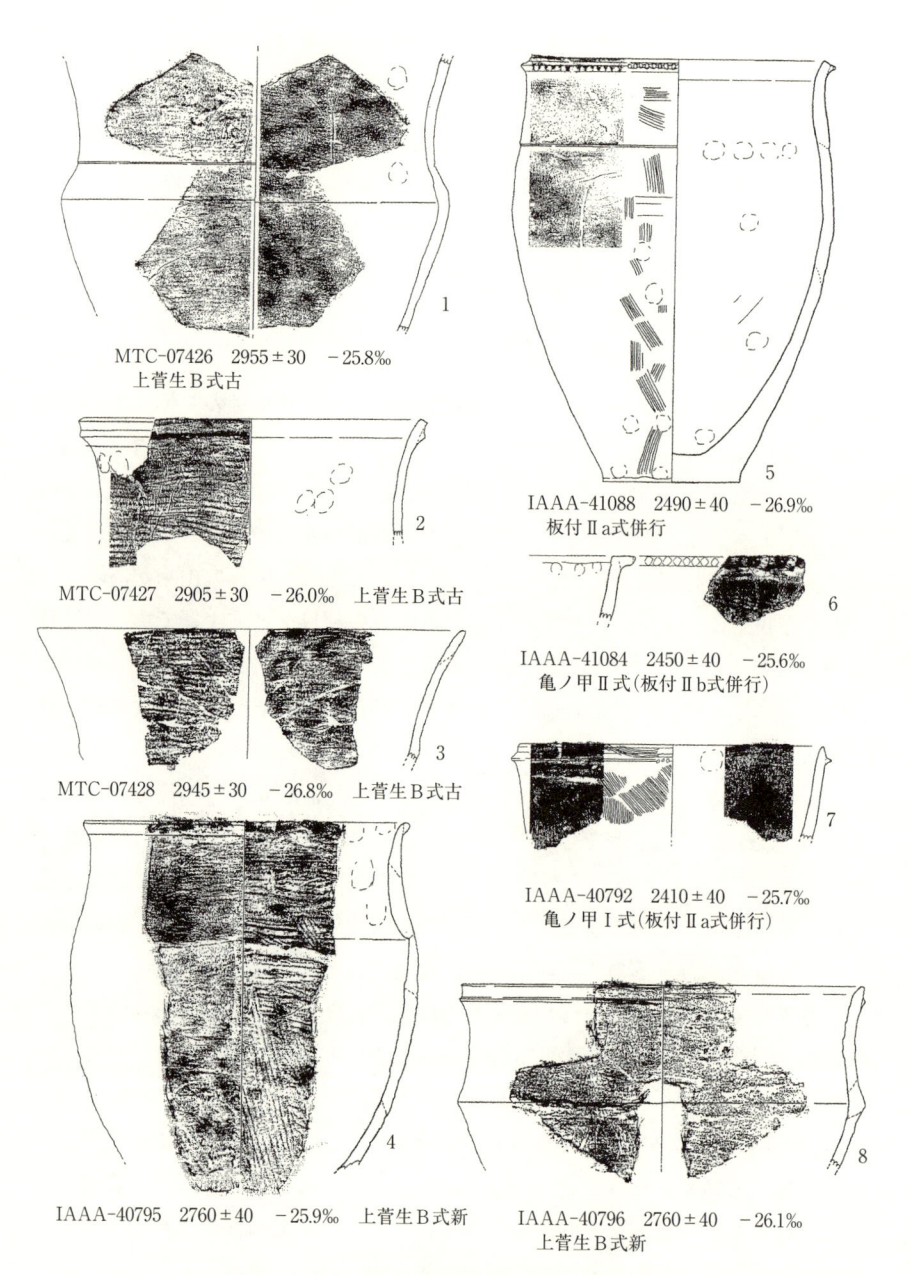

MTC-07426　2955±30　−25.8‰
上菅生B式古　1

MTC-07427　2905±30　−26.0‰　上菅生B式古　2

MTC-07428　2945±30　−26.8‰　上菅生B式古　3

IAAA-40795　2760±40　−25.9‰　上菅生B式新　4

IAAA-41088　2490±40　−26.9‰
板付Ⅱa式併行　5

IAAA-41084　2450±40　−25.6‰
亀ノ甲Ⅱ式（板付Ⅱb式併行）　6

IAAA-40792　2410±40　−25.7‰
亀ノ甲Ⅰ式（板付Ⅱa式併行）　7

IAAA-40796　2760±40　−26.1‰
上菅生B式新　8

図7　大分市玉沢条里跡遺跡第7次調査出土土器

（縮尺不同，報告書から転載）

(2) 弥生稲作開始直前の西部瀬戸内

　今治市阿方遺跡（愛媛県教育委員会調査分）から，突帯文土器の沢田式新土器（図8-1〜4）と，この地域最古の遠賀川系土器（図11-1〜3）が出土した。

　沢田式新は夜臼系の丹塗り磨研土器が伴うことから，岡山の研究者により夜臼Ⅰ〜Ⅱa式に併行する土器群と考えられてきたのに対し，筆者や春成秀爾は夜臼Ⅱb式や板付Ⅰ式に併行すると考えてきた〔藤尾編 2001，春成 1990〕。

　炭素14年代測定を行った結果，2400 ^{14}C BP台後半〜2500 ^{14}C BP台前半の測定値を示した。炭素14年代値から見る限り夜臼Ⅱb・板付Ⅰ式共伴期後半から板付Ⅱa式前半にかけて併行することになる。考古学的に後者は考えられないので，夜臼Ⅱb・板付Ⅰ式共伴期に併行するとなれば前785〜前780年以降の較正曲線上にプロットすることができる。

　阿方遺跡の突帯文土器には口唇部への直接刻目がほとんどみられないか，あっても形骸化していること，古い遠賀川系土器が混在して出土していることからみて，突帯文土器の最終末段階に位置する土器群であることに間違いはない。ただ後述するように，2400 ^{14}C BP台後半の値を示す中山Ⅰ式の炭素年代とは重複していないので，玄界灘沿岸地域のように突帯文系土器と遠賀川系土器が併存した可能性を考える必要はないと考えている。

　阿方遺跡の在来人は，突帯文土器を使う段階から遠賀川系土器を使う段階に，数十年の時をへて移行したことになる。集落立地は変わっていないため在来人が弥生稲作民に転換したと考えられる。その時期は福岡平野に遅れること約250年，大分平野に遅れること約50年といった程度であろうか。そして彼らが手本にした文化の故地は，松山市大淵遺跡の出土資料からみて豊前（九州北東部）の可能性がある。

(3) 高知平野における弥生稲作の開始年代

　高知県土佐市居徳遺跡から出土した古式の突帯文土器や沢田式新に比定された新式の突帯文土器の年代学的調査を行った。倉岡式（図9-1）は瀬戸内最古の突帯文土器と同じ炭素14年代値（2810±40 ^{14}C BP）を示すので，高知最古の突帯文土器としては妥当な年代である。一方，沢田式新は2620〜2490±

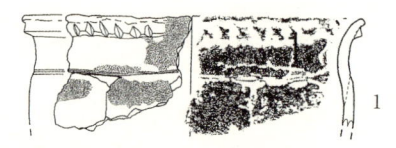

阿方　口頸外面(MTC-07844)　2520±35　(−23.9‰)
屈曲部外面(MTC-07845)　2495±35　(−25.1‰)
沢田式新併行

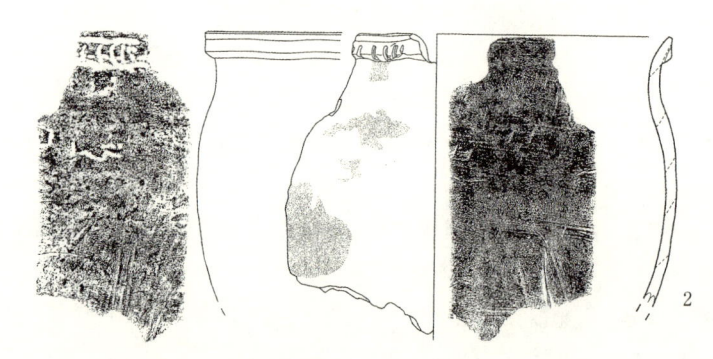

阿方　口頸部外面(MTC-07846)　2475±35　(−24.5‰)
胴部外面(MTC-07847)　2460±35　(−24.9‰)
沢田式新併行

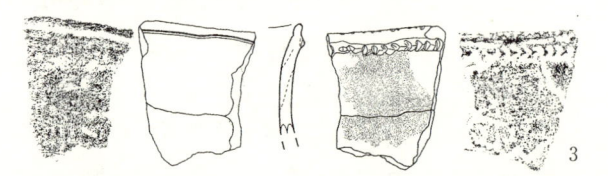

阿方　外面(MTC-07848)　2535±35　(−22.3‰)
沢田式新併行

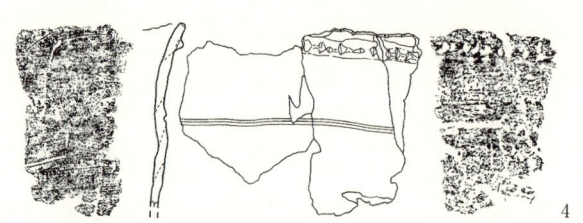

阿方　内面(MTC-07849)　2540±35　−24.9‰
外面(MTC-07850)　2475±35　−25.2‰　沢田式新併行

図8　今治市阿方遺跡出土沢田式新土器（縮尺不同，報告書から転載）

30 ^{14}C BP の測定値を得た〔藤尾・小林ほか 2004〕。

　居徳遺跡の沢田式新には，図9-2や3のように2600 ^{14}C BP 台の値を示すものと，5のように2500 ^{14}C BP 台を示すものの二者がある。5は明らかに二条甕で炭素14年代からみても板付Ⅰ式に併行するもので，阿方遺跡の沢田式新と同じ時期のものである。2が胴部に突帯がついた二条甕になるのかどうかはわからないが，口唇部直接刻目と胴部突帯が組み合う二条甕はあまりないので，5の二条甕とは時期差をもつとみてもよいだろう。すると居徳の突帯文土器は沢田式古の2・3と，沢田式新の5から構成されるという理解もできよう。

　図9-4は遠賀川系の甕の可能性があるといわれているもので，炭素14年代値が2460±30 ^{14}C BP である。実は高知平野で炭素14年代値がわかっている遠賀川系土器はこの甕1点しかない。底部破片なので細かい時期比定が難しいが年代的には板付Ⅱa式と同じ^{14}C 値を示すので，この土器自体が前期中頃の遠賀川系土器であってもよいだろう。問題はこれが高知平野の弥生前期のどのあたりに位置づけられるのか，ということである。

　この土器が出土したD層は遠賀川系土器がわずかに伴う突帯文土器が主体の層で，田村Ⅰ-2期に相当するという。D層出土土器で測定したのは4点で2620〜2490 ^{14}C BP の炭素14年代値をもつ。B層は突帯文土器と遠賀川系土器が共存する層で田村Ⅰ-2・3期に相当し，やはり2610，2550，2460 ^{14}C BP という3つの測定値をもつ。少なくとも炭素14年代値ではD層とB層の間に差は認められない。

　炭素14年代値からみた居徳の突帯文土器は，前池式併行の1を除けば夜臼Ⅱa〜夜臼Ⅱb・板付Ⅰ式〜板付Ⅱa式に，遠賀川系土器は板付Ⅱa式に併行する。出原恵三は居徳遺跡から出土した遠賀川系土器の上限は田村Ⅰ-2期に併行すると考えているので，これにしたがうならば高知平野でもっとも古い遠賀川系土器である田村Ⅰ-1期の年代は居徳の遠賀川系土器より古くなり，板付Ⅰ式と同じ2500 ^{14}C BP 台まで上がる可能性が出てくる。阿方遺跡や居徳遺跡で見つかっている2500 ^{14}C BP 台の突帯文土器はまだ弥生化していない。一方，田村Ⅰ-1期に伴うのは弥生化した突帯文系土器である。出原の型式認定にしたがう限り，西部瀬戸内や中部瀬戸内より先に田村遺跡では突帯文土器が弥生化して弥生稲作が始まったことになる。

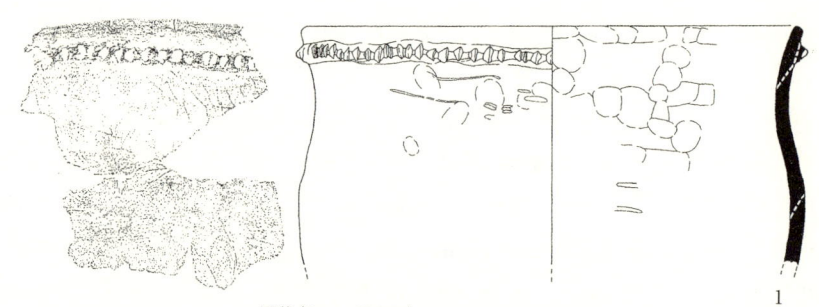

居徳(Beta-184565)　2810±40　−25.9‰
倉岡式(前池式併行)

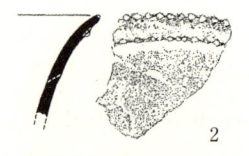

居徳(MTC-03782)　2620±60
−25.5‰　沢田式古併行

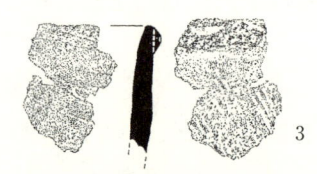

居徳(MTC-03784)　2610±70
−26.5‰　沢田式古併行

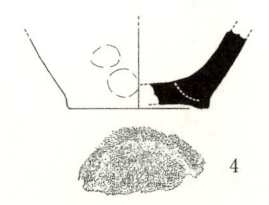

居徳(IAAA-31594)
2460±30　−25.0‰
遠賀川系？

居徳(IAAA-31590)　2530±30
−24.1‰　沢田式新併行

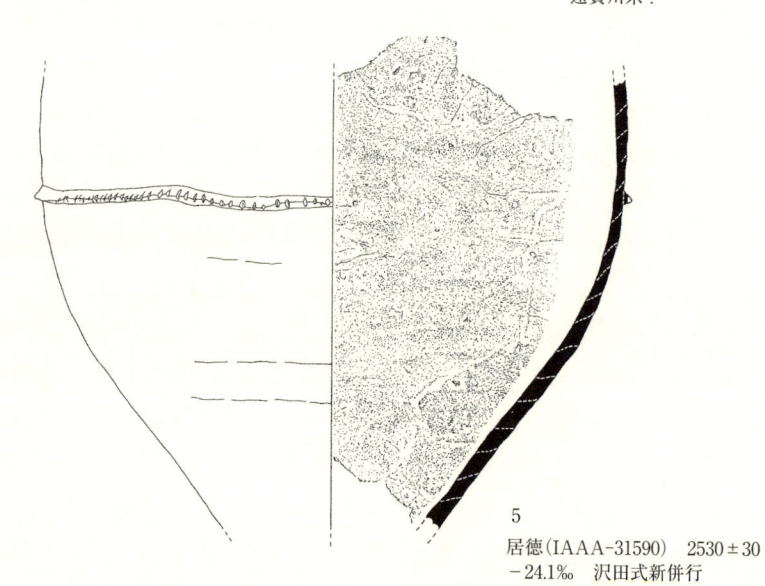

図9　土佐市居徳遺跡出土倉岡式，沢田式古・新土器（縮尺不同，報告書から転載）

I　弥生稲作の開始年代

居徳遺跡には弥生化していない突帯文土器しかなく，田村遺跡には弥生化した突帯文系土器しかない。型式学的には居徳から田村へ新しくなると考えるのが自然だが，集団差という可能性もあるから，時間的な前後関係に単純に置き換えることは難しい。

　いずれにしても高知平野の遠賀川系土器の炭素14年代値はまだ1点しかないので，もう少し測定数を増やしてから，高知平野における弥生稲作の開始年代について考えることにする。現状では高知平野における弥生稲作の開始年代は，板付Ⅰ式〜板付Ⅱa式に併行する，前8〜前7世紀のどこかにくると考えておくが，出原がいうような板付Ⅰ式よりも先に始まったことを示す証拠は今のところ認められない。

(4) 西部瀬戸内における弥生稲作の開始

　2003年11月に福岡市埋蔵文化財センターで歴博が行った福岡現地検討会で，筆者は次のように報告している。「大分市玉沢遺跡の前期突帯文系土器はいずれも炭素14年代値が2300〜2500 ^{14}C BPで，板付Ⅱ式併行の値が出ている。まだ試料数が少ないので断定はできないが，豊後への遠賀川系文化の拡散は周防灘沿岸に比べると一段階遅れる可能性も出てきたといえよう。そうなれば土佐市居徳遺跡への拡散よりも遅れることになり興味深い事実である」。

　この発言は玉沢地区条里跡遺跡第7次調査出土の弥生系突帯文土器（図7‐5〜7）が弥生前期末の下城式以前に位置づけられ，考古学的には板付Ⅱa式併行となるものの，IntCal04を用いた較正年代では板付Ⅱb式以降の年代になってしまう可能性があることを示唆したものである。同時に測定した玉沢地区条里跡遺跡から出土した，水田灌漑施設に伴うクスの樹幹を対象としたウィグルマッチングの測定結果でも付着炭化物と同様の結果が出ていた。考古学的には板付Ⅱa式併行であっても，較正年代は前期末の土器と同じ較正年代が出てしまうので両者の結果があわなかったのである。

　2004年になって，学術創成研究グループの今村峯雄と尾嵜大真が東広島市黄幡1号遺跡から出土したヒノキ材を5年輪ごとに年代測定したところ興味深い事実がわかった。このヒノキ材は奈良文化財研究所の光谷拓実によって年輪年代測定が行われ，前820〜前240年の年輪をもつことがわかっていたものである

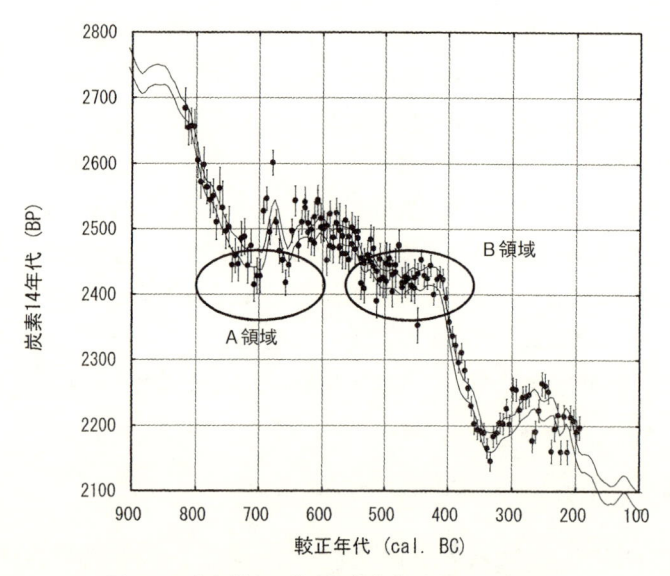

図10　日本産樹木の炭素14年代値（前820〜前200年）
ドットは年代測定値．

〔光谷 2005〕。

　すると，IntCal04では2400 ^{14}C BP 台前半の炭素14年代値は前500〜前400 cal BC（図10のB領域）にかけてみられるが，黄幡1号遺跡のヒノキ材では，前700〜前650 cal BC頃（図10のA領域）にも存在することがわかったのである。

　前700年頃はIntCal04でも較正曲線が2400 ^{14}C BP 台半ばの値をもつことは知られているが，黄幡1号遺跡のヒノキ材から得られた前700年頃の炭素14年代値は，それ以上に新しい2400 ^{14}C BP 台後半の値が出たのである。今のところいくつかの要因が考えられるが，日本の樹木の地域特性である可能性があると考えられている。

　この点を念頭において先の玉沢地区条里跡遺跡第7次調査の測定結果をみると，板付Ⅱa式併行の土器付着炭化物のなかに2400 ^{14}C BP 台後半のものがあることがわかる。IntCal04との照合では前期後半以降でしかあり得なかったこれらの測定値が，前7世紀前半付近でも較正曲線と誤差の範囲で交差したのである。

阿方　胴部中位外面(PLD-6552)　2410±25　−26.1‰
　　　中山Ⅰ式併行

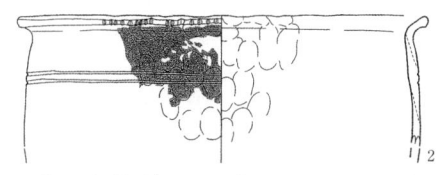

阿方　口縁外面(PLD-6550)　2485±25　−27.1‰
　　　中山Ⅰ式併行

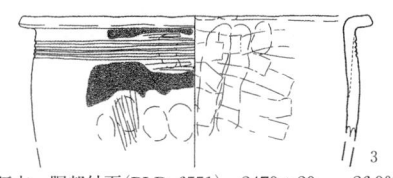

阿方　胴部外面(PLD-6551)　2470±20　−26.9‰
　　　中山Ⅰ～Ⅱ式併行

図11　阿方遺跡出土古式遠賀川系土器
（縮尺不同，報告書から転載）

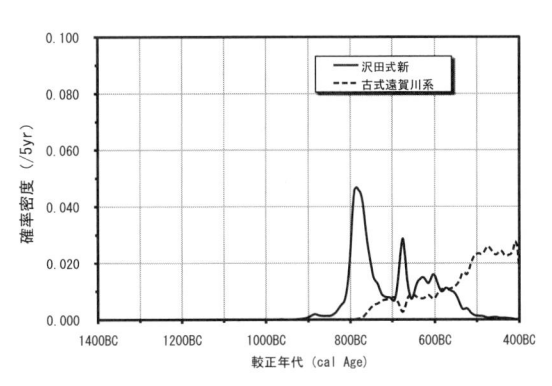

図12　沢田式新～古式遠賀川系土器の型式間境界

3　九州東部・西部瀬戸内における弥生稲作の開始年代

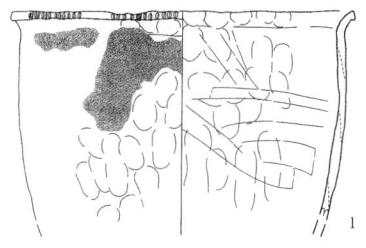

このような状況がみられるのは大分平野だけではない。愛媛県高縄半島の突端にある阿方遺跡から出土した，西部瀬戸内でもっとも古い遠賀川系土器である中山Ⅰ式土器に付着した炭化物（図11-1）を測定したところ，やはり2400 ^{14}C BP台後半（2450，2410±40 ^{14}C BP）の炭素14年代値をもつ資料が存在した（EHFJ-3：2410±25 ^{14}C BP）。

したがって，大分平野や高縄半島では，遠賀川系土器が出現する前7世紀前半頃に，灌漑式水田稲作が始まっていた可能性が出てきたのである。

ここで沢田式新と古式遠賀川系土器の炭素14年代値を統計処理して，遠賀川系土器が出現する年代を算出してみた。高松市東中筋遺跡，居徳遺跡，阿方遺跡出土の南溝手・岡大式，沢田式新16点と，雀居4次，玉沢7次，阿方出土の板付Ⅱa式，併行の古式遠賀川系土器13点の統計処理結果を示したのが図12である。岡大・沢田式新のピーク（実線）16点と古式遠賀川系土器のピーク（破線）13点が重複する境界付近の前680～前575年のどこかに両型式の境界がくると考えられる。日本産樹木の炭素14年代値を見る限り，前680年にかなり近い時期にくるのではないかと予測している。

このように，日本産樹木をもとに作った較正曲線，すなわち日本産樹木年輪の炭素14年代と，統計処理の結果，玄界灘沿岸地域に遅れること300年弱で西部瀬戸内まで弥生稲作が広がった可能性があるといえよう。

4　徳島平野における弥生稲作の開始年代

(1)　測定した遺跡と土器

徳島市庄・蔵本遺跡は，灌漑用の水路を備え，大小畦畔によって細かく区画された水田で稲作が行われると同時に，集落縁辺の傾斜地において畑作が行われていた遺跡である。

第6次調査（徳島大学医学部西病棟）で出土した弥生前期後半（第Ⅰ様式中段階）に比定された遠賀川系土器に伴う木炭や種子炭化物，計8点の炭素14年代測定を行った（写真1）。吉野川下流域で最古の弥生稲作遺跡である本遺跡の試料で得られた年代は，徳島平野における弥生稲作開始年代であることを意味

する．測定値はすべて2500～2400 ^{14}C BP 台で，いわゆる炭素14年代の2400年問題に属した．解析の結果，前6～前5世紀にかけて弥生稲作が始まったという結論を得た．

(2) 土器の特徴と炭素14年代値，較正年代

弥生中期の炭素14年代値を示す1点は後世の混じり込みと考え，結果的に第Ⅰ様式中段階に比定される土器付着炭化物1点を含む，計7点の炭素14年代値を得た．炭素14年代値は，2500 ^{14}C BP 前半から2400 ^{14}C BP の間にあり，統計的には2σの確率で前8世紀～前5世紀のどこかにくる，とまでしか絞れない．伴う土器の時期で絞り込むと第Ⅰ様式中段階併行なので，前6世紀中頃～前4世紀初頭までのどこかにくるとみることができる．

(3) 徳島平野における弥生稲作の開始年代

炭素14年代の結果，前6世紀中頃には弥生稲作が始まり，コメだけではなくアワやキビなどの雑穀やマメ類も畑で作られていたことが明らかにされている．今のところ徳島平野では庄・蔵本遺跡をさかのぼる弥生稲作の遺跡は見つかっていないし，第Ⅰ様式古段階にさかのぼる遠賀川系土器も見つかっていないので，弥生稲作がこれ以上，さかのぼることはないと考えられる．

ところが，雑穀栽培自体はそれ以前から行われていた可能性が指摘されている．庄・蔵本遺跡から600m離れた三谷遺跡で出土した晩期末の突帯文土器の表面から，レプリカ法によって，イネ，アワ，キビの圧痕が見つかったのである〔中沢ほか 2012〕．報告者は，栽培されていた証拠と考え，弥生稲作の前段階に位置づけ，雑穀栽培では石棒祭祀など，縄文的な祭祀がなくなることはなかったのであろうと解釈している．

近年，レプリカ法による雑穀の圧痕探求が進んだ結果，中国地方の前池式（最古の突帯文土器）まではコメや雑穀がさかのぼることが確実視されている．そして縄文晩期後半の突帯文土器段階を初現として弥生稲作直前の段階に雑穀農耕を想定する研究者が増えつつある．三谷遺跡で想定されているのがまさにそれである．

もちろん九州のレプリカ法を行う研究者は，縄文後期後半の三万田式までさ

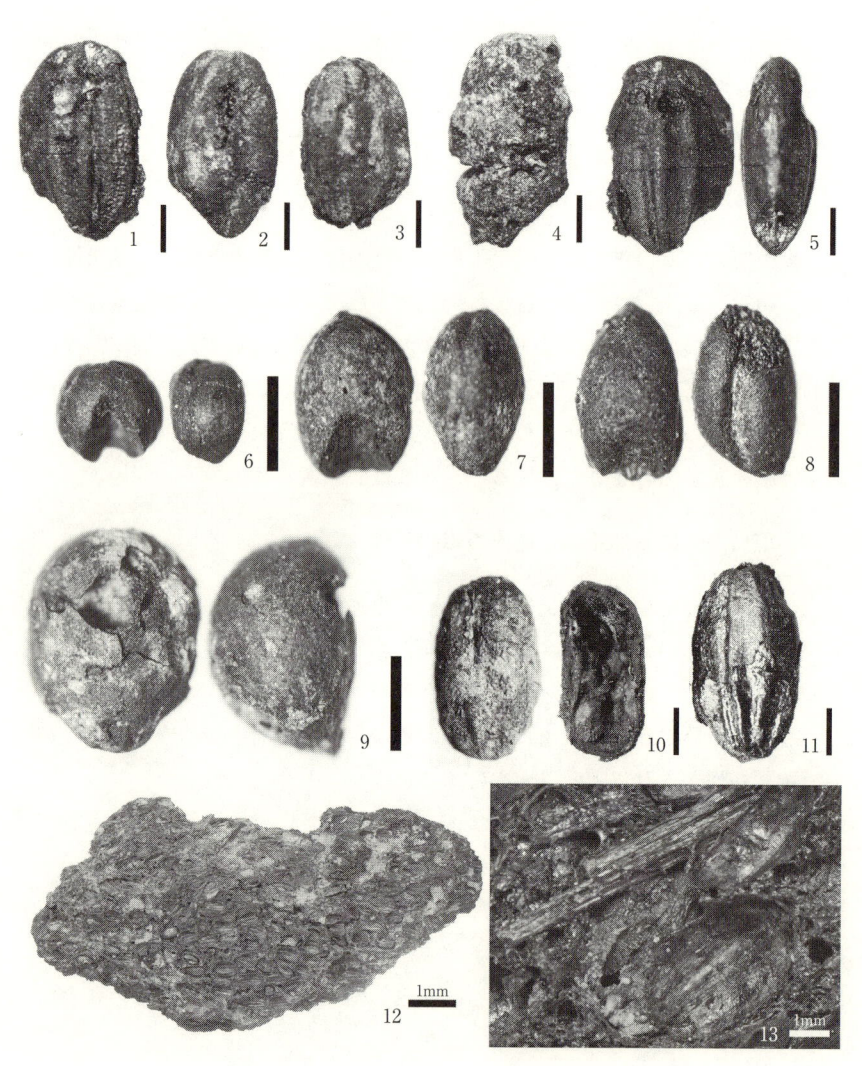

写真1　測定した種実類顕微鏡写真（〔藤尾ほか 2010〕より転載）

1～3 炭化米（SD312 焼土），4 炭化米（SK313 出土），5 炭化米（SD315 出土），6 アワ炭化種子（SD312 出土），7・8 キビ炭化種子（SD312 出土），9 エゴマ類似炭化果実，10 マメ科炭化種子　ヘソ側・断面（SD312 出土），11 塊より脱落した炭化米（SD61 出土），棒は1mm.

かのぼると考えているが，東日本の研究者には受け入れられてはいない。現状論としては東の研究者のいうとおりだが，筆者にはなぜ，突帯文土器段階になると雑穀栽培が始まるのか，その歴史的必然性がよくわからないのである。

　前池式の段階は，韓半島突帯文土器段階，すなわち青銅器時代前期の終わり頃で，韓半島では数ヘクタールもの畑でコメやムギ，アワなどが本格的に作られていた。この農耕形態は，東日本の研究者が突帯文土器段階に想定している農耕とは畑の規模や農工具が異なる本格的な畑作農耕であり，むしろ近いのは櫛目文土器段階に想定されている雑穀農耕ではないだろうか。縄文後期後半までさかのぼる櫛目文土器段階の雑穀農耕こそ，弥生稲作以前に想定されるべき農耕形態ではないかと，筆者は想像している。したがって，レプリカ法で見つからないからといって，今の段階で突帯文土器以前の畑作をすべて否定するのは時期尚早と考えている〔藤尾 2012〕。

5　愛知県における弥生稲作の開始年代

(1) 測定した遺跡と土器

　弥生稲作開始期の土器として，名古屋市牛牧遺跡出土の馬見塚F地点式（晩期後半）2点，一宮市馬見塚遺跡出土の馬見塚式，春日井市松河戸遺跡出土の馬見塚式と馬見塚〜樫王式1点，一宮市山中遺跡出土の馬見塚式〜樫王式（縄文晩期末〜弥生前期後半）1点の年代学的調査を実施した（図13）。

(2) 土器の特徴と炭素14年代値，較正年代

　1は牛牧遺跡から出土した馬見塚F地点式の突帯文土器（図13-1）で，口縁部に一条の刻目突帯をもつ。胴部外面に付着したススを測定したところ，炭素14年代値はPLD-8809：2660±25 ^{14}C BPであった。較正年代は較正曲線が急傾斜で落ちるところにあたるため，845〜795 cal BC（89.7%）とよく絞られた結果となった。夜臼Ⅱa式と併行関係にある点と炭素14年代値が2600 ^{14}C BP台であることとは矛盾がなく整合的である。今回の愛知県域の測定値のなかではもっとも古い年代を示す。

牛牧（PLD-8809） 2660±25 （−25.8‰）
馬見塚F地点式

山中（PLD-8807） 2580±25 −26.0‰
馬見塚〜樫王式

松河戸（PLD-8804） 2465±25 −30.9‰
馬見塚式

牛牧（PLD-8808） 2695±25 −25.9‰
馬見塚F地点式

松河戸 内面（PLD-8805） 2430±25
 −27.2‰ 外面（PLD-8806） 2430±25
 −24.9‰ 馬見塚〜樫王式

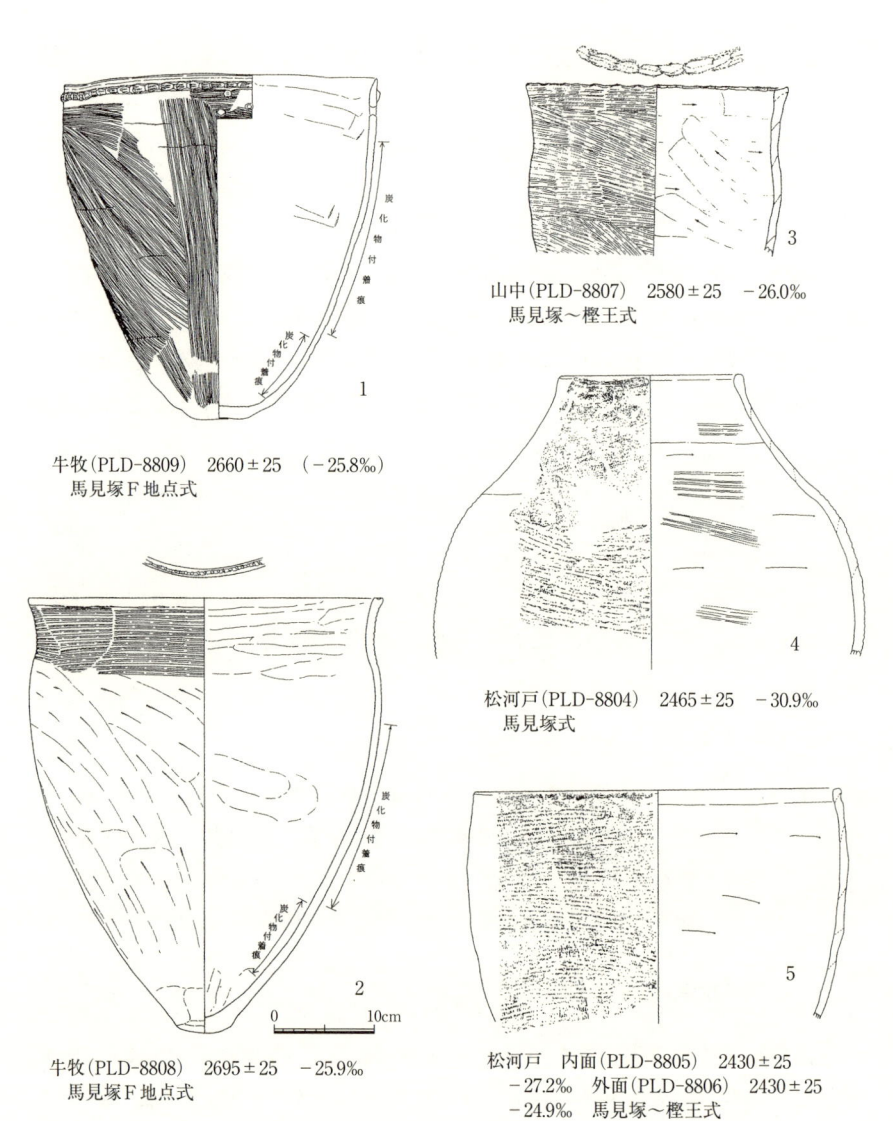

図13 愛知県内出土の縄文晩期後半〜弥生前期の土器（各報告書から転載）

2も同じく馬見塚F地点式の深鉢で胴部外面のススを測定（ACBM-14a）。炭素14年代値はPLD-8808：2695±25 ^{14}C BP，較正年代は1と同じ理由から，895〜805 cal BC（95.4％）である。夜臼Ⅱa式と併行関係にあることからすれば，きわめて整合的な値である。

 4は松河戸遺跡出土の馬見塚式（ACBM-10）で，壺の胴部外面のススを，5は深鉢の胴部内面の焦げと口縁部外面のススを測定した。炭素14年代値は，前者がPLD-8804：2465±25 ^{14}C BP，後者の内面がPLD-8805：2430±25 ^{14}C BP，外面がPLD-8806：2430±25 ^{14}C BPを得た。3は山中遺跡出土の馬見塚〜樫王式（ACBM-12）で深鉢の胴部外面のススを測定した。炭素14年代値はPLD-8807：2580±25 ^{14}C BPであった。3と5は第Ⅰ様式中段階に併行する土器で炭素14年代値の2400年問題の中にあたるため，較正年代は前8〜前5世紀の300年間にもわたってしまい統計的に絞り込むことはできない。

 図はないが馬見塚遺跡出土の馬見塚式の深鉢胴部内面の炭化物も測定した（ACIU-005）。炭素14年代値はPLD-8879：2515±20 ^{14}C BPである。第Ⅰ様式古段階に併行するもので，やはり2400年問題にかかる試料なので，較正年代は前8世紀から前6世紀までの200年にわたってしまい統計的に絞り込むことはできない。確率密度は650〜545 cal BCが54.8％でもっとも高いが，近畿との併行関係でみるとやや古い年代である。特筆すべきはδ^{13}Cの値である。－12.1‰はC_4植物に起因するコゲだったことを意味する。発掘担当者である設楽博己によれば，土器が埋蔵されていた土壌中よりキビ属とイネ科のプラント・オパールが確認されているとのことで，これらのことを考え合わせれば現状では，この地域でもっとも古いC_4植物の存在を示す証拠である。

(3) 愛知県内の弥生土器の年代学的調査に関する諸問題

弥生稲作の開始時期
 伊勢湾沿岸地域の弥生稲作は，第Ⅰ様式中段階に併行する樫王式から始まると考えられている。松河戸遺跡や山中遺跡から出土した馬見塚式〜樫王式（2580，2430±25 ^{14}C BP）から判断すると，IntCal04では前555〜405 cal BCの確率が72.0％ともっとも高い。近畿との併行関係でみるときわめて整合的である。また山本直人も樫王式の較正年代を500〜400 cal BCと考えていることか

ら妥当な年代と考えられる〔山本 2007〕。

ただ山中遺跡の2580 ± 25 ^{14}C BPだけは，第Ⅰ様式古段階併行の年代が出ていて，考古学的な併行関係とはあわないため，今後，日本産樹木の炭素14年代値との関連も調べたうえで考えたい。

縄文晩期後半，晩期末，弥生前期中頃の実年代

夜臼Ⅱa式に併行する馬見塚F地点式（PLD-8809：2660 ± 25 ^{14}C BP，PLD-8808：2695 ± 25 ^{14}C BP）は前9世紀後半，第Ⅰ様式古段階に併行する馬見塚式（PLD-8804：2465 ± 25 ^{14}C BP）は前600年前後で，九州北部や近畿の土器との併行関係とも整合的な結果を示した。

C_4 植物

今回測定した東海地方のデータにはC_4植物の特徴を示すものが顕著であった。仮に^{12}Cと^{13}Cの比率が10‰台のデータについてみてみると，馬見塚式の内面に付着した炭化物（⑥ AICU 005：2515 ± 20 ^{14}C BP）が最古であった。古段階までC_4植物がさかのぼることは滋賀県竜ヶ崎A遺跡出土の長原式の甕の内面に遺っていたキビからみても妥当である。現状での最古の例といえよう。

6 較正年代の算出——弥生早期と弥生前期中頃

(1) 弥生前期初頭以前

九州北部の縄文晩期から弥生前期後半までの土器型式ごとの炭素14年代は表2のようになる。さらに型式ごとに丸めた炭素14年代は図18のようになる。この結果，以下の3点を指摘することができた。

①これまで夜臼Ⅰ式まで存続すると考えられてきた縄文系の粗製深鉢や組織痕文土器は，福岡平野では夜臼Ⅱa式まで，唐津平野や九州南部では板付Ⅱa式まで，島原半島では板付Ⅰ式に併行する原山式まで，器種構成の一角に安定して存在することが明らかになった。

②原山式は夜臼Ⅱb式や板付Ⅰ式と併行する，弥生化していない島原半島の

突帯文土器であることがわかった。
③板付Ⅱa式，東部瀬戸内や西部瀬戸内最古の遠賀川系土器は，炭素14年代値が2400 ^{14}C BP台の後半の値を示すため，IntCal04と照合すると統計的には前期後半〜末の確率密度がもっとも高くなり，考古学的な知見と大きくずれる結果となっていた。しかし日本産樹木で補正した較正曲線と照合すると，前700〜前650 cal BCのあたりにも同じ2400 ^{14}C BP台後半の炭素14年代値がみられることがわかった。このことから前7世紀の前半には大分平野や西部瀬戸内で弥生稲作が始まっていた可能性の高いことが明らかとなった。

(2) 弥生前期中頃〜後半

大分平野や高縄半島で弥生稲作が始まった前7世紀頃の福岡平野の状況はあまり明らかでないが，2006年11月に福岡市雀居遺跡第4次調査出土の板付Ⅱa式1点と板付Ⅱb式6点の炭素14年代値を追加，さらに2011年度に福岡県小郡市大保横枕遺跡出土の板付Ⅰ式新〜板付Ⅱb式の炭素14年代値を得ることができたので，福岡平野や三郡地域の弥生時代前期前葉〜後半の年代について概要を報告する[3]〔藤尾・山崎・坂本 2013〕。

測定資料の考古学的特徴と炭素14年代

当該期の土器に付着した炭化物の測定数は，板付Ⅱa式8点，板付Ⅱb式7点，板付Ⅱb式に併行する亀ノ甲Ⅱ式や高橋Ⅱ式7点である。参考値として板付Ⅱa式に併行する大分，愛媛の遠賀川系土器を用いる。

〈板付Ⅱa式（図14-1）〉

雀居遺跡第4次調査出土の如意状口縁甕は，口唇部端部下端に刻目をもち，口唇部を丸くおさめることから板付Ⅱa式に比定した。口縁部破片なので体部の形態は不明である。2400±35 ^{14}C BPという測定値は，今のところ板付Ⅱa式や西部瀬戸内最古の遠賀川系土器である中山Ⅰ式，大分平野の弥生化した最古の前期突帯文系土器など，西日本西部各地で弥生稲作が始まった頃の土器にみられる値と同じ2300 ^{14}C BP台前半の値である。この炭素14年代を単純にIntCal04と照合すると，前期末の土器が多く分布する前400年付近の確率密度

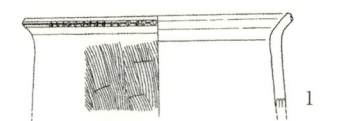

雀居4次(MTC-08032)　2400±35　(−26.3‰)
板付Ⅱa式

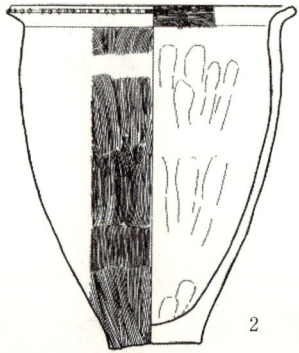

雀居4次(MTC-08040)　2430±35　−19.6‰
板付Ⅱb式

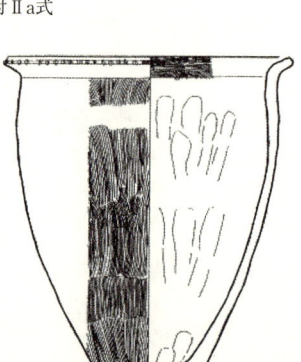

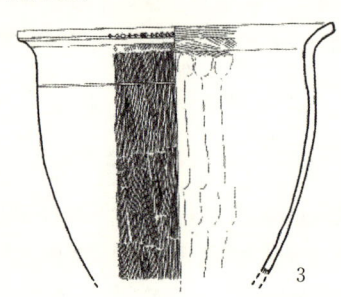

雀居4次(MTC-08036)　2400±35　−25.2‰
板付Ⅱb式

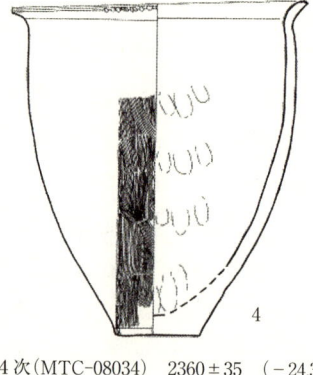

雀居4次(MTC-08034)　2360±35　(−24.3‰)
板付Ⅱb式

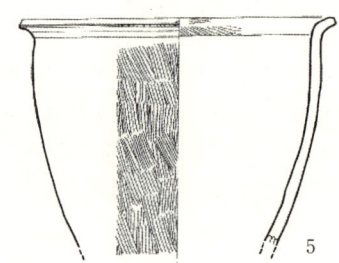

雀居4次(MTC-08041,08042)　2400±35
(−26.1‰)　2385±35　−25.4‰　板付Ⅱb式

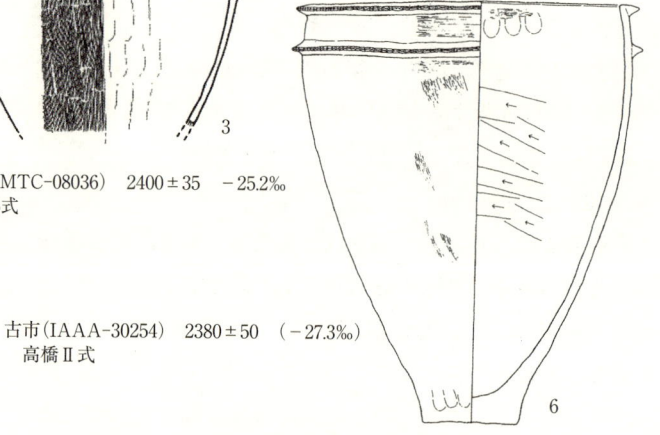

古市(IAAA-30254)　2380±50　(−27.3‰)
高橋Ⅱ式

図14　弥生前期中頃〜前期後半の測定土器
(縮尺不同，各報告書から転載)

(550〜395 cal BC：81.1％) がもっとも高くなり (図15), 考古学的な所見との整合性がとれない。大分や愛媛で指摘した現象と同じである。

〈板付Ⅱb式・高橋Ⅱ式 (図14-2〜6)〉

図14-6の鹿児島県古市遺跡以外はすべて雀居遺跡第4次調査出土である。また図面は載せていないが大保横枕遺跡出土土器の炭素14年代測定値がある。雀居遺跡の如意状口縁をもつ甕は、口唇部下端に刻目をもつ点が板付Ⅱa式と同じだが、口唇端部を方形に仕上げたり、体部が張り始めたりする点が異なっている。底部は前期末の板付Ⅱc式のようにまだ脚台化していない。

炭素14年代値は2430〜2360 ^{14}C BP の範囲に収まり、いわゆる2400年問題の真っ只中である。図13-2の δ^{13}C は−19.6‰で重いが、板付Ⅱb式の炭素14年代値としては妥当な値なので、C_4植物が炭化物のなかに含まれていた可能性がある。現状では福岡平野最古の C_4 植物の存在を示す証拠である。

古市出土の高橋Ⅱ式土器 (図14-6) は、福岡県八女市亀ノ甲遺跡1号溝や板付Ⅱb式に併行する九州南部の前期突帯文系土器である。弥生早期の屈曲型二条甕の系譜をひく甕で、九州南部の広い範囲に分布する。2380±50 ^{14}C BP という炭素14年代値はいわゆる亀ノ甲Ⅱ式初の測定値である。また大保横枕遺跡でも砲弾一条甕の亀ノ甲Ⅱ式2例目の測定値を得ている。これまでこの種の甕は前期末になって成立するという考えが根強かっただけに、炭素14年代でも板付Ⅱb式と併行することが確認できたことの意義は大きい。

これらの土器の炭素14年代の中心値をIntCal04上におくと2400年問題の後半、すなわち前6〜前5世紀以降にくる。

板付Ⅱ式の実年代

図16は各土器型式の炭素14年代の中心値を IntCal04 上に落としたものである。報告ずみの板付Ⅱa式の測定値は2400 ^{14}C BP 1つしかないので、併行する大分市玉沢地区条里跡遺跡出土の前期突帯文系土器、愛媛県今治市阿方遺跡と東広島市黄幡1号遺跡出土の古式遠賀川系土器もあわせて検討する。

2400 ^{14}C BP の板付Ⅱa式をIntCal04上に落とすと、400 cal BC頃に中心値を落とすことができるので、確率密度分布をみても550〜395cal BC が81.1％と高確率を示し、以下、745〜685cal BC が11.6％、665〜645cal BC が2.7％

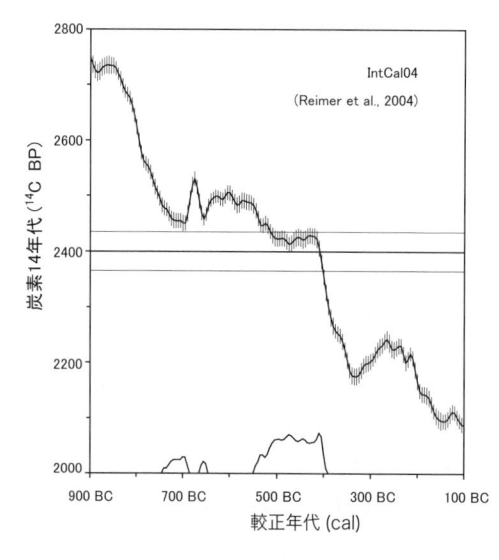

図15　板付Ⅱa式の確率密度分布図

とつづく（図15）。玉沢地区条里跡遺跡の板付Ⅱa式に併行する前期突帯文系土器や阿方の古式遠賀川系土器も同じ傾向を示す。

ところが前400年頃は板付Ⅱc式の中心値および前期末の金海式甕棺が主に分布する領域なので，板付Ⅱa式の中心値がこの付近にくるとは考古学的に考えられない。また板付Ⅱa式に先行する板付Ⅰ式が前790～前785年頃に上限をもつので，もし板付Ⅱa式の中心値が前400年頃にくれば，400年近くにわたって存続する板付Ⅰ式と，50年足らずのきわめて短い間に板付Ⅱa，Ⅱb式と板付Ⅱc式という3つの土器型式がはいることになり，土器型式編年との整合性を著しく欠くことになる。

年代研究グループは，板付Ⅱa式や併行する最古の遠賀川系土器の炭素14年代値とIntCal04と照合すると，考古学的な土器型式の順番とあわないという事態に直面したのである。

日本版較正曲線との照合

先述したように今村と尾嵜は2004年秋から，奈良文化財研究所の光谷拓実によって前820～前240年の年輪年代をもつことが確認された，東広島市黄幡1号

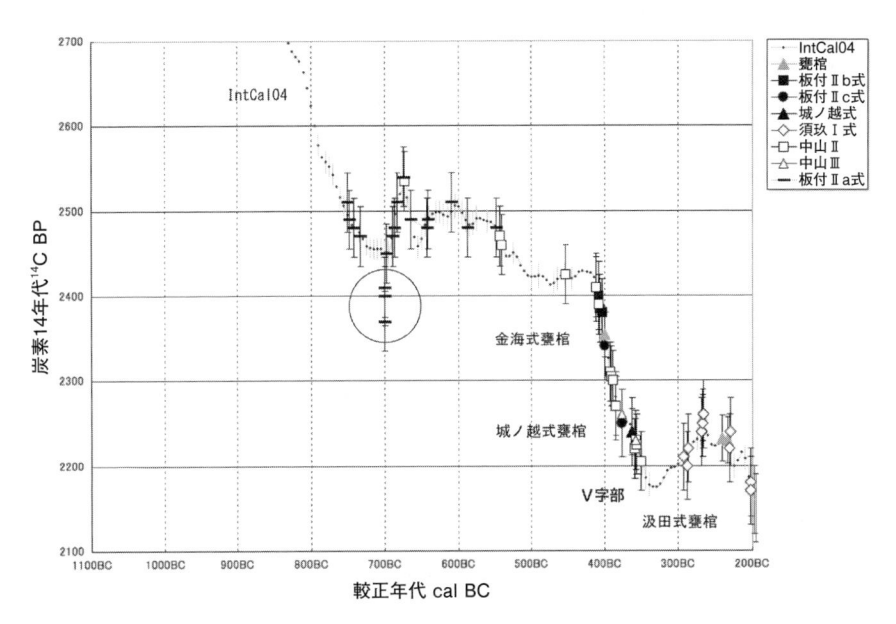

図16　九州北部・大分・愛媛・広島の土器型式分布図
前期中頃〜中期前葉.

遺跡から出土したヒノキ製の未成品について，5年輪ごとに炭素14年代を測定して日本版較正曲線の構築を始めた（図10）。この結果，年輪年代で前705〜前701年の部分や，前700〜前696年の部分など，前700年前後に2400 ^{14}C BPに近い炭素14年代を示す年輪のあることがわかった〔Ozaki et al. 2006〕。そこで2400 ^{14}C BPの板付Ⅱa式の実年代は，前8世紀末〜前7世紀初頭にくるのではないかという見通しをたてたのである。これなら土器編年とも矛盾がない。

もちろん板付Ⅱb式の炭素14年代にも，雀居4次18bのように2400±35 ^{14}C BPを示す試料もあるが，板付Ⅱb式は2400年問題後半の水平部分，すなわち前6世紀半ば以降にきた方が考古学的には整合的である。

図16にみられるように板付Ⅱa式や古式遠賀川系土器の2400 ^{14}C BPや，2300 ^{14}C BP台前半という炭素14年代値を，IntCal04の中心値よりも50〜100年以上新しい方に離して中心値を落としたのは（図中の丸で囲んだ部分），IntCal04にあわせるよりも，年輪年代の分かっている日本産樹木の炭素14年代値にあわせる方が考古学的に整合的だからである。

同時に土器型式の新旧関係を考慮して，板付Ⅱa式，板付Ⅱa式に併行する古式遠賀川系土器，板付Ⅱb式，板付Ⅱc式の中心値を落とすと図16のようになる。この結果，板付Ⅱa式と板付Ⅱa式併行期は前7世紀に，板付Ⅱb式は前400年以前に中心値がくるようにおとすと，考古学的な型式変遷と整合性をもつ分布を示す。

　±35年の誤差を考慮しても，板付Ⅱb式は前6世紀から前5世紀の間という，2400年問題の後半付近に上限がきて，下限は2400年問題を抜ける可能性のあることがわかる。前期末は2400年問題にもV字部にもかからず，較正曲線の急傾斜の部分にあたり，中期初頭の下限は較正曲線のV字部の部分にかかる可能性がある。

板付Ⅰ式と板付Ⅱa式，板付Ⅱa式と板付Ⅱb式の型式間境界

　ここで板付Ⅰ式と板付Ⅱa式，板付Ⅱa式と板付Ⅱb式の境界を統計的に求める。

　〈板付Ⅰ式と板付Ⅱa式の型式間境界〉

　夜臼Ⅱb式と板付Ⅰ式28点と，板付Ⅱa式8点，および古式遠賀川系土器5点を統計処理したのが図17-①である。夜臼Ⅱb式・板付Ⅰ式のピーク（実線）と古式遠賀川系土器のピーク（破線）が重複する境界部付近の前720～前595のどこかに両型式の境界がくると考えられる（〔藤尾 2007b〕では前685～前580年のどこかであった）。先にみた日本産樹木の炭素14年代値とも矛盾がない。これによって板付Ⅰ式は100年弱の存続幅をもつことになり，旧稿より少し存続期間が短くなった。

　〈板付Ⅱa式と板付Ⅱb式の型式間境界〉

　板付Ⅱa式および古式遠賀川系土器15点と，板付Ⅱb式・亀ノ甲式・高橋Ⅱ式14点の統計処理結果を示したのが図17-②である。板付Ⅱa式のピーク（実線）と板付Ⅱb式のピーク（破線）が重複する境界部付近の前625～前475年のどこかに両型式の境界がくるとみられる。現状ではこれ以上絞り込むことはできないが，板付Ⅱb式の中心値で見ると前550年付近がもっとも可能性が高く，かつこの値が前625～前475年の中に入っていることがわかる。

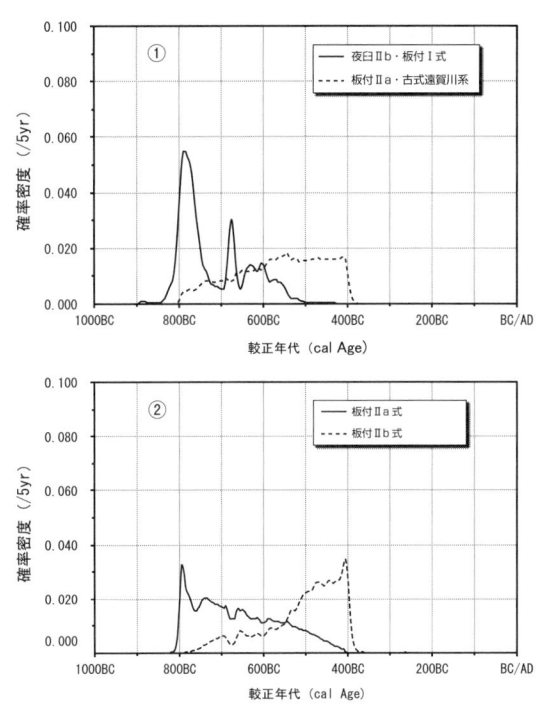

図17　夜臼Ⅱb・板付Ⅰ式と板付Ⅱa・古式遠賀川系（①）
　　　と板付Ⅱa式と板付Ⅱb式（②）の型式間境界

(いずれも2012年版)

小　　結

　以上，板付Ⅱa式，板付Ⅱb式の炭素14年代の中心値をIntCal04上におとし，日本版較正曲線を参考に実年代を換算した結果と，統計処理によって板付Ⅱa式の出現年代と板付Ⅱb式の出現年代を算出した。板付Ⅱa式の出現年代は前720～前595年の間，板付Ⅱb式の出現年代は前625～前475年の間であった。いずれも統計的にはこれ以上，絞り込むことはできないが，日本産樹木の炭素14年代値をふまえると，板付Ⅱa式は前700年，板付Ⅱb式は前550年前後に始まった可能性が高いと推測している。

　この年代観にしたがうと各土器型式の存続幅は，板付Ⅰ式が100年弱，板付Ⅱa式は約150年，板付Ⅱb式は前期末の開始年代を前380年頃とすると170年前後となる。

当該期は日本列島に青銅器や鉄器などの金属器が出現する時期にあたるので，この年代についてもふれておこう。福岡県今川遺跡は板付Ⅰ式新に比定されているので，実年代は前8世紀末葉，九州北部に円形粘土帯土器が出現する前期末は先述したように前4世紀前葉，青銅器が甕棺に副葬され始める中期初頭は前4世紀中頃以降，青銅器の鋳造や鉄器が出現する中期前葉（須玖Ⅰ式古）は，前4世紀後葉～末を上限とする。

　また後期無文土器である円形粘土帯土器の実年代は，前稿では武末純一が示した九州北部との併行関係〔武末 1987〕をもとに，板付Ⅱa～城ノ越式に併行する前7世紀前葉～前4世紀中頃の約400年間弱存続したと考えた[4]。しかし，韓国南部から出土した円形粘土帯土器の炭素14年代測定を行った李昌熙の研究成果によれば，円形粘土帯土器に併行する最古の九州北部の土器は板付Ⅱb式なので，円形粘土帯土器は前6世紀中頃から前4世紀中頃の約200年間，存続したと考えられている〔李昌熙 2010〕。

おわりに

　歴博年代研究グループは，日本版較正曲線の作成を目指した日本産樹木年輪試料の炭素14年代測定も進めている。そのうち，東広島市黄幡1号遺跡出土の加工木材を用いた前9～前5世紀にわたる結果は，すでに Radiocarbon 誌に報告ずみである〔Ozaki et al. 2007〕。さらに，前11～後4世紀までにわたる年輪試料の分析を進めており，この年代範囲ではIntCal04と比較して暦年較正結果に大きな違いはほとんどみられないが，坂本稔や中村俊夫により別々に測定された，箱根芦ノ湖出土スギ埋没樹などの年輪試料の炭素14濃度の測定結果をみると，IntCal04に比べ，日本列島では1世紀終末から2世紀においてやや炭素14濃度が薄く，結果的に数十年程度，炭素14年代が実際より古く測定されることが判明している〔Sakamoto et al. 2003, 中村ほか 2004〕。この結果は弥生終末期～古墳時代開始期の実年代を決めるうえで重要なものと考えられる。

　これまで日本産の樹木を炭素14年代測定することによって，IntCal04では解決できなかった以下のようなことを明らかにすることができた。

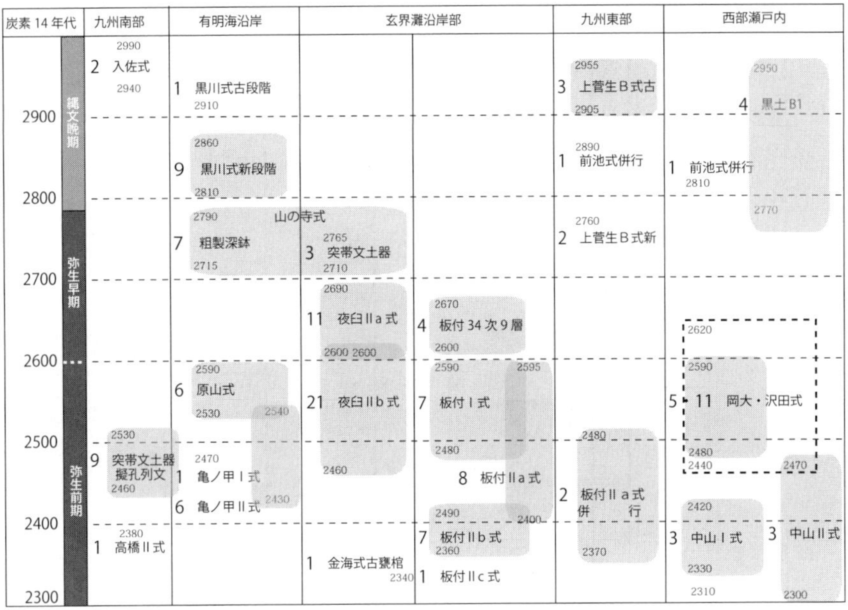

図18　土器型式別の炭素14年代値（2012年版）

表3　九州北部における弥生土器型式の炭素14年代と実年代一覧表

相対年代	型式名	炭素14年代	実年代(紀元前)
早期前半	山の寺・夜臼Ⅰ式	2700年代	10世紀後半～9世紀中頃
早期後半	夜臼Ⅱa式	2600年代	9世紀中頃～8世紀初
前期初頭	夜臼Ⅱb・板付Ⅰ式共伴期	2500年代	8世紀初～7世紀初
前期中頃	板付Ⅱa式	2400～2300年代	7世紀初～6世紀
前期後半	板付Ⅱb式	2400～2300年代	6世紀～4世紀初
前期末	板付Ⅱc式	2300年代	4世紀前葉～中頃

おわりに　67

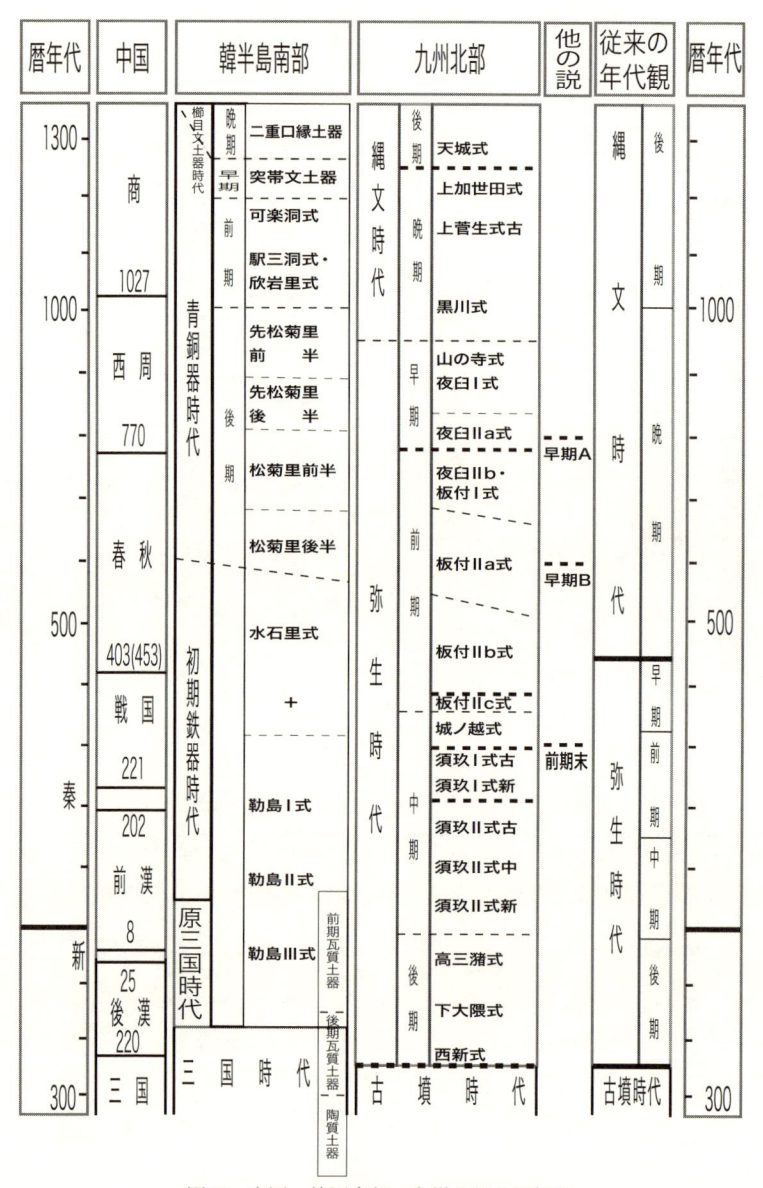

暦年代	中国	韓半島南部		九州北部		他の説	従来の年代観		暦年代
1300	商	櫛目文土器時代	晩期 二重口縁土器	縄文時代	後期 晩期 天城式		縄文時代	後期	
			早期 突帯文土器		上加世田式				
		青銅器時代	前期 可楽洞式		上菅生式古				
	1027		駅三洞式・欣岩里式						1000
1000	西周		先松菊里前半		黒川式			晩期	
			先松菊里後半	早期	山の寺式 夜臼I式				
	770				夜臼IIa式	早期A			
		後期	松菊里前半		夜臼IIb式・板付I式				
	春秋		松菊里後半	前期	板付IIa式	早期B			
500			水石里式		板付IIb式		弥生時代	早期 前期	500
	403(453)	初期鉄器時代	+		板付IIc式 城ノ越式				
	戦国				須玖I式古 須玖I式新	前期末			
	221		勒島I式	中期	須玖II式古			中期	
	秦 202		勒島II式		須玖II式中				
	前漢				須玖II式新				
	8	原三国時代	勒島III式	後期	高三潴式			後期	
	新 25				下大隈式				
	後漢				西新式				
	220								
300	三国	三国時代		古墳時代			古墳時代		300

図19 中国・韓国南部・九州北部の編年表

早期Aは宮本一夫・甲元眞之の説,早期Bは武末純一の説,前期末は宮本一夫の説.韓半島南部の土器編年は,安在晧,李昌熙の説に基づいている.破線の太い,細いは,測定数の数が多い,少ないを反映している.

表4　土器型式ごとの較正年代

相対年代	沖縄	福岡・佐賀	その他の九州～中国・四国	近畿	東海・中部	北陸	関東	東北	北海道
晩期初頭	×	BC1250	BC1250	BC1250	BC1250	BC1250	BC1250	BC1250	BC1250
晩期末	×	BC965	BC700	BC650	BC500	BC380	BC200	BC450	BC380
弥生早	×	965-BC780	×	×	×	×	×	×	×
弥生早期	×	965-BC780	×	×	×	×	×	×	×
1期初頭	×	BC780	×	×	×	×	×	×	×
1期中頃	×	700-BC500	×	×	×	×	×	×	×
1期古	×	×	700-BC650	650-BC550	×	×	×	×	×
1期古相	×	×	700-BC650	650-BC550	×	×	×	×	×
1期古段階	×	×	700-BC650	650-BC500	×	×	×	×	×
1期中	×	×	650-BC500	650-BC500	×	×	×	×	×
1期中段階	×	×	650-BC500	650-BC500	×	×	×	×	×
1期前半	×	×	700-BC500	700-BC500	×	×	×	×	×
1期後半	×	550-BC380	550-BC380	550-BC380	550-BC380	×	×	×	×
1期新	×	380-BC350	380-BC350	380-BC350	380-BC350	380-BC350	×	450-BC350	×
1期新段階	×	380-BC350	380-BC350	380-BC350	380-BC350	380-BC350	×	380-BC350	×
1新	×	380-BC350	380-BC350	380-BC350	380-BC350	380-BC350	×	380-BC350	×
1期末	×	380-BC350	380-BC350	380-BC350	380-BC350	380-BC350	×	380-BC350	×
1期	×	780-BC350	700-BC350	700-BC350	700-BC350	700-BC350	×	380-BC350	×
2期古	×	350-BC300	350-BC300	350-BC300	350-BC300	350-BC300	×	350-BC300	×
2期初	×	350-BC300	350-BC300	350-BC300	350-BC300	350-BC300	×	350-BC300	×
2期	×	350-BC300	350-BC300	350-BC300	350-BC300	350-BC300	×	350-BC300	×
2期中頃	×	350-BC300	350-BC300	350-BC300	350-BC300	350-BC300	×	350-BC300	×
3期古	×	300-BC200	300-BC200	300-BC200	300-BC200	300-BC200	×	300-BC200	×
3期後半	×	200-BC100	200-BC100	200-BC100	200-BC100	200-BC100	×	200-BC100	×
3期新	×	200-BC100	200-BC100	BC200-100	BC200-100	BC200-100	×	200-BC100	×
3期末	×	200-BC100	200-BC100	BC200-100	BC200-100	BC200-100	×	200-BC100	×
3新	×	200-BC100	200-BC100	200-BC100	200-BC100	200-BC100	×	200-BC100	×
3期	×	300-BC100	300-BC100	300-BC100	300-BC100	300-BC100	×	300-BC100	×
4期古	×	100-BC50	100-BC50	100-BC50	100-BC50	100-BC50	100-BC50	100-BC50	×
4期初	×	100-BC50	100-BC50	100-BC50	100-BC50	100-BC50	100-BC50	100-BC50	×
4期前半	×	100-BC50	100-BC50	100-BC50	100-BC50	100-BC50	100-BC50	100-BC50	×
4期末	×	BC50-BC1	BC50-BC1	BC50-BC1	BC50-BC1	BC50-BC1	BC50-BC1	BC50-BC1	×
4期	×	BC100-BC1	BC100-BC1	BC100-BC1	BC100-BC1	BC100-BC1	BC100-BC1	BC100-BC1	×
5期	×	1-200	1-200	1-200	1-200	1-200	1-200	1-200	×
5期初	×	1-100	1-100	1-100	1-100	1-100	1-100	1-100	×
5期初頭	×	1-100	1-100	1-100	1-100	1-100	1-100	1-100	×
5期前	×	1-100	1-100	1-100	1-100	1-100	1-100	1-100	×
5期前半	×	1-100	1-100	1-100	1-100	1-100	1-100	1-100	×
5期中	×	100-100	100-100	100-100	100-100	100-100	100-100	100-100	×
5期中頃	×	100-100	100-100	100-100	100-100	100-100	100-100	100-100	×
5期後半	×	100-180	100-180	100-180	100-180	100-180	100-180	100-180	×
5期末	×	100-180	100-180	100-180	100-180	100-180	100-180	100-180	×
5期後	×	100-180	100-180	100-180	100-180	100-180	100-180	100-180	×
5後期	×	100-180	100-180	100-180	100-180	100-180	100-180	100-180	×
6期	×	200-240	200-240	200-240	200-240	200-240	200-240	200-240	×
6期前半	×	180-220	180-220	180-220	180-220	180-220	180-220	180-220	×
後期		1-240	1-240	1-240	1-240	1-240	1-240	1-240	
弥生	×	BC965-240	BC700-240	BC700-240	BC500-240	BC380-240	BC200-240	BC450-240	×
古墳初頭	×	240-400	240-400	240-400	240-400	240-400	240-400	240-400	×
古墳前期	×	240-400	240-400	240-400	240-400	240-400	240-400	240-400	×
古墳時代	×	240-700	240-700	240-700	240-700	240-700	240-700	240-700	×
貝塚時代後期		×	×	×	×	×	×	×	×
続縄文時代	×	×	×	×	×	×	×	×	BC380-500

註　BCは紀元前です．×は該当する型式がないことを示す．

板付Ⅱa式や西日本の遠賀川系土器など，2400 ^{14}C BP 前後の測定値をIntCal04と照合すると，前期末の較正年代である前4世紀前半の確率密度がもっとも高い値を示すことが多かったが，日本産樹木と照合すると，前7世紀前半頃の確率密度分布の値が高まるので，この時期が西部瀬戸内の弥生稲作開始年代と関係している可能性が高いと考えている。ベイズ統計による型式間境界を求めた結果は，この見直しの正しさを裏づけるものであった。

　最後に，縄文晩期終末の黒川式から板付Ⅱb式までの炭素14年代値をもとに，型式ごとの存続幅を求めてきたので，型式ごとの炭素14年代値の上限と下限，測定値数，および型式ごとの存続幅を図18と表3に示し，現在までに明らかになっている中国・韓半島・九州の編年図を図19に，弥生Ⅰ期からⅤ期までの較正暦年代を表4に示しておくので，あわせて参照されたい。

註
1) 2012年7月現在，九州の研究者は縄文後期後半三万田式まではさかのぼる可能性を考えているが，東日本のレプリカ法を行う研究者は，晩期後半前池式までしかさかのぼらないと考えており，東西で認識に差が認められる。
2) 2006年12月に大分で行った現地検討会の席上，上菅生B式を設定した高橋徹は，歴博の年代測定結果をふまえて，上菅生B式を古と新に分けることを提唱し，2900 ^{14}C BP 年代の土器群を古，2700 ^{14}C BP 年代の土器群を新とした。これは豊後における無刻目突帯文土器を2細分したことを意味する。
3) 2011年に福岡県小郡市大保横枕遺跡で板付Ⅰ式新～板付Ⅱc段階にかけての二重環濠をもつ集落遺跡が発掘調査された。調査担当の山崎頼人氏のご厚意で，環濠内や環濠内に作られた貯蔵穴から出土した土器に付着した炭化物を採取することができ，板付Ⅰ式新～板付Ⅱb式まで9点の測定値を得ることができた。これらを統計処理した結果，いわゆる板付Ⅰ式新は前8世紀後葉には成立していたことがわかった。すなわち今川遺跡なども含めて福岡平野に隣接する地域では，板付Ⅰ式成立後，半世紀で弥生稲作が始まっていたことがわかる。さらに板付Ⅱa式は，前8世紀後葉から前7世紀前葉のどこかで成立していたこともわかった。大分平野や西部瀬戸内で弥生水田稲作が始まるのもほぼ同じ頃である。なお板付Ⅱb式は，前回と同様，前6世紀中頃には成立していたことを追認した。詳細は，〔藤尾・山崎・坂本 2013〕を参照いただきたい。
4) 武末によると，豊前地域で曲り田と同じ時期の円形粘土帯土器が1点出土したという。

〔付記〕　本章は，平成16～20年度学術創成研究「弥生農耕の起源と東アジア―炭素年代測定による高精度編年体系の構築―」（研究代表　西本豊弘）の成果をまとめなおして，

加筆したものである。試料提供者・関係機関および年代研究グループのスタッフ・研究分担者・協力者の力によるところが大きいことを明記し，謝意を表します。

II　弥生稲作の開始と拡散

はじめに

(1)　本章の目的と構成

　この章では，九州北部で始まった弥生稲作が日本列島の各地へ広まるのに，これまで考えられていたよりも時間がかかっていた原因とその背景について考える。
　弥生稲作が九州北部で始まったのが前10世紀後半，近畿で始まったのが前7世紀後半頃なので，単純に計算しても九州北部で始まってから近畿で始まるまでに300年あまりかかったことになる。この300年間に九州北部から近畿に至る各地でいったい何が起きていたのであろうか。
　対象とするのは，韓半島から水田稲作民がやってきたことをきっかけに水田稲作が最初に始まった九州北部の福岡・早良平野と，香川から水田稲作民がやってきたことをきっかけに水田稲作が始まったとの説がある大阪湾沿岸地域である。移住した水田稲作民と，もとから地元にいた人びととがどのように接触して水田稲作が広がっていくのかを平野ごとに取り上げる。最終的に在来の人びとが水田稲作民へと転換するまでに時間を要したことが，なかなか広まらなかった原因であることを解き明かしたい。

(2)　急速な拡散説から，緩やかな拡散説へ

　弥生短期編年のもとでは，九州北部で始まった水田稲作がまたたく間に西日本全体へ広がったと考えられたわけだが，その主な理由は2つである。まず，弥生稲作が始まったばかりの頃に使われていた遠賀川系土器という土器の形や文様が，九州北部の遠賀川式土器と非常によく似ていたことから，伝わるのにそれほど時間がかかったとは考えられなかったこと。次に縄文時代の終わり頃の人びとは，いつも食料不足に悩まされていたので，水田稲作にすぐ飛びつい

たという食料困窮説である。

1960年代にはおおよそ50年ぐらいで近畿へ伝わり，100年ぐらいで伊勢湾沿岸まで広まっていたと理解されていたので，「またたく間に」という理解が定着していた。

しかし1970年代になり，縄文人の植物質食料の利用実態がわかってくると，それほど食料不足に陥ってはいなかったと考えられるようになり，さらに1980年代になって，弥生稲作が始まる1000年以上も前にコメが伝わっていた可能性が籾痕土器によって推定されるようになると，なぜ縄文人は1000年以上も本格的なコメ作りに取り組もうとしなかったのだろうか，という疑問が強くなってきた。その背景には人は農業を知るとすぐに飛びついて採用するという印象がある。

そこに弥生長期編年の発表である。九州北部の縄文人がコメを知って弥生稲作を始めるまでの1500年，そこから西日本全体へ広がるのにさらに500年もかかっていたことが明らかになるにつれて，これまで考えていたよりも，はるかに長い時間がかかっていることが認識されるようになったのである。どうしてこのように時間がかかったのであろうか，という問いは主観にすぎないが，少なくとも人びとが水田稲作に本格的に取り組むきっかけとなった理由は何だったのであろうか。

(3) 各地の弥生稲作開始年代

現在までのところ，前10世紀後半に九州北部で始まった弥生稲作は，列島各地で次のように始まることがわかっている（図20）。まず九州南部や九州東部，西部瀬戸内，山陰西部では前期中頃（板付Ⅱa式古段階）である前7世紀前半に始まる。すなわち250年ぐらいかかって九州島を出たことがわかる。近畿では前7世紀後半〜前6世紀前半（Ⅰ期古段階）に神戸市付近，前6世紀半ば（Ⅰ期中段階）には奈良盆地で始まり，遠賀川系土器が分布する東限である伊勢湾沿岸地域では前6〜前5世紀後半（Ⅰ期中段階）には始まっていたと考えられる。

伊勢湾沿岸から先は，まず日本海側を東北北部まで一気に北上し，前4世紀前葉（Ⅰ期新段階）には青森県弘前地域，前4世紀代に仙台平野，福島県いわ

図20 水田稲作の拡散推定ルートと開始年代
(『弥生はいつから!?』2007, 歴博展示図録より作製)

き地域で水田稲作が始まる。東北まで到達するのに600年あまりかかっていたのである。一方，太平洋側は約800年ほど遅れた前2世紀（Ⅲ期後半）になってようやく関東南部に達する。

　参考までに述べておくと，東北北部では前1世紀にはすでに水田稲作が行われなくなっており，次に始まるのは西暦600年頃からである。沖縄では10世紀頃，北海道では19世紀の明治時代になって水田稲作が始まる。

(4) 長くかかった意味

　先述したように九州北部で弥生稲作が始まってから近畿で始まるまでにかかった時間が，2倍，3倍になったことを，「これまで考えていたよりも余計にかかった」と単純に評価したところで，それだけでは歴史的に評価したとはいえない。100年，200年もの間，各地域で実際に何が起こっていたのかを明らかにしてこそ，歴史的な評価を下したといえる。

たとえばある地域で弥生稲作が始まる場合には2つのケースがある。1つは外から移住してきた農耕民が始める場合と，もともとそこに住んでいた在来の園耕民が始める場合である。この両者，弥生稲作を始めるにあたっての事情がまったく異なるのである。たとえば，移住した農耕民は地元の人びとの協力を得られなければ弥生稲作を始めることさえできない。なぜなら移住した人びとだけでは労働力不足であるし，また木製農具や石製工具に最適な木材や石材がどこで入手できるのかといった情報も地元の園耕民から得なければならない。また地元の園耕民も移住していた農耕民から弥生稲作に関する技術をいろいろと教えてもらう必要がある。こうした両者の相互交流なしには弥生稲作は始まらない。相互交流の実態を福岡・早良平野と大阪平野を例に考えることも本章の目的の1つである。

　移住していた農耕民が弥生稲作を始め，それが在来の園耕民に受け入れられて地域全体に広がっていくのに，土器型式の数にして数型式かかることがわかっている。その間，各地で何が起こっていたのであろうか。

　まず九州北部と近畿の平野部で何が起こっていたのかを，農耕民と在来の園耕民との相互交流という視点で考えてみよう。

1　福岡・早良平野における弥生稲作民と園耕民の住み分け

(1)　弥生開始期の集団

　かつて筆者は，水田の特徴，遺跡の消長，板付祖型甕と板付Ⅰ式甕のあり方，土器作りにみられるクセを根拠に，弥生早期から前期にかけての福岡・早良平野には，3つの集団が存在していたことを想定した〔藤尾 1999c〕。そしてこの3つの異なるタイプの人びとを通して，福岡平野における弥生文化の成立過程を論じた。その目的は，それまで弥生文化の成立過程を説明する際に用いられてきた，縄文人主体説と渡来人主体説といった二者択一的な議論では，複雑な農耕社会化の過程を説明できないことを示すためであった。

　本節では，再びこの3タイプの人びとを登場させ，〔藤尾 1999c〕では抜けていた，その時間，すなわち，もともとこの地域に暮らしていた人びとが，栽

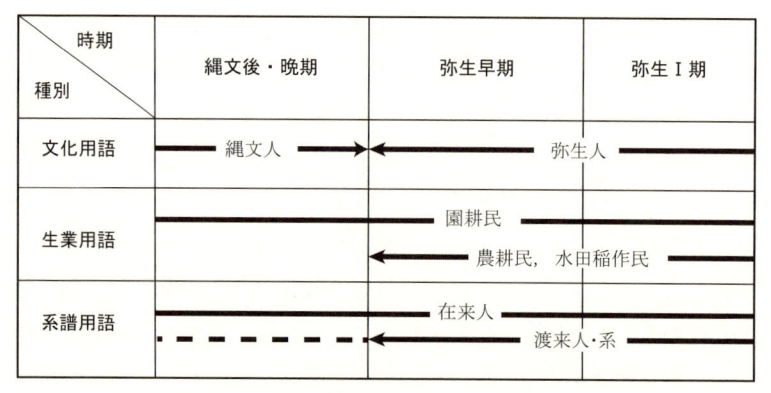

時期 種別	縄文後・晩期	弥生早期	弥生Ⅰ期
文化用語	←――縄文人――→	←―――――弥生人―――――→	
生業用語		―――園耕民―――	
		←――農耕民，水田稲作民――	
系譜用語	--------------------	――在来人――	
		←―渡来人・系―	

図21 弥生開始期の集団をあらわす用語

　縄文・弥生時代の集団をあらわす用語として一般的な表現が縄文人と弥生人である．縄文時代や弥生時代の人びとという意味で使われてきたこれらの用語は，生業や系譜を異にするさまざまな集団を含む総称である．

　生業をあらわす用語の使用はこれまでほとんど行われていなかった．それは，縄文人はすべて採集狩猟民，弥生人はすべて水田稲作民と考えられてきたからである．現在の知見では，西日本後・晩期の採集狩猟民は穀物栽培を生業の一部に取り入れている可能性もあるが，基本的に採集狩猟に依存する人びと（園耕民）で西日本の後・晩期に一般的な存在であった可能性が出てきている．採集狩猟民は弥生早期になると九州北部で，Ⅰ期には西日本でも数が少なくなっていく．それに対して水田稲作民は水田稲作に生活の基本をおく人びとで，弥生早期に九州北部玄界灘沿岸地域の下流域に現れる．

　系譜をあらわす用語はこれまで形質人類学で一般的に用いられてきた．渡来系弥生人はこの典型である．高身長，高顔の形質を強くもつ人びとが渡来系弥生人で，甕棺分布域と響灘沿岸に分布する．これに対して縄文的な形質を強く残す西北九州型弥生人は，在来系の弥生人ということができる．

　なお，矢印は存在した期間を示し，破線はわずかに存在した可能性のあることを表現している．

培活動を生業の一部に取り入れてから，弥生稲作民化するのにどのくらいの時間がかかったのかを，炭素14年代によって得られた土器型式の存続幅を使うことによって明らかにする。その結果，福岡・早良平野内すべての採集狩猟民が農耕民化するのに，250年ぐらいかかったこと，そしてその時間は，弥生稲作が九州島を離れ，山陰西部や西部瀬戸内へと広がりはじめるまでの時間とほぼ同じであることなどがわかった。

　なお，本論にはいる前に当該期の集団をあらわす用語について規定しておく（図21）。集団をあらわす用語には，所属する時代をあらわす縄文人，弥生人，生業をあらわす採集狩猟民，農耕民，水田稲作民，系譜をあらわす在来人〔春

成 1990〕（indigenous），渡来人，移住者（immigrant）〔春成 1990〕[1]がある。このなかで特に取り扱いが難しいのが縄文人と弥生人である。筆者は縄文時代の人が縄文人，弥生時代の人が弥生人という佐原真の定義にしたがっているので〔佐原 1983〕，弥生時代の縄文人といった表現を用いることはできない。特に本章は生業面と系譜面に微妙な言い回しを必要とする内容を含んでいることや，両者の交流モデルの世界史的意義を考えるためにも，基本的に縄文人や弥生人という用語は用いないように努め，ここからは採集狩猟民，園耕民，農耕民，水田稲作民，もしくは在来人と渡来人を用いることとする。では当該期の代表的な遺跡を取り上げ，特徴をみていくことにしよう。

(2) 諸遺跡のもつ条件

四箇遺跡（図22-5）
　四箇遺跡のある早良平野は山塊によって福岡平野と画されている。この平野を北流する室見川がつくった扇状地の中央部に形成された中位段丘面に四箇遺跡があらわれるのは，縄文後期後半（およそ3500年前）である。彼らは在来の採集狩猟民であった。四箇遺跡では後期後半から焼畑が行われていた可能性が指摘されていたが〔安田 1982〕，これを認めるならば栽培を行う採集狩猟民だったことになる[2]。

　J-10K地点で突帯文甕の細片がローリングを受けた状態で見つかっているところから，弥生早期にも遺跡群として存続していたと考えられるが，弥生稲作に専業化していたことを示す証拠は見つかっていないことから，依然として採集狩猟段階にあったと推定される。

　四箇遺跡に弥生稲作へ専業化した農耕民が現れるのは，板付式甕が定型化して，大陸系の磨製石器や木製農具も現れる板付Ⅱa式段階からである。水田は，室見川の氾濫原との比高差が5m以上もある安定性を備えた好条件の場所につくられていたと考えられている〔田崎 1998〕。なお環壕は確認されていない。

　以上のことから四箇遺跡は，縄文後・晩期からこの土地に占地していた在来の採集狩猟民の集落で，前7世紀（板付Ⅰ新段階）以降に同じ場所で農耕民化した集団であったと考えられる。なお北に位置する田村遺跡も同じ性格をもつ。このようにⅠ期の室見川の中流域には農耕民化した在来の採集狩猟民が住んで

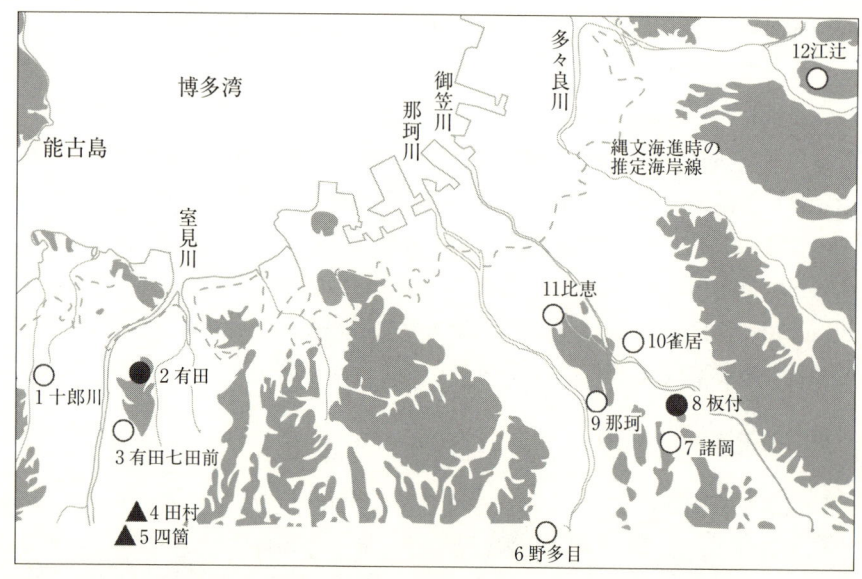

図22 福岡・早良平野における弥生早・前期の遺跡分布図〔〔小林・磯・佐伯・高倉編 1998〕から作製）
● 板付型， ○ 那珂型， ▲ 四箇型．

いたと考えられる[3]。

板付遺跡（図22-8）

　板付遺跡は，古諸岡川や那珂古川（現御笠川）がつくった谷底平野や氾濫原に囲まれた標高12〜15mの中位段丘上に，長径が110mほどの内環壕に囲まれた居住域と，そのまわりに広がる貯蔵穴，甕棺墓地，さらにその外側をめぐる幅10mの外環壕と灌漑施設を備えた水田からなる。環壕は南北370m，東西170mに達する巨大な二重環壕である（図23）。

　内環壕に囲まれた内部は削平を受けていたこともあって住居跡は見つからなかったものの，貯蔵穴が確認され，それらの数から10〜15軒の住居があったと考えられている〔山崎 1990〕。内環壕と外環壕の間には貯蔵穴や甕棺墓が見つかっている。甕棺墓に葬られた小児のなかには，副葬品をもつ小児ともたない小児が認められ，しかも副葬品をもつ小児は集落の中心部に近い内環壕のすぐ外側に葬られていたことから，前8世紀終わり頃の集団内にはすでに階層差が

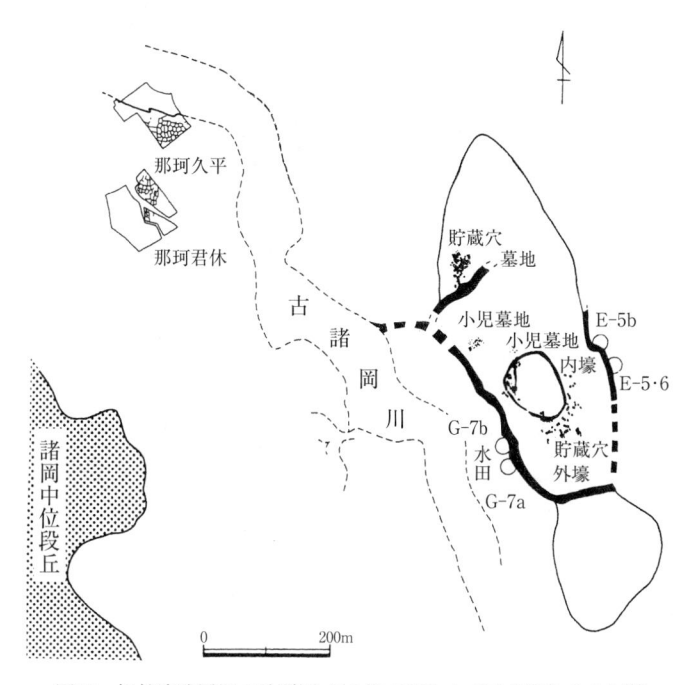

図23　板付遺跡周辺の地形図（〔山崎 1990〕と〔同 1991〕から作製）

存在していた可能性が指摘されている〔山崎 1990〕[4]。

　板付遺跡に人が現れたのは早期古段階である。この中位段丘上には縄文後・晩期に人の住んだ形跡は認められていない。したがってそれまで利用されていなかったところに水田，木製農耕具，大陸系磨製石器，突帯文土器や祖型甕をもつ水田稲作民が突然現れたことになる。

　水田は幅2mの水路と井堰からなる灌漑設備をもち，面積が180～300㎡に達する細長く帯状のものであった（図24-1）。田崎によると水田は中間型[5]に属し，給排水を目的とする灌漑施設をもつことから，きめ細かな調節さえすれば高い生産性を上げることができるものであったと考えられている〔田崎 1998〕。そのほかの道具類からみても，板付遺跡の人びとが生産性の高い農耕生活を営んでいたことがわかる。

　祖型甕はA・B系列とも存在し（図25），板付I古式甕への型式組列をスムーズにたどることができる。また板付I古式甕のバリエーション（図25-3A，

1 板付遺跡G-7a・b区

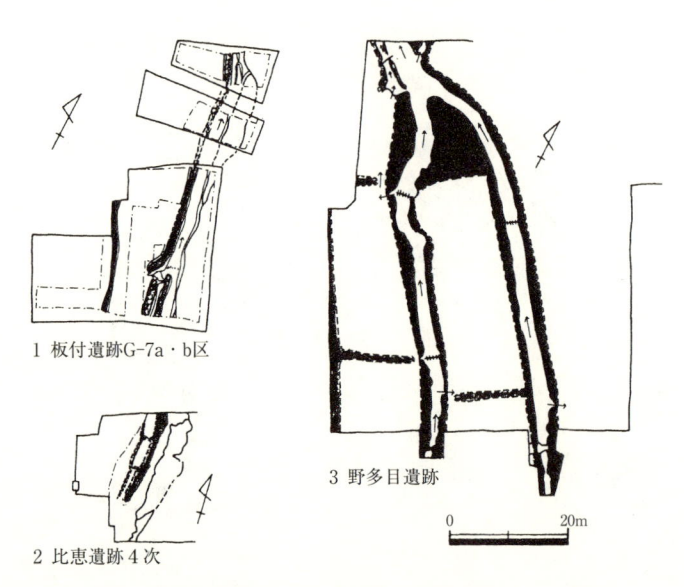

2 比恵遺跡4次

3 野多目遺跡

図24　福岡平野における初期水田（〔田崎 1998〕より作製）

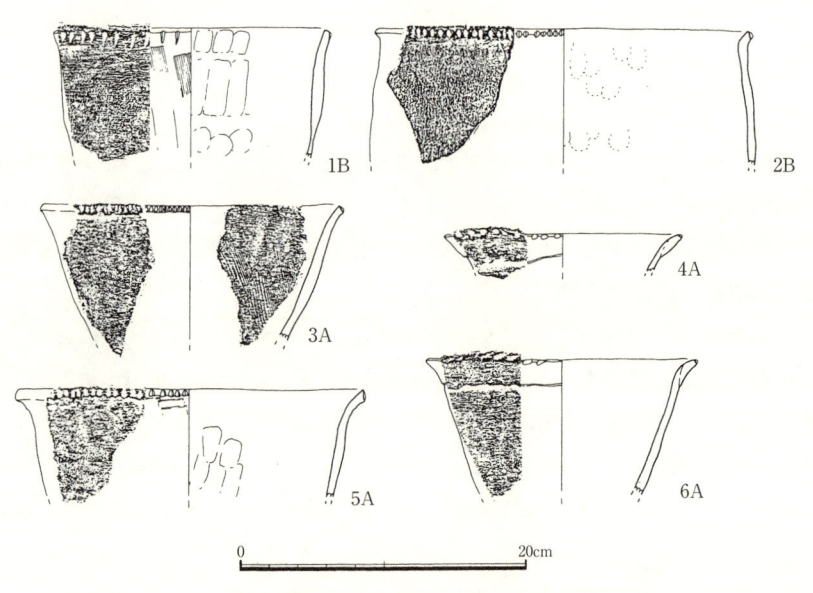

図25　板付遺跡環濠出土の祖型甕と板付Ⅰ古式甕実測図
　　　アルファベットは系列をあらわす.

80　Ⅱ　弥生稲作の開始と拡散

韓国無文土器

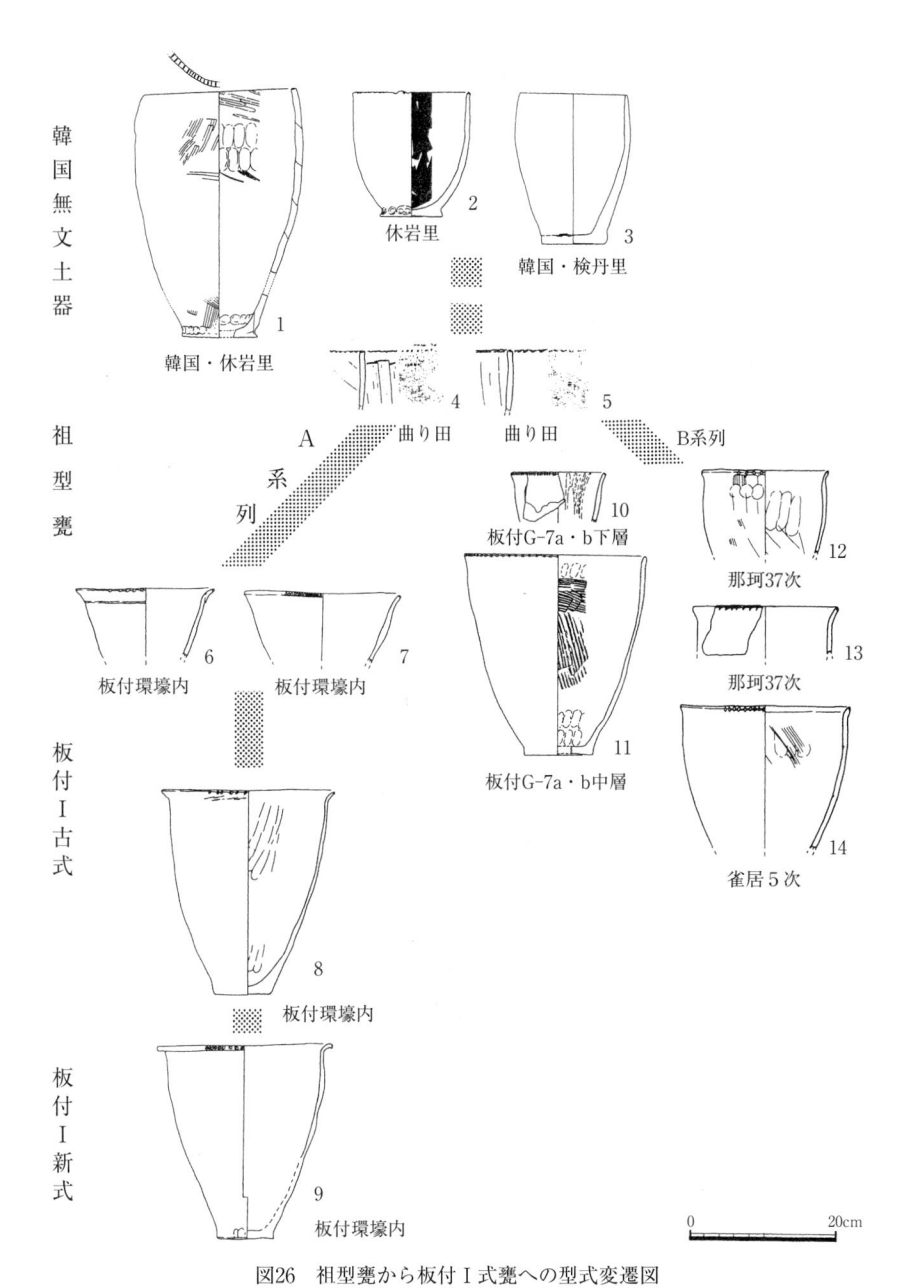

1 韓国・休岩里
2 休岩里
3 韓国・検丹里

祖型甕

A系列
4 曲り田
5 曲り田
B系列

10 板付G-7a・b下層
12 那珂37次

板付Ⅰ古式

6 板付環壕内
7 板付環壕内
11 板付G-7a・b中層
13 那珂37次
14 雀居5次

板付Ⅰ新式

8 板付環壕内
9 板付環壕内

0　　　　20cm

図26　祖型甕から板付Ⅰ式甕への型式変遷図
　A系列：祖型甕→板付Ⅰ式へ，B系列：祖型甕だが，板付Ⅰ式を創造しない．

1　福岡・早良平野における弥生稲作民と園耕民の住み分け　　*81*

4A, 6A）や，板付Ⅰ古式甕と夜臼式の両方の要素をもつ，いわゆる折衷甕も数多くみられるので，板付Ⅰ古式甕成立に至る過程で数多くの変異型が生まれたことがわかる。この遺跡で板付Ⅰ古式甕が創り出されたことは確実である（図26）〔藤尾 1987〕。

環濠が掘られた時期は，前9世紀中頃（早期新段階）までさかのぼる可能性も指摘されているので〔山崎 1990〕，弥生稲作開始後わずか100年ぐらいで社会の質的変化や集団内の階層化が進んだことがわかる。

前4世紀後葉の中期初頭には集落東南部の内環濠と外濠の間に墳丘墓（板付田端遺跡）が造られ，甕棺のなかに青銅武器を副葬された有力者を生み出すまでになっていたことからすれば，福岡平野下流域の中核的な集落としての位置を占めていたと考えられる。

以上のことから板付遺跡の人びとは，早期の初めにだれも利用していなかった土地に弥生稲作民が進出して，弥生稲作に専業化して農耕社会を成立させ，約600年かかって地域的盟主を生み出した集団であったことがわかる。

那珂遺跡（図22-9）

那珂遺跡は南北2.5km，東西1km規模の中位段丘面の中央部を東西に走る狭い谷をはさんだ南側にある。谷の北側には比恵遺跡があり，2つで比恵・那珂遺跡群と総称されている〔田崎 1998〕（図27）。

この段丘面に初めて遺構が確認されるのは前9世紀中頃（早期新段階）である（那珂37次）〔吉留編 1994〕。南西端に造られた二重の濠をもつ外径が150mに達する環濠集落である（図27-那珂37）。この遺跡の単位集団の規模は1ないし2と推定されている〔田崎 1994〕。水田はまだ確認されていないが，周辺の地形から段丘面の西側に想定されている。しかし那珂川がすぐ近くを流れていることから規模はそれほど大きくなかったと推定されている〔田崎 1994〕。この時期の比恵・那珂遺跡群の水田を推測できる遺構は段丘面北部で確認されている（比恵4次調査，図27-比恵4）。

段丘面が三角州に落ち込むところに造られた水田は，杭をつないだ幅1～2m，長さ5m前後の帯状の小規模なものであったことから，灌漑施設をもたなかった地下水型に属す小規模な水田であったと推定されている（図24-2）。那

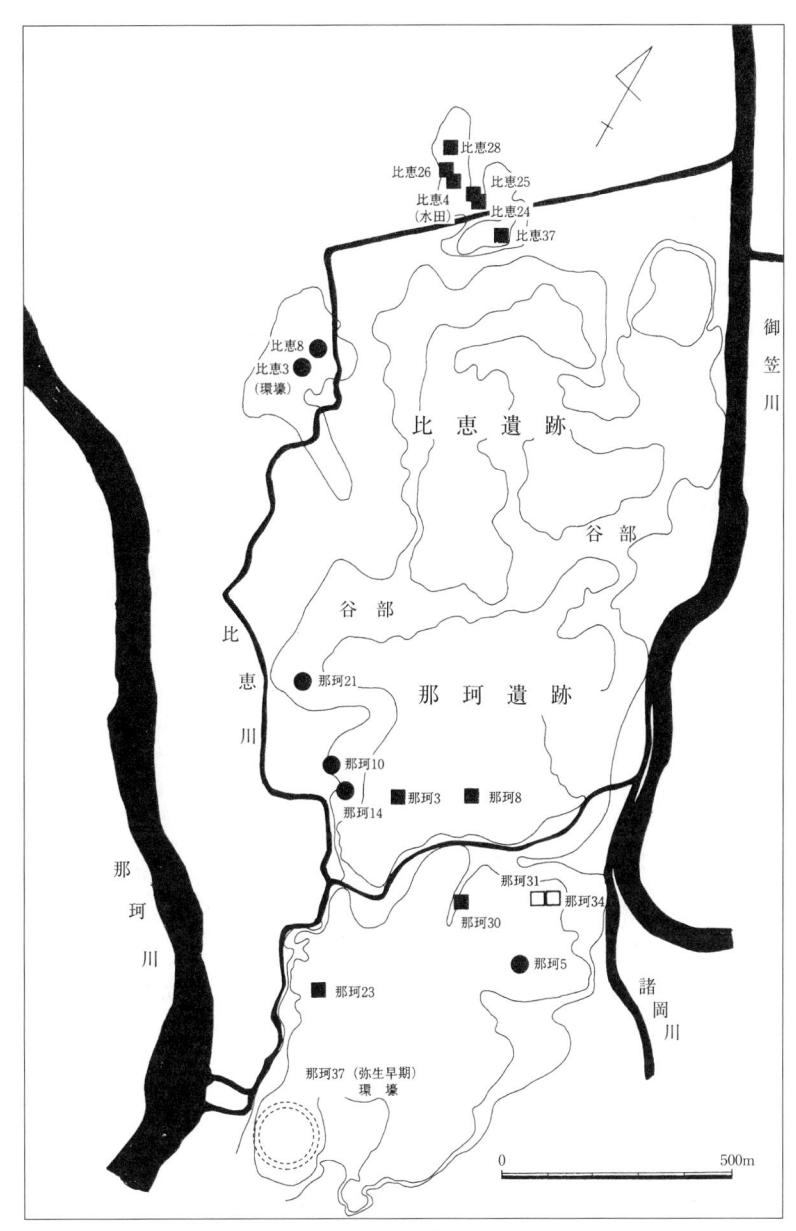

図27 比恵・那珂台地上の遺跡分布図（〔田崎 1998〕から作製）
数字は調査次数，●は板付Ⅰ式段階，■は板付Ⅱ式段階，□は墓地．

1 福岡・早良平野における弥生稲作民と園耕民の住み分け

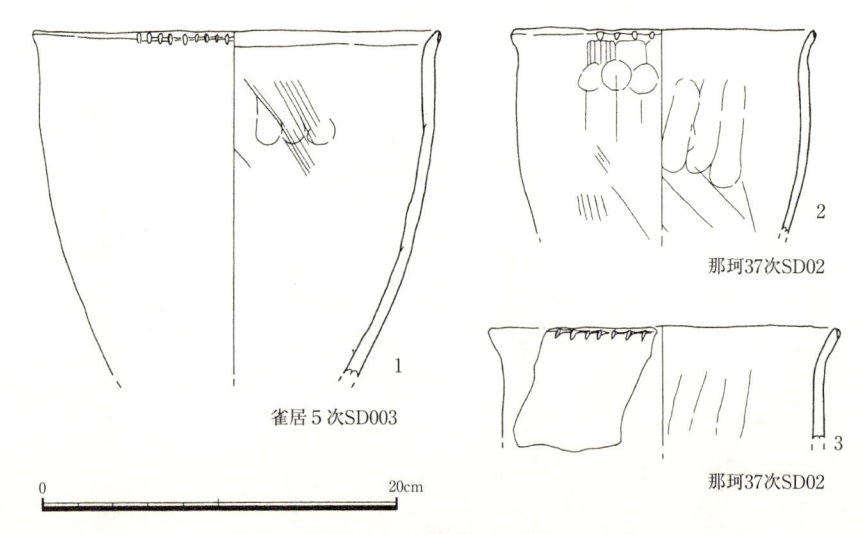

図28　那珂遺跡と雀居遺跡の祖型甕（B系列）

珂遺跡の内環壕からはA系列の祖型甕と板付Ⅰ古式甕が出土せず，わずかにB系列（図28-2・3）が出土する程度で，ほぼ砲弾型一条甕と，屈曲型二条甕単純の甕組成を示す。

　環壕集落は板付Ⅰ古式段階まで存在したものの，その後，この地点から姿を消す。彼らがどうなったのかはいろいろな可能性が考えられるが，注目されるのはこの地点から北に1.5kmほど離れた段丘面の反対側に造られた環壕をもつ春住遺跡〈比恵3次・8次，図27-比恵3・8〉である。2つの環壕をつくった人びととの間にどのような関係があるのか，たとえば那珂遺跡の環壕をつくった集団が台地の反対側に移動して新たな環壕を造ったのか，まったく別の集団が造ったのかを知るにはもう少し手続きが必要である。ただ田崎の考えを参考にすると，両者は一つの小地域社会を構成する一単位集団であったと考えられているため，同じ台地上の別の地点に移動した可能性はある[6]。

　前7～前4世紀（前期前葉～末）における段丘面上の遺跡分布をみると，居住域が図27-3～8，10・14・21，24～26，28～32・37～39次調査で，墓域は31・34次で確認されている。この成果から田崎は，それぞれは生活や生産を行う1つの単位，すなわちムラと考えている〔田崎 1994〕。結局，Ⅰ期の比恵・那珂段丘面上の各居住域は数百メートルの間隔をおき，直径250m前後の範囲

に5つのムラが存在したことになる。

　しかしこれら5つのムラが早期に存在した環壕集落（那珂37次）にすべて出自をもつとは水田の状況からして断定できないため，段丘上にまだ見つかっていない早期のムラが存在した可能性は十分に考えられる。

　以上のように那珂遺跡も板付遺跡と同じく，早期にそれまで利用されていなかった中位段丘面に，1～2の小規模な単位集団からなる農耕民が進出して環壕集落をつくるにいたったが，板付Ⅰ古式甕をもたず板付Ⅰ新式段階でこの地点から姿を消していた。その理由としては水田を拡大できない立地にある段丘の南西端地区を放棄し，別の場所へ移動するか，他のムラに統合されたものと推測した。

雀居遺跡 （図22-10）

　雀居遺跡は御笠川の東岸にあり板付遺跡と対峙する位置関係にある集落遺跡で，土坑群と溝状遺構が検出された。溝は台地の縁辺を巡る自然流路であるが，報告者によると水田との関係はわからないという。前10世紀後半（早期古段階）から営まれはじめ，東北地方の晩期の土器である大洞C_2式の浅鉢が出土するなど，東日本との関係をもっていた人びとの集落である。水田址は見つかっていないが，大溝から出土した大量の木製品や農工具などからみて，弥生稲作を行っていたことは間違いない。彼らが晩期に居住していたことを示す遺構や遺物は出土していないことから，那珂・板付遺跡と同じく早期に進出してきた農耕民と考えられる。

　SD003から出土した祖型甕は板付Ⅰ古式甕への系譜上にないB系列のもので，しかもわずかにみられるだけである（図28-1）。また板付甕は数点みられる程度でしかも胴部の張る板付Ⅰ新式以降のものである。

　雀居遺跡と板付遺跡の人びととの関係を物語る資料がある。それは両遺跡の屈曲甕のかたちにみられる微細な違いである（図29）。板付遺跡の屈曲甕の胴部突帯のすぐ上の部分，肩で反転してすぐのところには傾斜変換点はないのに対し（図29-3），雀居遺跡や那珂遺跡の屈曲甕の同じ部位には傾斜変換点を明確に確認できる（図29-1・2・4）。この屈曲甕の肩部内面にみられる形態上のクセは，有田遺跡の屈曲甕にもみられる特徴である（図30-1）。

1 那珂37次SD02

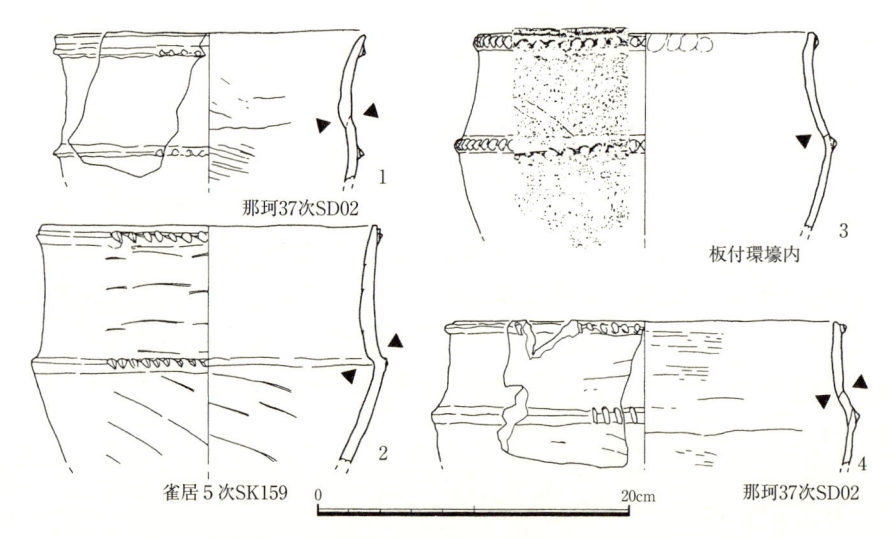

2 雀居5次SK159

3 板付環濠内

4 那珂37次SD02

図29　板付遺跡・那珂遺跡と雀居遺跡の屈曲部にみられる器形上のクセ
図中の三角が傾斜変換点.

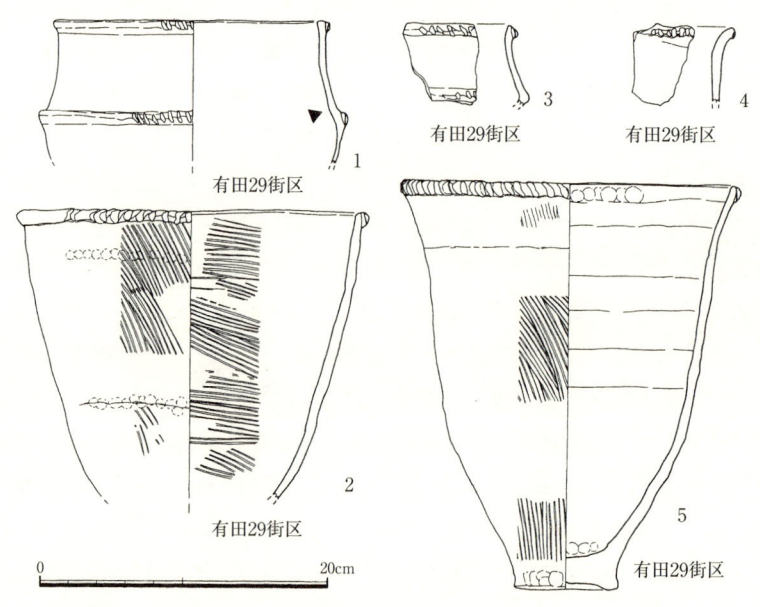

1 有田29街区

2 有田29街区

3 有田29街区

4 有田29街区

5 有田29街区

図30　有田遺跡の屈曲甕・砲弾甕と板付甕にみられる器形上の特徴
図中の三角は傾斜変換点.

86　Ⅱ　弥生稲作の開始と拡散

板付遺跡との間を隔てている那珂古川（現在の御笠川）は，当時の土木技術では制御できないほどの河川だったと考えられるため，板付遺跡と雀居遺跡はまったく別の遺跡群に属する。しかも両者の土器にクセの違いがみられることは，雀居遺跡と板付遺跡が田崎のいう別の小地域社会，たとえば東日本の人びととの関係を異にするといった小地域社会，に属していた可能性を示すものとみてよいだろう。設楽博己や小林青樹は，板付Ⅰ式の壺の成立に無文土器だけではなく，亀ヶ岡系土器が深く関与していた可能性を指摘している〔設楽ほか2007〕。
　以上のように東日本の人びとと関係を持っていた在来人が前10世紀後半に，それまで利用されていなかった土地に進出して雀居遺跡をつくり，弥生稲作に専業化した生活を送っていたが，板付Ⅰ古式甕の成立には関与しないまま存続したことがわかる。

小　　結

　以上，4つの遺跡を比較して，水田の特徴，遺跡の消長，祖型甕と板付Ⅰ式甕のあり方，土器作りにみられるクセを検討したところ，前8世紀初め（早期の終わり頃からⅠ期初め）にかけての集落間には，いろいろな違いが生じていたことを確認した。
　まず早期の農耕民には平野の下流域に新たに進出して成立した農耕民集団と，縄文以来の土地で板付Ⅰ新式段階以降に成立した農耕民集団があった。前者はさらに2つに分かれる。早期の初めから弥生稲作に専業化して，Ⅰ期初頭には環壕集落をつくるほど社会の質的転換を図ったにもかかわらず，何らかの理由によりそのままでは集落を存続できなくなった那珂遺跡と，その後も下流域の中核的な集落として青銅武器を保有するまでに発展した板付遺跡があった。那珂遺跡と同じような変遷をたどる集団には，野多目遺跡や有田七田前遺跡，粕屋町江辻遺跡が，板付遺跡と同じ集団には有田遺跡がある。
　以上の分析結果をふまえて前期に農耕民化する在来系農耕民を四箇タイプ，早期に農耕民化する農耕民を那珂タイプと板付タイプと仮称する。この3つのタイプの農耕民集団と甕組成パターンとの関係をみると，四箇タイプと那珂タイプが甕組成パターンⅣ，板付タイプが甕組成パターンⅡと一致する[7]。遺跡

の消長と甕組成，そして祖型甕から板付Ⅰ式甕への成立過程を終える遺跡と終えない遺跡との間に強い相関関係を確認できたのである。

(3) 福岡・早良平野における農耕民化と，農耕民と園耕民の住み分け

弥生文化の成立過程を説明する考え方には，縄文人が主体的な役割を果たしたのか，それとも渡来人なのか，という縄文人主体説と渡来人主体説があった。それは今回設定したような複雑な農耕社会化の過程を想定しないまま行われてきた議論であった。出自や生業，保有する道具類，遺跡の消長を異にするいろいろな集団が，正反対の考え方で単純に説明できること自体，両主体説の存立基盤の危うさを意味している。どちらの要素が主体であったかなどという二者択一的な議論ではなく，想定した3つの農耕民が出てきた背景と要因を検討し，弥生文化の成立過程を考えてみよう。

福岡平野に出現した那珂タイプ，板付タイプ，四箇タイプの農耕民を構成する人びとの大半が，もともとこのあたりにいた在来の採集狩猟民出身であったことは，渡来人のコロニーが存在した考古学的証拠が得られていない以上，確実である。そして彼らが何らかのかたちで縄文後・晩期以来，マメ類などの栽培を行ってきた園耕民であったことに異論のある人は少ないであろう。

したがって，栽培活動を生業の一部に取り入れていた在来の園耕民が，どのような段階をへて農耕民化したのかを説明することで，弥生文化の成立過程の一端を復元してみよう。全部で3つの農耕民化を想定してその背景を考えてみた。

まず前10世紀後半（早期古段階）に起こる農耕民化である。それは平野の中流域に集落をつくっていた在来の園耕民のなかに，住んでいた土地を離れて，それまでだれも利用していなかった下流域の中位段丘面に進出するものと，そのまま元からの土地で採集狩猟民にとどまるものに分かれる段階である[8]。前者が農耕民化に相当する。

次に，早期に下流域に進出した農耕民が，前8世紀初頭（Ⅰ期初頭）に甕組成パターンⅡをもつ板付タイプと，甕組成パターンⅣをもつ那珂タイプに分かれる段階である。

最後が，早期段階に農耕民化しなかった在来の園耕民が，前8世紀終わり頃になってから農耕民化する四箇タイプが出現する段階である。では，段階ごと

にみていくことにしよう。

第1段階　縄文後期後半における園耕民の存在

　福岡市に所在する福岡・早良平野は，北に海，東・西・南に山塊が迫る扇状地形と，北に向かって流れる数条の二級河川で構成される。河川の上・中流域は山塊と洪積台地からなり，台地上には縄文時代から継続的に遺跡が営まれているのに対して，縄文海進以降，下流域に遺跡が現れるのは今から3500年ほど前の縄文後期後半になってからである。

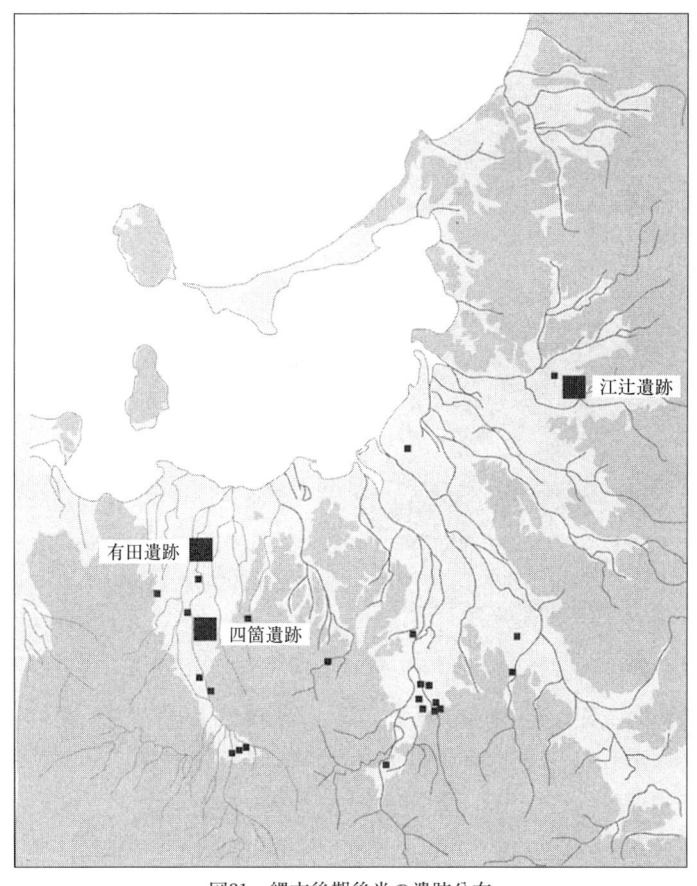

図31　縄文後期後半の遺跡分布

先述したように，早良平野を北流する室見川中流域の微高地に，植物性食料を高度に人工化して利用するとともに，穀物栽培を一部取り入れていたと推測される園耕民が暮らしていた。代表的な遺跡が四箇遺跡である（図31）。一方，この時期の下流域には台地上に有田遺跡が1ヵ所存在するにすぎず，人びとは河川が平野に出る，複数の生態系が交差する場所に住んでいた。

福岡平野に至っては下流域に人びとが暮らしていた証拠はほとんどない。したがって1500年後に弥生人が水田を拓くことになる下流域を，園耕民はまだほとんど利用していないことがわかる。

縄文後期になると九州中・北部で出土する土器の表面に，当時存在したと考えられる植物の種子や昆虫のスタンプ痕が着いていることが目立つようになってくる。植物の同定結果に疑問のものもあるが，この時期になってこうしたスタンプ痕が増えてくることは間違いない。なかには今から4500年ほど前の中期末には確実にコメが存在していた可能性を説く研

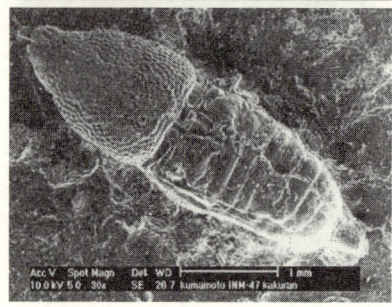

写真2　コクゾウムシの電子顕微鏡写真
（熊本県石の本遺跡）
（山崎純男氏提供）

究もある。写真2のように貯蔵されたコメなどを食べるコクゾウムシのスタンプ痕も着いているところから，粘土をこねて土器を作る作業場周辺にコメがあった可能性がある。このコメを作ったのは誰であろうか。縄文人かそれとも当時確実に水田稲作を行っていた中国の人びとなのか[9]。

前13世紀後半（晩期）になると下流域では河川の浸食・堆積作用による沖積面の形成が進む。ちょうど縄文の終わりから弥生の初めにかけての小海退期に

あたり海岸線は現在よりもかなり沖にあった。冷涼・多雨の気候条件のもと，河川による谷の浸食・堆積活動が活発で，のちに弥生稲作の可耕地となる広大な後背湿地が形成されつつあったのである。1990年代には縄文最終末の土器である黒川式に属する遺跡が26ヵ所で確認されているが，このなかには弥生早期まで継続する遺跡がわずかながら含まれており，その1つが福岡市早良区有田七田前遺跡である。

この遺跡の調査によって，遺跡付近で約3000年前に大規模な流路変更があったことが確認されており，河川の活発な堆積活動が行われていたことがわかっている〔藤尾編 1987〕。その結果，三日月湖状の低湿地が多数形成されていたようである。弥生稲作が始まる舞台（水田に適した土地）は整った。あとは弥生稲作民の登場を待つだけである。

第2段階　早期における園耕民の農耕民化（農耕集落の出現と住み分けの発生）

前10世紀の中頃（縄文晩期末から弥生早期），福岡・早良平野の下流域に広がる低湿地を舞台に弥生稲作を行う人びとが現れる。第1段階には遺跡が見られなかった下流域に多くの弥生稲作を行う村が出現していることが図32からわかる。有田七田前遺跡からは晩期末の黒川式土器や近畿系の滋賀里Ⅲb式の深鉢とならんで，韓半島の松菊里式土器が出土している。この時期，近畿や韓半島と何らかのつながりをもつ人びとがこの遺跡に関係していることが推察される。

彼らの持ち物には，種籾貯蔵用の壺や朝鮮無文土器の影響を受けた甕など，それまでの縄文文化には見られなかった新しい土器や，弥生稲作に伴う大陸系磨製石器，木製農具などが含まれているところからみて，弥生稲作を行っていたことは確実である。集団のなかに渡来人，もしくは渡来系の人びとを一定の割合で含んでいた可能性がある。

前9世紀後半〜前8世紀初頭（早期後半：夜臼Ⅱa式段階）になると，遺跡の数が急増することについて，当時の技術で水田に適した土地（可耕地）がほとんど開発し尽くされた結果だと山崎純男はいう〔山崎編 1999〕。弥生稲作民同士の可耕地をめぐる戦いがこの時期に始まるのも，こうした開発ラッシュに伴う急激な可耕地減少が背景にある可能性がある。

当時の水田は段丘上に拓かれ，自然流路から水路を引き込んで幹線水路を確

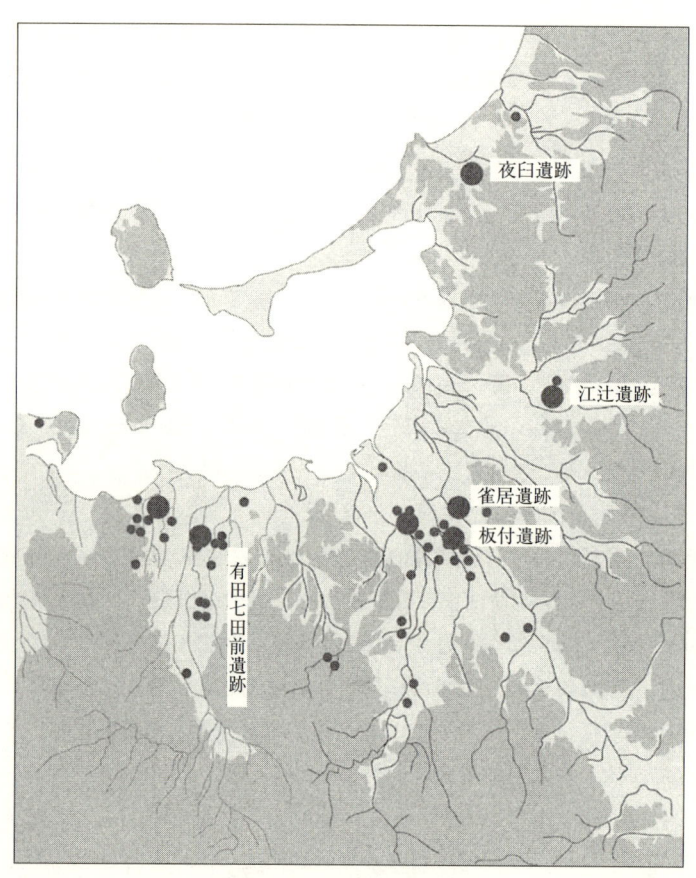

図32　弥生早期の遺跡分布

保するものである（図24）。幹線水路には井堰を設置し，その間隔は福岡市野多目遺跡で約30m，板付遺跡で50mのほぼ等間隔に設置されていた。

　井堰の設置間隔が狭いので井堰によって給水される水田は，一筆〜数筆の水田区画となる。畦畔は土盛りで補強するために，杭，矢板，横木が使用されている。板付遺跡の水田の1区画は300〜500㎡の大区画水田である。弥生稲作民は当初から土地の傾斜や地下水位の高さ，広さなどに適した水田を拓いていることから，条件に応じていかようにも水田をつくる技術を持っていたと考えられている〔山崎 1991〕。

　しかし水田は常に安定的に営まれていたわけではない。板付遺跡では弥生早

期約170年の間に大きな洪水を複数回受けていて、そのたびに砂の層が水田を覆いつくすので、耕作が中断されている。野多目遺跡では地下水位の上昇により、前9世紀（夜臼Ⅱa式段階）に耕作が中断されたあと、水田が放棄されたことが明らかにされている。初期の弥生稲作民にとっては厳しい環境のもとで弥生稲作が行われていたと推測される。

第3段階　弥生早期後半～前期初頭——環濠集落の成立

　前8世紀（前期初頭：板付Ⅰ式）になると、弥生早期に比べて遺跡の数が減る傾向がみられ、早良平野では有田遺跡に、福岡平野では板付遺跡に収斂されていることがわかる（図33）。板付遺跡では内濠と外濠を二重にめぐらせた環濠集落が出現しているところからみても、農耕社会が成立していることがわかる。田崎は内濠内に10～15棟の竪穴住居が存在したと考えており、板付遺跡が近辺の集落を含めて精製小壺を中心とした日常土器を供給する源であったと考えている。こうした点からみても板付遺跡は福岡平野における流通面の中核であったようだ。註7でもふれたように弥生稲作が始まって170年あまりたって階層差が現れていることを示している（図34）。

　こうしたなか、早期から下流域で農耕生活を営んでいた集団のなかに、甕組成を異にし、その後の発展過程を異にする板付タイプと那珂タイプがみられるようになる。両者は農工具など弥生稲作を行ううえで必要な道具類はほとんど同じなのに、祖型甕A系列と板付Ⅰ古式甕をもつ板付タイプと、それらをもたない那珂タイプが存在するのである。同じように農耕社会化への過程を歩みはじめた2つの集団に、このような違いをもたらしたものとは一体何だったのであろうか。いろいろな要因が関係していると考えられるが、次のような可能性をあげておく。

　まず板付Ⅰ古式甕へとつながるA系列の祖型甕をもっていないことは渡来人との関係の有無、もしくは関係の程度を示している可能性がある。また水田の立地条件と水の管理に起因する生産基盤の優劣が、集団の生産力と人口を規定した可能性もある。灌漑施設をもたない水田で稲作を行った比恵・那珂遺跡が、灌漑施設をもつ板付遺跡に比べて生産基盤が弱かったと考えられるのは先述したとおりで、これが農耕社会化を押し進める集団内の潜在的な力に結びつ

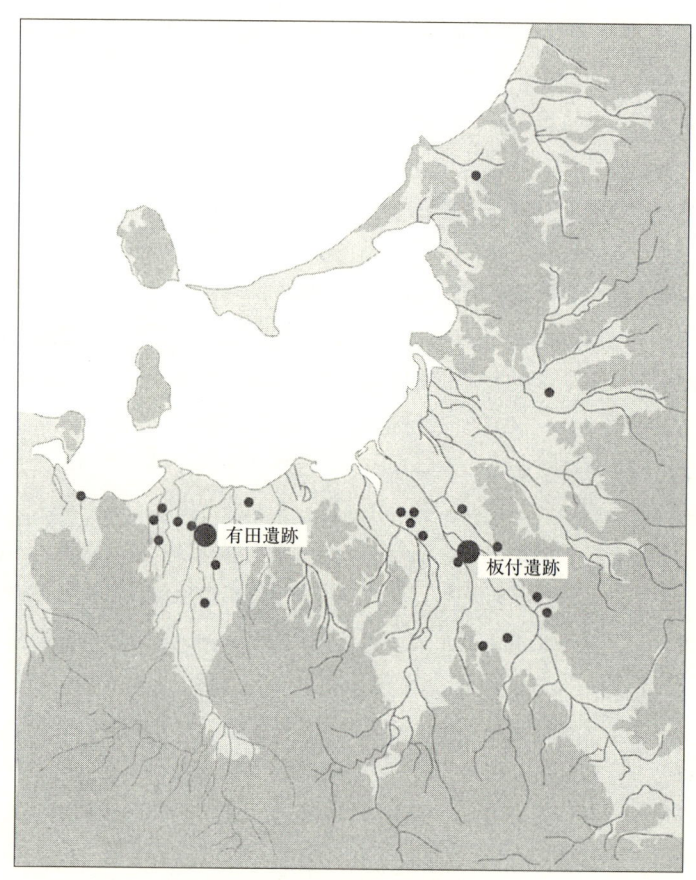

図33　弥生前期初頭の遺跡分布

かなかったとも考えられる。

　また甕組成パターンの違いが，土器を作るムラと，作らずに他所から供給を受けるムラという，遺跡の存在を反映している可能性もある。弥生Ⅰ・Ⅱ期の九州北部では，複数のムラからなる一つの小地域社会においては，限られたムラでのみ土器がつくられ，同じ小地域社会に属するムラに土器を供給していた可能性が指摘されている[10]〔田崎 1995〕。那珂遺跡も比恵・那珂遺跡群という一つの小地域社会を構成する一つのムラと考えられているので，田崎の想定をこの場合にも適用できれば，那珂遺跡は土器を作るムラではなくて，供給を

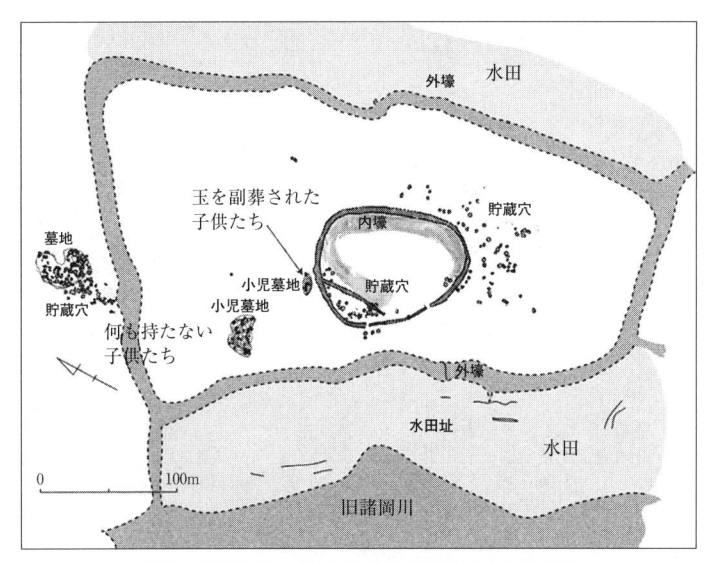

図34　板付遺跡全体図（〔山崎　1990〕をもとに作製）

受けるムラであった可能性も出てくる。

　一方，早良平野の中流域にある四箇遺跡では，弥生稲作を行っている証拠となる板付系土器が，壺・甕・高坏というセットで出土していないことから，まだ弥生稲作に特化した生活には転換しておらず，園耕民のままであったと考えられる。このように平野の中・下流域には，農耕社会化を達成するムラがある一方で，園耕の段階にとどまるムラもあり，二者が住み分けていたことがわかる。

　土器を作るムラと供給を受けるムラが早期段階の福岡平野にも想定できれば，板付遺跡や有田遺跡は板付Ⅰ古式甕を創造・製作した集団にあたり，那珂遺跡や雀居遺跡は板付Ⅰ古式甕を作らず，供給を受けていた集団であった可能性が出てくる。実際田崎は，板付Ⅰ式土器が拠点集落だけで作られ，ほかのムラに供給していた可能性を想定している[11]。

　板付Ⅰ式甕が特定の集団で創造・製作され，他の集団へ供給されたという生産，供給関係が存在したことを証明するには，供給元と供給先と考えられる遺跡の板付Ⅰ式甕に共通性が認められるかどうか検証する必要がある。今のところ，そのような関係にある遺跡を土器レベルで指摘することはできない。しかし供給元であった可能性が高い遺跡に有田遺跡と板付遺跡があり，両遺跡の板

1　福岡・早良平野における弥生稲作民と園耕民の住み分け

付Ⅰ式甕と，屈曲甕や砲弾甕との間には，口縁部の作りや刻目の施文法の面で違いのあることもわかっている[12]（図30）。このような違いをもつ土器を共有する遺跡群をある一定の範囲で確認できれば，田崎がいうように板付Ⅰ式甕を製作する集団と供給されていた集団が併存する小地域社会を確認できる。しかも供給元として少なくとも板付と有田など複数の存在を想定できる状況にある。祖型甕A系列と板付Ⅰ古式甕をもたない遺跡において，供給元と考えられる遺跡のクセをもつ土器を見つけられれば，田崎の指摘する生産，供給体制が存在したことが証明され，それが原因で組成パターンを異にする農耕民が生まれると説明することもできよう。

現状では板付タイプと那珂タイプという2つの農耕民化が存在し，異なる農耕社会化をとげることになった要因として，渡来人との関係の密度，水田の立地条件に原因する生産力の優劣，土器の供給元と供給先という分業体制があった可能性などをあげた。どれも今後の検証を待つことになるが，これらが複合的にからみあっていたことは間違いない。

弥生前期中頃：板付Ⅱa式──住み分けの解消

前7世紀（前期中頃：板付Ⅱa式）になると，中流域のムラムラでも板付系土器がセットで出土するようになることから，下流域のムラよりも約300年遅れて，弥生稲作に特化した生活を送り始めたことがわかる（図35）。弥生Ⅰ期以降に起こった園耕民の農耕民化と位置づけた四箇タイプの出現過程は，早期のそれとはいろいろな面で異なっている。

まず園耕民は後・晩期以来の土地で農耕民化することである。彼らは水田にするには好条件の場所をもちながら[13]，長い間，弥生稲作に専業化しなかった。もし後・晩期のコメづくりを認めるとすればその期間は1200年もの長きに及ぶ。しかしⅠ期になると情勢の変化が下流域から訪れる。

下流域に進出していた早期の弥生稲作民がどのくらいコメを食べていたのか議論は分かれるところだが，コメという栄養に優れた食品に依存していたこともあって，乳幼児の死亡率が低いために，人口増加率が高い。先述したように早期新段階には増えた人口を養うために当時の技術で開発可能な下流域の沖積地はすでに開発しつくされ，すでに飽和状態にあったと考えられている〔山崎

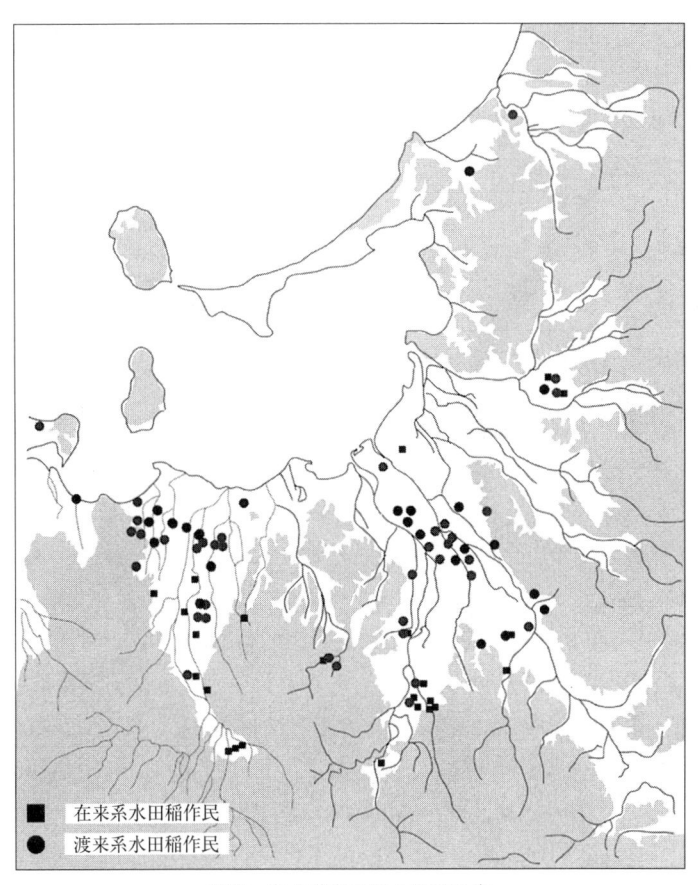

■ 在来系水田稲作民
● 渡来系水田稲作民

図35　弥生前期中頃の遺跡分布

編 1999〕。

　下流域の農耕民がさらなる人口増加に対処するためには，中・上流域，もしくは福岡平野以外に可耕地の拡大を求めるようになったことは十分に考えられる。すると下流域の農耕民同士の競争に加えて新たに目をつけた場所をめぐって，もとから住んでいた採集狩猟民との間で資源をめぐる競争も始まり，緊張関係が顕著になってくる。弥生時代の戦いがこの頃から始まることが知られているが〔橋口 1987〕，戦いで死んだと考えられる犠牲者の分布が，玄界灘沿岸部から内陸部や遠賀川下流域に向かって時期をおうごとに増えてくる事実からも，下流域から中・上流域へと緊張関係が高まっていったことはある程度予測

できる〔中橋 1995〕〔藤尾 1996〕。

　生産基盤を異にする2つの集団が競争関係にはいると，人口の多い集団が優位にたつのは想像に難くない。もし園耕民がそのままの状態をつづけていれば，彼らが食料を獲得していた森などの生産基盤は水田へと変わり，食料の調達が難しくなる。このような情勢を挽回する方法の1つは生産基盤を同じくして競争にのぞむことである。中流域の採集狩猟民がこの時期に農耕民化する理由の1つとしてこのような状況を想定できないだろうか。

(4)　福岡・早良平野における相互交流モデル

　前10世紀後半（早期初頭）に，在来の園耕民が平野の下流域に進出して弥生稲作に専業化した生活を始めたことは，板付タイプや那珂タイプの存在から確認できるが，彼らが進出した理由はどのように考えられるのであろうか。

　採集狩猟民の農耕民化を説明するモデルの1つに，非農耕民（本節の場合は地元の採集狩猟民）とすでに農耕民化した集団（本節の場合は朝鮮無文土器時代の人びと）との相互交流の結果，非農耕民が農耕民化するという相互交流モデル（Interaction Model）がある。もともとヨーロッパ北西部の辺境地域における新石器文化の成立過程を説明するモデルとして考え出されたもので，いろいろなケースが想定されている〔Peterson 1981〕〔Zevelebil & Rowley-Conwy 1984〕〔Dennel 1985〕〔Solvelg 1989〕〔Grenn & Zevelebil 1990〕。文明から遠く離れたところにある地域の農耕民化という点で共通するこのモデルをつかって，この問題を考えてみる。

　弥生文化の成立過程の場合は，多数を占める在来の採集狩猟民が少数の農耕民との関係のなかで農耕民化していくケースにあたり，その意味でデンネルのフロンティア理論にもっとも近いパターンを示すと考えられる。

フロンティア理論とは

　北西ヨーロッパの中石器時代には生業の一部に農耕を加えていた集団は存在したものの，基本的に採集・狩猟社会であった。家畜を伴う小麦農耕がすぐそばまで迫っていても，数百年にわたって農耕を受け入れず，採集・狩猟文化を継続したエルテベーレ文化は有名である〔藤尾 2009f〕。

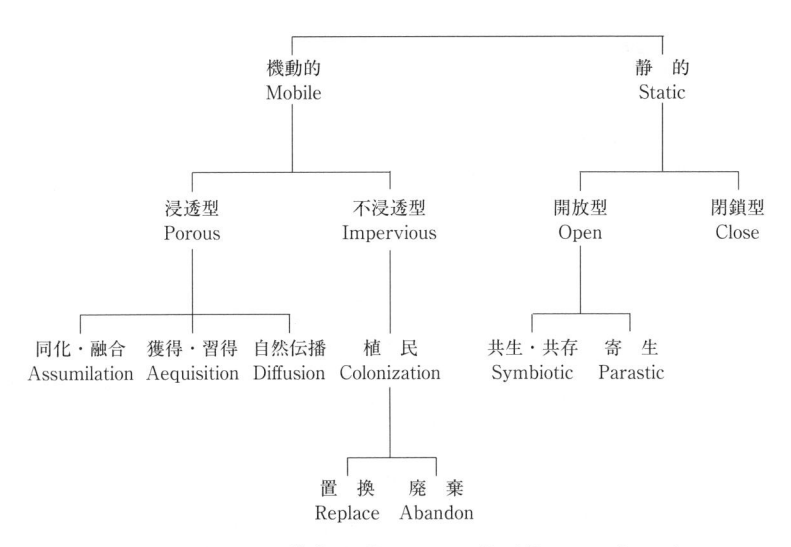

```
                        ┌─────────────────────────┴─────────────────────────┐
                     機動的                                                 静 的
                     Mobile                                                Static
              ┌─────────┴─────────┐                               ┌─────────┴─────────┐
            浸透型               不浸透型                         開放型              閉鎖型
            Porous             Impervious                         Open               Close
       ┌────┬──┴──┬────┐    ┌────┬──┴──┐                      ┌────┴────┐
     同化・融合 獲得・習得 自然伝播 植 民                       共生・共存   寄 生
     Assimilation Aequisition Diffusion Colonization           Symbiotic   Parastic
                                       ┌──┴──┐
                                     置 換  廃 棄
                                     Replace Abandon
```

図36　フロンティア模式図（〔Dennel 1985〕）（〔藤尾 2003a〕より）

そうした採集狩猟民がいる地域空間に農耕民が入ってきたときに，すぐに両者の接触が起こる場合を重視するモデルで，その際，採集狩猟民の一部がフロンティアとなって両者を結びつけ，その結果，地域全体に農業が拡大していくと考えるパターンを想定した（図36）。

R・デンネルは，農耕を含むあらゆる生業を行う採集狩猟民（Native）がいた地域に農耕民（New Comer）が入ってきた場合を想定していて，採集狩猟民は無理なく農耕民になるだけの技術的水準に到達していたという前提条件を設けた。

フロンティアの役割ごとに8つのカテゴリーに分けている〔Dennel 1985〕。

このうち，農耕民，本章の場合は弥生稲作民が，在来民，本章の場合は地元の長原式新土器を使い園耕を行っている人びととの地理的空間に入ってきた場合，ただちに何らかの反応を示す採集狩猟民を機動的フロンティア，何の関心も示さない採集狩猟民を静的フロンティアという。

機動的フロンティアのなかには，農耕民のムラのなかに採集狩猟民が移住して農業が拡大していく浸透型と，農耕民が採集狩猟民とは競合しない空白地域に植民して，農業を行う不浸透型に分かれる。静的フロンティアは本章との関係はうすいと考えられるので説明を省略する。またコロニーをつくる不浸透型

は想定できないので今回はふれない。

　機動的フロンティア浸透型とは,「2～3のコミュニティからなる小さな農耕集団が,採集狩猟民の地理的空間に入植することからすべてが始まる。農耕民は家畜や穀物などの新しい食料,土器,磨製石器などの新しい道具や技術を持っている。農耕民はそれらを駆使して,採集狩猟民がもつテリトリーより小さなテリトリーを開拓し,少人数ながら集約的に労働力を投下して農業をおこなう。コロニーを作るのである」「採集狩猟民は農耕民のこのような動きに対して関心をもって観察している。農耕民のもつ新しい文物や技術に魅せられてであろうか。やがて採集狩猟民のなかの未成年や女性など,好奇心あふれる世代の勇気あふれる行動を通じて,採集狩猟民と農耕民との間に人的接触がはじまる。この段階では,採集狩猟民・農耕民とも交流することの長所を自覚していることが重要である。採集狩猟民も農耕民もお互い同士の緊張状態や争いを極力避け,有効な関係を保とうとする。なぜなら農耕民にとって採集狩猟民は,地理空間内の地理や資源に関する情報を多くもち,毛皮や獣皮,獣肉や石材・木材などの天然資源を交換する相手だからである。さらに農耕民にとって採集狩猟民は,労働力や配偶者の供給源という役割も担っていた点が重要である」〔藤尾 2003a：213～214頁〕。

　こうした初期段階をへて,採集狩猟民は次第に農耕民化していくが,その方法には3つある。採集狩猟民の一部が農耕民のなかにとりこまれて同化・融合し,農耕民化していく方法（Assimilation）,採集狩猟民が主体的に見よう見まねで獲得・習得しながら農耕民化していく方法（Aequisition）,最後が直接的な人的交流がなく,物資や情報だけが拡大していくものである（Diffusion）。

九州北部への適用

　そこでこのモデルを適用する前提になる,影響を与える側の朝鮮無文土器文化の人びと,つまり渡来人がこの時期の九州北部にいたのかどうかという問題から考えてみよう。

　研究史的にみると弥生開始期前後の渡来人をゼロと考える研究者はいない。実際に何人やってきたのか具体的な人数をあげて行える議論ではないため,どうしても在来人に比べて多いか少ないかの相対的な議論になりがちである。ま

たたとえ想定する渡来人の人数が同じであっても，それが多いか少ないかはまさに主観的な問題であることは，春成が指摘しているとおりである〔春成 1990：132頁〕。

中橋孝博は形質人類学の成果をふまえて，弥生文化成立期の九州北部の集落では男性の1割が渡来人であれば人類学的に説明できるとした〔中橋・飯塚 1998〕。考古学では無文土器の技術的特徴をもつ祖型甕が，早期の甕組成に占める割合を根拠に渡来人の割合を3分の1〔家根 1993〕と考える説や，全器種に占める搬入土器の割合をもとに1％と考える説〔橋口 1995〕がある。農耕民がもつ農工具にみられる無文土器文化の道具との類似性，しかもそれらはセットで存在することから，渡来人が1人もいなかったとは考えられない。ここでは祖型甕の割合を参考に，在来人に対して1割前後の渡来人が福岡平野にいたという仮定のうえで，大多数を占める採集狩猟民との相互交流と採集狩猟民の農耕民化過程を考えてみよう。

在来の園耕民がいる平野に渡来人がやってきた場合，両集団が何らかの関係をとりむすぶ可能性は高い。何かのきっかけによって渡来人と園耕民の一部が一緒になって，これまで利用されていなかった下流域に占地し，弥生稲作に専業化したと考えるのが自然である。無文土器の影響が強い祖型甕の存在もこのことを裏づけている。

このような現象が起こった原因を渡来人側からみると，灌漑施設を備え，面積が数百平方メートルにも達する大規模な水田を造成するために必要な労働力の確保や，獣肉や皮，石材，木材[14]など在来資源の確保，血が濃くなりすぎるのを防ぐための配偶者の確保などが考えられる。また逆に園耕民側からみると，農耕民のもつ新しい道具やコメの入手などが想定される。

渡来人と園耕民は以上のような利害の一致もあって，下流域で生活を始め農耕民化する（那珂・板付タイプ）。しかし園耕民のなかには縄文以来の土地にとどまり伝統的な生活をつづけた集団もいた（四箇タイプ）。なぜなら弥生稲作へ専業化することは，もし失敗したときに食料不足におちいることを意味するし，もしそうなれば集団の存続自体が危うくなる。そこで集団を2つに分けることで安全装置を効かせたと考えることもできる。もちろん渡来人と接触をいっさいもたなかった園耕民もいただろう。この結果，下流域には在来系と渡来系か

らなる農耕民，中・上流域には園耕民という住み分け状態が現出する。

いずれにしても交流の結果，在来の園耕民と渡来人が1つの集団を形成したことは確実だが，その契機については可能性を指摘するにとどめておく。

(5) 玄界灘沿岸地域における園耕民の農耕民化過程

縄文人主体説，渡来人主体説のどちらかを用いて説明される傾向が強かった弥生文化の成立過程を，園耕民の農耕民化という枠組みのなかで，農耕民との相互交流モデルを用いて検討してきた。

まず早・Ⅰ期にみられる系譜を異にする突帯文甕と板付甕の組成比の違いをもとに，福岡平野における農耕民化過程を3つ設定し，その過程と要因について考えた。

第1のケースは，在来の園耕民と渡来系の農耕民が前10世紀後半（早期前半）に，それまで在来人があまり利用していなかった下流域で，一緒に集落をつくって弥生稲作に専業化することによって進行した農耕民化過程である。この理由を園耕民と農耕民との利害の一致に求め，ともに1つの生活集団を構成するにいたった可能性を指摘した。この場合，園耕民，農耕民の双方が独自の目的を持っていたという意味で相互依存的であるから，縄文人主体論や渡来人主体論は成り立ちがたい。

第2のケースはそうして形成された農耕集団が農耕社会化していくなかで，2つの異なる展開の仕方があったことである。1つは環壕集落を形成して地域の拠点集落となり，その後も地域の核として発展し有力首長を生み出していく板付タイプの集団で，板付Ⅰ式甕の生産と供給をになった可能性のあることを指摘した。もう1つは，板付Ⅰ式をもたず，集落を廃絶し，どこかへ移動するか，板付Ⅰ式の供給を受けて存続した可能性のある那珂タイプの集団であった。このような差異が生じる理由として各集団と渡来人との密接度，生産基盤の違いにもとづく集団の生産力，そして土器を生産するムラと供給を受けるムラという分業制などを想定した。この場合も縄文人や渡来人の片方だけの役割を強調して説明できる問題ではなく，主体論は成り立ちがたい。

第3のケースが，もっとも遅れて縄文以来の土地で農耕民化した四箇タイプの出現過程である。この過程は下流域に占地する農耕民集団が人口増加によっ

て不足した食料を生産するための新たな可耕地を，中・上流域にある園耕民のテリトリーに求めたことによって起こる。園耕民側にとっては生活環境の破壊に対抗するための処置として理解した。この場合はきっかけを作ったのが農耕民，主人公は園耕民で，やはり片方の主体性だけで理解できないことは明らかである。

　これら3つのケースは，農耕民化する時期と順番を異にしたという点では，農耕民化の先発組，後発組という捉え方もできるし，農耕民化した理由を考えると，自発的に農耕民化した園耕民と，抜き差しならない状況に追い込まれて農耕民化した園耕民という見方もできる。

　しかし3つのケースとも直接的，間接的な違いはあっても在来人と渡来人の双方が，ある目的をもってともに生活集団を作り，農耕社会化への道を歩み始めるという協同的なものであった。決してどちらか一方の主体性で進行した現象ではないのである。

　縄文から弥生への転換を，少数民族の西洋文明化という現代史的な視点で考えたとき，少数の文明人が何らかの目的をもって少数民族のテリトリーに入植し，日常的な接触交流のなかで勢力を拡大して，いつのまにか人口が拮抗したとき，両者間にいろいろな社会問題が生じる。たとえば少数民族の生活基盤の破壊，環境問題の発生である。その時，少数民族が意識的に，あるいは仕方なく西洋文明化していく過程と，今回の設定が共通する問題を含んでいることに気づく。このような場合，少数民族主体説や文明人主体説のような単純な議論では，少数民族の文明化を説明できないことはいうまでもない。実際に何が起こっていたかを細かく復元していく作業を行ったうえでの議論が不可欠である。

　しかし依然として残された課題も多い。渡来人が九州北部へわたってきた背景を，前10世紀の東アジア情勢のなかでどのように説明したらよいのかといった問題や，日本列島における採集狩猟経済から生産経済への転換が世界史的にはどのように位置づけられるのかといった問題，さらには弥生文化を形成させた要因のなかで，弥生稲作以外の社会構造，都市，国家形成という社会的側面，祭りや宗教などの精神的側面が果たした役割の検討などである。すでに広瀬和雄〔広瀬編著 1997〕や宇野隆夫〔宇野 1996〕がこれらの点に重点をおいた弥生文化成立論を発表しているが，これらの問題については拙著〔藤尾 2003a〕

を参照していただきたい。
　福岡・早良平野の園耕民が農耕民に転換するまで300年近くかかったことになる。そしてほぼ同じ頃，九州東部や南部，西部瀬戸内，山陰西部などに弥生稲作民が登場する。逆にいうと，九州北部沿岸平野の中・下流域全体が農耕民化するまで西部瀬戸内などへ弥生稲作が広がらなかったのはなぜであろうか。
　かつて弥生稲作民の二世，三世たちが新たな土地を求めて東へ南へと移住して，弥生稲作が伝播していったと説明されてきた。しかし弥生長期編年のもと，300年ぐらいたったあとに，西部瀬戸内で弥生稲作が始まるとすれば，1世代30年としても10世たちが新たな土地を求めて伝えたということになるので，従来の年代観に比べるといかに時間がかかっていたのかが想像できる。
　では次に，拡散地である大阪湾沿岸地域における弥生稲作開始期の状況をみてみることとする。

2　大阪湾沿岸地域における弥生稲作民と園耕民の住み分け

(1)　はじめにかえて

　前5〜前4世紀頃に九州北部で始まった本格的な弥生稲作は，前3世紀の中頃には近畿地方に伝わり，急速に近畿各地へと拡散して，近畿弥生社会の生産基盤となっていった。こういった弥生短期編年にもとづく従来の考え方は，数十年スパンで型式変化する土器から想定される時間の流れを前提としたものである。ところが，炭素14年代値にもとづく弥生長期編年に依拠すると，100年スパンで型式変化する土器から想定される時間の流れを前提とするならば，ゆっくりとした時間の流れのなかで社会の発展を描くことになるので，まったく異なった弥生社会像が描かれることになる。
　たとえば前10世紀後半頃に九州北部で始まった本格的な弥生稲作は，300年あまりの時間をかけて前7世紀後半に近畿地方西端の神戸に達し，間もなくして古河内潟沿岸に到達する。九州から近畿まで約300年の時間がかかっていることになる〔春成 2007〕。しかも神戸で始まってから奈良で始まるまでに100年近くかかっている。数十年スパンの土器の型式変化から100年スパンの型式

変化に時間軸を変えたとき，そこにみえてくる近畿弥生社会のイメージは，なかなか広がらない遅々とした弥生稲作を前提としたものになる。

　この弥生長期編年にもとづく時間軸を，大阪平野の弥生Ⅰ期前葉を舞台に展開されてきた，いわゆる「住み分け説」と「自生説（時期差説）」に適用したときにどうなるのか，これが本節の目的である。従来の年代観の場合，住み分け説の立場をとる研究者であっても共存期間は長くて1世代と考えていたが，弥生長期編年では100〜150年となり，人間にたとえると4〜5世代にわたってつづいたことを意味する。つまり住み分けの立場をとった場合，出自や生業を異にする人びとが，100〜150年も1つの地域に並存したにもかかわらず，新しい生産システムは地域全体になかなか広まらなかったことになる。

　このように弥生長期編年をとるか弥生短期編年をとるかによって大きくその意味が異なってくる住み分け説と自生説の，どちらが成り立つのかを解決するために，2—(2) (106頁)で，長原式土器と遠賀川系土器との関係を明らかにして，この地域の土器編年を整備する。2—(3) (114頁)で最終末の縄文土器と最古の弥生土器の炭素14年代測定結果を検討する。すでに小林謙一・春成秀爾・秋山浩三によって神戸・大阪・奈良地域の年代測定結果が報告されているので，測定値はこの成果を用いる〔小林・春成・秋山 2008〕。測定値が得られた長原式が，遠賀川系土器に伴うのかどうかを炭素14年代を使って確定する。

　近畿地方の弥生稲作開始期は，炭素14年代の2400年問題と呼ばれている時期にあたり，基本的にⅠ期古・中段階の土器の炭素14年代値は2400〜2500 ^{14}C BP台に含まれる。どの測定値も2400年問題のなかにあるので同じ測定値を示す炭素14年代値同士を単純に比較しても，較正年代が同じかどうか，つまり同時期かどうかを精確には決められないという問題がある。また較正年代に直すと存続幅が300年をこえる場合もあるので，同時併存といえるのかどうかという問題もある。

　そこで土器型式を用いたウィグルマッチ法を適用して，土器型式ごとに較正曲線上にプロットしていくことによって，各型式の年代的位置を求めた。

　一方，長原式と同じ炭素14年代値をもつ遠賀川系甕といわれているもののなかには，地元の人びとが伝統的な技術を駆使して作ったと考えられるものがかなり含まれているので，外来集団が移住してきて作ったとは考えにくい。しか

もⅠ期前葉段階における水田構造の稚拙さや大陸系磨製石器の少なさなど，本格的な弥生稲作が定着していないことを予想させる。

以上のように100〜150年にわたる長原式と遠賀川系土器の，同時併存中における弥生化の過程から浮かび上がってくる近畿弥生社会の成立過程は，外部から弥生稲作民がやってきて，社会が急激に変わっていくという状況とはほど遠いものがある。香川からやってきた可能性のある弥生稲作民も存在したのであろうが，彼らが大人数で水田開発を推し進めたという状況を考古学的に支持する材料はない。

このような特徴をもつ近畿弥生Ⅰ期前葉の社会状況を，ヨーロッパ先史社会のフロンティア理論〔Dennel 1985〕を用いてモデル化したのが3—(4)（131頁）である。つまり前7世紀後半〜前6世紀頃，縄文文化段階にある地元の長原式土器を用いる人びと（園耕民）が，弥生稲作を生産基盤とする遠賀川系土器を用いる人びと（弥生稲作民）に直面した際，それを受け入れるために在来民の母集団から離れたフロンティアが，外来民（New Comer）とともに作ったムラ（若江北や水走）と，母集団に残った人びとの村（長原）という，対応を異にした人びとに分かれたという図式で理解できると考えるにいたった。母集団はもともと縄文的な生態系のなかに集落を作っているし，フロンティアを含む弥生稲作民は水田稲作に適したところに集落を構えるので，結果的に住み分け状態となる。若江北や水走の人びとは水田稲作を行う弥生農耕民，長原は縄文的な農耕を行う，いわゆる園耕民である。香川出身の人びとが含まれているとしたら，それは若江北や水走などの集落であろう。2つの土器群が混在して出土するのは，母集団とフロンティアとの接触交流の結果であり，交流期間は較正年代からみて150〜100年ぐらいであったと考えられる。両者の間にはやがて前6世紀後半以降になって集団の再編成が起こり，新来人の文化に在来人の文化は吸収・統合され，土器も第Ⅰ期中段階を指標とする遠賀川系土器に統一される。近畿中期社会の構築にむかって動き始めるのである。

(2) 問題の所在

住み分け説
前7世紀後半（弥生Ⅰ期前葉）の近畿弥生社会を論ずる際の考古資料といえ

ば，縄文晩期後半の突帯文土器を祖型とする突帯文系土器と，新しく創造された遠賀川系土器という系譜を異にする2つの土器群で，これらの土器の出土状況をめぐってさまざまな議論が行われてきた。この時期の遺構自体がもともと見つからない大阪平野において，系譜を異にする2つの土器群が，良好な出土状況で見つかることはまずないため，層位学的に2つの土器群の同時性を証明できる証拠はほとんどない。ただ，包含層のなかで混在して見つかることは多い。弥生研究者は包含層とはいえ混在して，見つかることが多いことを重視し，同時性を認める傾向が強いのに対して，縄文研究者は遺構に伴うものではないと厳密に評価して時間差とみる傾向が強い。

　1970年代まで，近畿における弥生Ⅰ期の突帯文土器といえば，Ⅰ期中段階以降の突帯文系土器である太田型甕しかなく，またⅠ期古段階の突帯文系土器が欠落していたこともあって，議論は活発でなかった。一転したのが1980年代の大阪市長原遺跡の調査である。長原式土器が船橋式に後続する晩期最終末の突帯文土器として位置づけられたことから，遠賀川系土器に併行するのか，遠賀川系土器出現以前に消えてしまうのかをめぐって議論が活発化した。

　一足先に弥生前期の突帯文系土器の研究が進んでいた九州の研究者は，筆者も含めて長原式を弥生前期の突帯文系土器として位置づけていたが，長原式には浅鉢や土偶・石棒などの縄文祭祀遺物が伴っていたこともあって（図37），近畿の縄文研究者が晩期最終末に位置づけてきたという経緯があり，それがいまでもこの土器の時間的位置づけに大きな影響を与えている。

　弥生研究者は，長原式を遠賀川系土器と同時期と見なしたうえで，共伴の意味を，近畿弥生社会成立期の特質を表すものと考えた。つまり見た目の異なる土器を使う人びとは，生業なり，出自なりを異にするという前提のもとに集団関係論を展開したのである。

　中西靖人は，長原式の比率が高い遺跡と，遠賀川系土器の比率が高い遺跡を抽出し，それらが立地を異にしていることを根拠に住み分け説を提示。用いる土器の比率の違いは生業が異なることを意味していると考えた〔中西 1984〕。この場合に想定されているのは，水田稲作民か，縄文農耕民（筆者の園耕民）かである。また水田稲作民の出自について，近畿以西から河内に入ってきて地元の縄文人と住み分けたと考えている点に特徴がある。

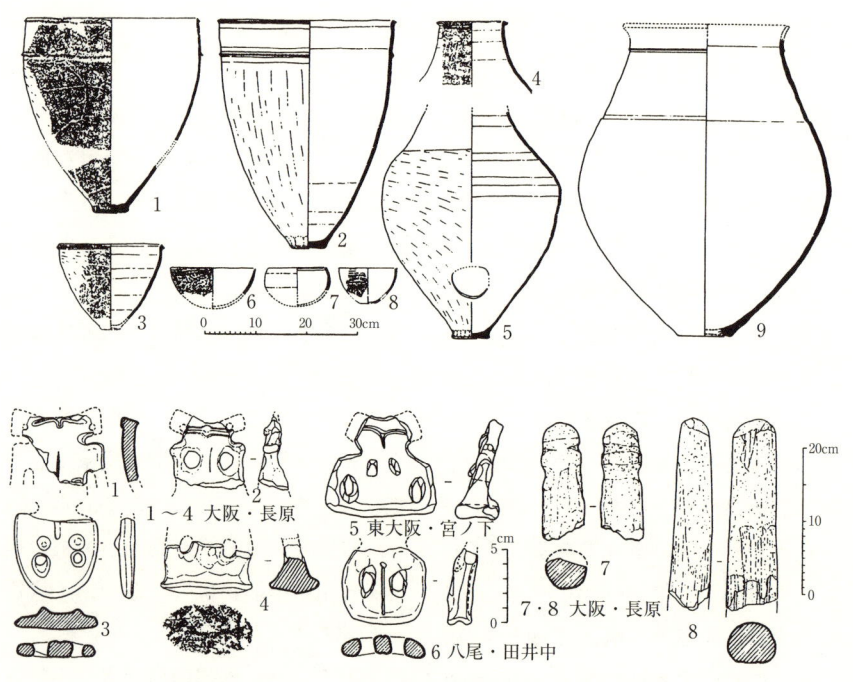

図37　大阪市長原遺跡出土土器と縄文系祭祀遺物（〔春成 2007〕より転載）

　同じく外からの水田稲作民の移住を想定するのが春成秀爾と森岡秀人である。春成は，2つの土器群の比率の多い少ないではなく，細かな比率の違いを問題にして，遺跡ごとに異なる共伴率の違いを，地元の人びとと西からやってきた人びととの接触交流度の違いと考えて4つにグループに分けている（図38）〔春成 1990〕。たとえば遠賀川系土器の比率が高いのは，山賀遺跡など古河内潟の沿岸に住む外来系の弥生稲作民だけである。それに対して在来系の人びとは外来系の人びととの接触交流度によってさらに3つに細分できる。扇状地の最高所に集落を構える鬼虎川遺跡では圧倒的に長原式の比率が高く，農耕民との間で毛皮や獣肉と交換していたと考える。古河内潟の入り口に位置する森ノ宮遺跡は，その地理的位置から交流度が鬼虎川遺跡より高かったので遠賀川系土器の割合が少し高い。もっとも内陸の高位沖積部に集落を構える長原遺跡は，縄文的なマツリを盛んに行っていた集団で，遠賀川系の甕は基本的に出土しない。

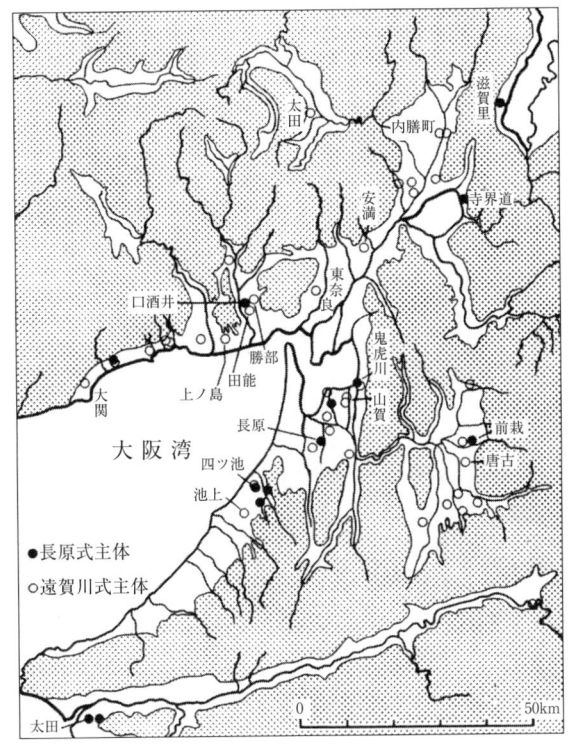

図38　近畿の長原式と遠賀川系の遺跡分布

〔〔春成 1990〕より転載〕

　一方，森岡秀人は，出自も異にする弥生稲作民が西からやってきて住み分けると考える〔森岡 1990〕。

　筆者も1991年に住み分けの実態についてさらにつっこんだ議論を行った〔藤尾 1991b〕。外から入ってきた弥生稲作民が，在来民のテリトリーのなかに入って住み分ける場合と，テリトリーの外で住み分ける場合の2つに分け，前者を領域内住み分け，後者を領域外住み分けと呼んだ（図39）。弥生前期末の福岡県小郡市内の弥生集落遺跡にみられる，後期無文土器の出方を念頭においた議論である。前者の場合は特に在来民との間で密接な関係が存在したと予想されるので，のちの共生説にもつながる考え方といえよう。

　外から移住してきた人びとの出自については漠然と西方と考えられていたが，

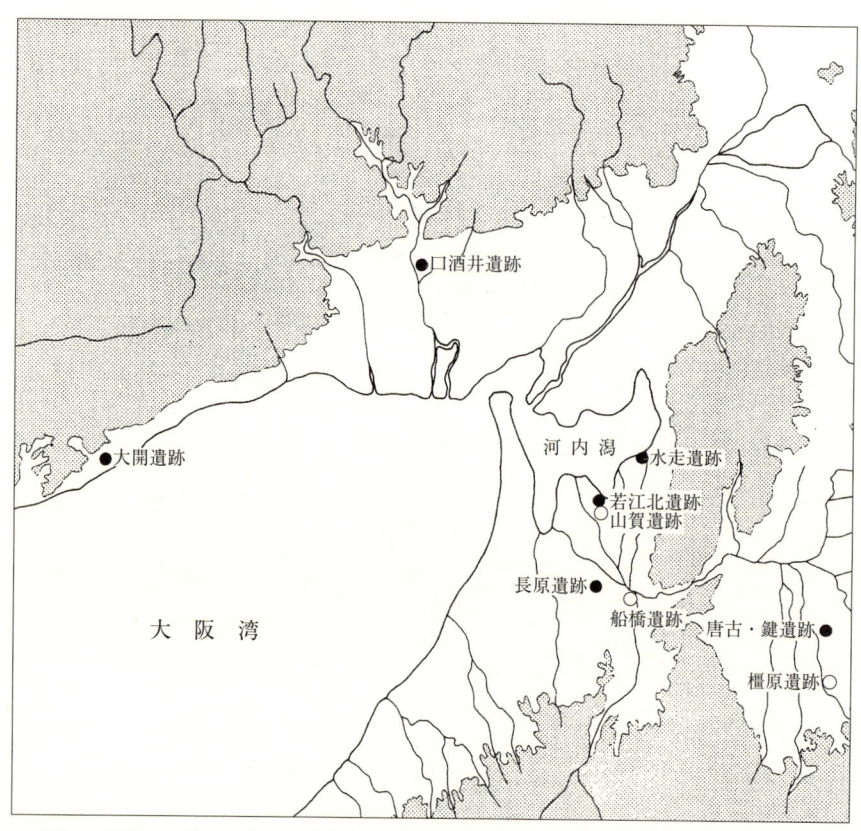

図39 近畿における突帯文・突帯文系土器,遠賀川系土器の分布（〔藤尾編 2001〕より）
黒丸はとりあげた遺跡,白丸は主要遺跡.

具体的に香川からと予想させる考古学的な事実が明らかになった。香川産のサヌカイトが,古河内潟沿いの遠賀川系土器を多く出す遺跡から多く見つかることがわかったのである。大阪平野では縄文後期から香川産のサヌカイトがみられるようになるが,弥生Ⅰ期になると急増することから,西方からの弥生稲作民の入植と,サヌカイトの産地である香川が結びつけられたのである。

サヌカイト以外にも,壺形土器にみられる製作技法のクセ,漁撈用の土錘,一木鋤など,香川との関係をうかがわせる資料がある。一方,長原遺跡では地元二上山のサヌカイトが依然として使われつづけていたことも,住み分け説を主張する春成説や森岡説の追い風となったのである。

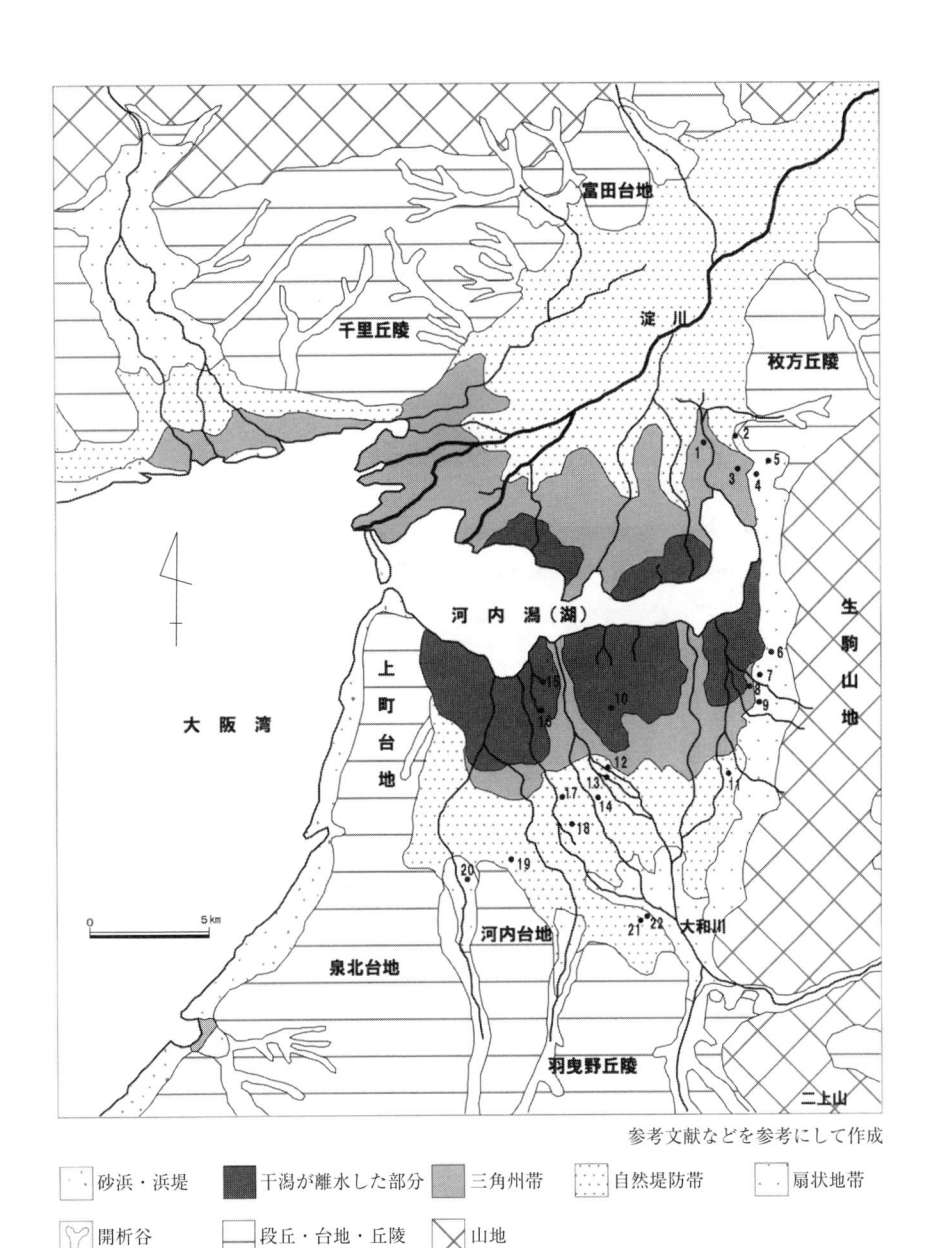

凡例:
- 砂浜・浜堤
- 干潟が離水した部分
- 三角州帯
- 自然堤防帯
- 扇状地帯
- 開析谷
- 段丘・台地・丘陵
- 山地

1 長保寺遺跡，2 高宮八丁遺跡，3 讃良郡条里遺跡，4 砂遺跡，5 更良岡山遺跡，6 日下遺跡，7 植附遺跡，8 鬼虎川（水走）遺跡，9 鬼塚遺跡，10 新家遺跡，11 池島・福万寺遺跡，12 若江北遺跡，13 山賀遺跡，14 美園遺跡，15 高井田遺跡，16 宮ノ下遺跡，17 弓削ノ庄遺跡，18 久宝寺遺跡，19 長原遺跡，20 池内遺跡，21 田井中遺跡，22 志紀遺跡．

図40　縄文晩期から弥生前期の河内平野（〔井上 2007〕より転載）

その後に調査された東大阪市の若江北遺跡，水走遺跡，大阪市田井中遺跡でも長原式と遠賀川系土器が混在することが確認され，特に長原遺跡よりも内陸にありながら遠賀川系土器の比率が高い田井中遺跡の存在は，古河内潟沿いの低地に遠賀川系土器を使う人びとがいて，後背地に長原式土器を使う人がいるという住み分け状態を，単純には説明できないことを明らかにしたのである（図40）。このような考古学的事実をふまえて田中清美の「新住み分け論」〔田中 2000〕も提唱された。
　一方，土器を対象とした細かい分析からも同時併存を示す証拠が示され始めた。三好孝一や田畑直彦らによって，縄文・弥生の同化過程を示す土器（縄文系弥生土器）が抽出され，筆者も遠賀川系甕のなかに，突帯文系土器の製作技法，器形，調整技法をもつものが含まれていることを指摘し〔藤尾編 2001，藤尾 2003b〕，近畿の遠賀川系甕が突帯文系甕を母体に地元の人びとによって漸進的に作られていたことを明らかにした。
　土器にみられる同時性と協調性をふまえて秋山浩三は「共生説」を主張する〔秋山 1999〕。秋山は，遠賀川系土器の出現時にはすでに長原式が存在していたので，Ⅰ期古・中段階にわたって共存する期間は長いと考える近畿の弥生研究者の考え方を紹介している。また突帯文土器集団が存在する領域の一角に，新来の遠賀川系集団の本格的な環壕集落が新たに形成されるというか，形成を許されたというか，あるいは強制的に形成したのかもしれないが，遠賀川系土器を使う集団が存在する。このように両集団が近接してほぼ同時期に併存するというパターンがわかっているので，それをふまえて，それまでの住み分け論ではなく，むしろ「共生論」のような形で古河内潟周辺の弥生開始期を語ることができるようになったことを提唱する。結果的に住み分け状態になる原因にまで踏み込んで解釈したのである。
　ここまでくるとヨーロッパ先史考古学で行われている採集狩猟民と農耕民の接触モデルによる議論を，近畿の縄文から弥生への転換期においても行うことが可能となってくる。なかでもフロンティア理論は，採集狩猟民と農耕民との積極的な交流を前提とする議論のため，採集狩猟民側の意志を前提とする共生論などとの関連が生まれてこよう。
　前４世紀前葉（Ⅰ期新段階）になると，長原遺跡のような縄文的な祭祀を行

う集団は，もはやみられなくなるとともに突帯文系甕も姿を消すことから，中西は彼らが弥生農耕民に転換して弥生稲作に適したところに移動したと考え〔中西 1992〕，弥生農耕民との間に起こった再編成によって，ほかの集団に吸収・統合されたと考えている〔藤尾 2003a〕。

　土器の分析をふまえて筆者は河内における弥生稲作への転換過程を次のように考えた〔藤尾 2003a〕。中部瀬戸内における弥生稲作の開始に伴う変動が，東部瀬戸内・大阪湾沿岸地域圏に刺激伝播[15]し，大阪湾沿岸の石器供給の変化や，生駒西麓産の長原式土器の広域流通を引き起こしたが，弥生水田稲作民の東方への移動をそれほど認めることはできなかった。そして河内の在来人を中心とする弥生水田稲作民が古河内潟沿岸や内陸部に集落を構え，弥生稲作を始めることで，この地域の在地色の強い遠賀川系土器が創造された可能性が高い。

自生説（時期差説）

　今のところ，Ⅰ期前葉の遠賀川系土器と突帯文系土器との共伴を示す確実な証拠は水走遺跡1例のみである。伴う突帯文系土器の特徴はいわゆる長原式と同じではなく，外反する口縁のやや下位に突帯文を貼り付けるもので，サイズ的にも長原式より小振りで，法量は遠賀川系甕に近いという〔若林 2002〕。しかしこのような折衷土器がみられるのは水走遺跡だけで，大半の集団では突帯文土器が主体の遺跡自体がまれな存在であることから，長原式土器などの突帯文土器と遠賀川系土器は基本的に先後関係にあった証拠とみている。したがって共生現象は局部的な現象，かつ短期間で解消されてしまうと説く。

　明らかな共伴現象が1例しかなく，局部的な現象として短期間の共存までは否定しないものの，秋山のいうような長期にわたる共伴現象は，考古学的にいえる状況にはないという立場である。

課　題

　包含層における多数の混在現象を同時に使われていた証拠と見なして，同時併存を想定する住み分け派と，厳密な意味で共伴現象と認められるものは1例だけとし，共存していたとしてもきわめて短期間と見なす自生説（時期差派の

議論）は，良好な状態での共伴現象が遺構上で検出されないかぎり，これ以上，進みようがない。しかし後述するように，I 期前葉の遺構がほとんど見つかっていない現状では，解釈の糸口が得られない状況である。

そこで本節では炭素14年代測定を導入し，長原式と I 期古段階の遠賀川系土器との炭素14年代値を測定し，測定値を比較することによって，年代的に同時併存していたのかどうかを調べることにする。測定はすでに小林謙一等によって行われているのでその値を用いる〔小林・春成・秋山 2008〕。

炭素14年代を測る前に，炭化物が付着しやすい甕形土器を中心とした土器編年を整備しておく必要があるため，本章では小林謙一ほかの論文の根拠となっている秋山編年を利用することにする。

(3)　共存期の確認——長原式新と I-1-古

土器編年案（図41）

秋山編年によれば，従来の I 期古段階に相当する土器は，河内 I-1 期と I-2 期の2つに細分され，I 期中段階は河内 I-3 期，I 期新段階は河内 I-4 期として設定されている。

図41では長原式と河内 I-1 期が別枠で括ってあるので，時期差があるようにみえるが，論文では長原式が古（宮ノ下遺跡の3点と水走遺跡の2点）と，新（木の本と池島・福万寺の2点）に分かれ，長原式新と河内 I-1 期の古（若江北と水走の計4点）が，同じ時期に属すると考えられている。本章で問題となるのも，河内 I-1 期の古とされている遠賀川系甕4点の時間的位置づけである。この時期の遠賀川系甕はまだ定型化しておらず，筆者が標準甕[16]と呼んでいる土器が存在〔藤尾 2003b〕するにすぎない。これがまさに I-1 期古に相当すると考えられるからである。

まず長原式土器の細分である。1980年代の長原遺跡の調査によって長原式土器が設定され，晩期最終末の突帯文土器と位置づけられたあと，1990年代になって東大阪市水走遺跡が調査された。口縁部における突帯の貼り付け位置や胴部屈曲部の弱まった形状などを根拠に，長原式よりも新しい様相をもつ突帯文土器として水走式（図43-1）が設定された経緯がある。水走遺跡で遠賀川系土器を伴った突帯文系土器とされているのはこの水走式である。

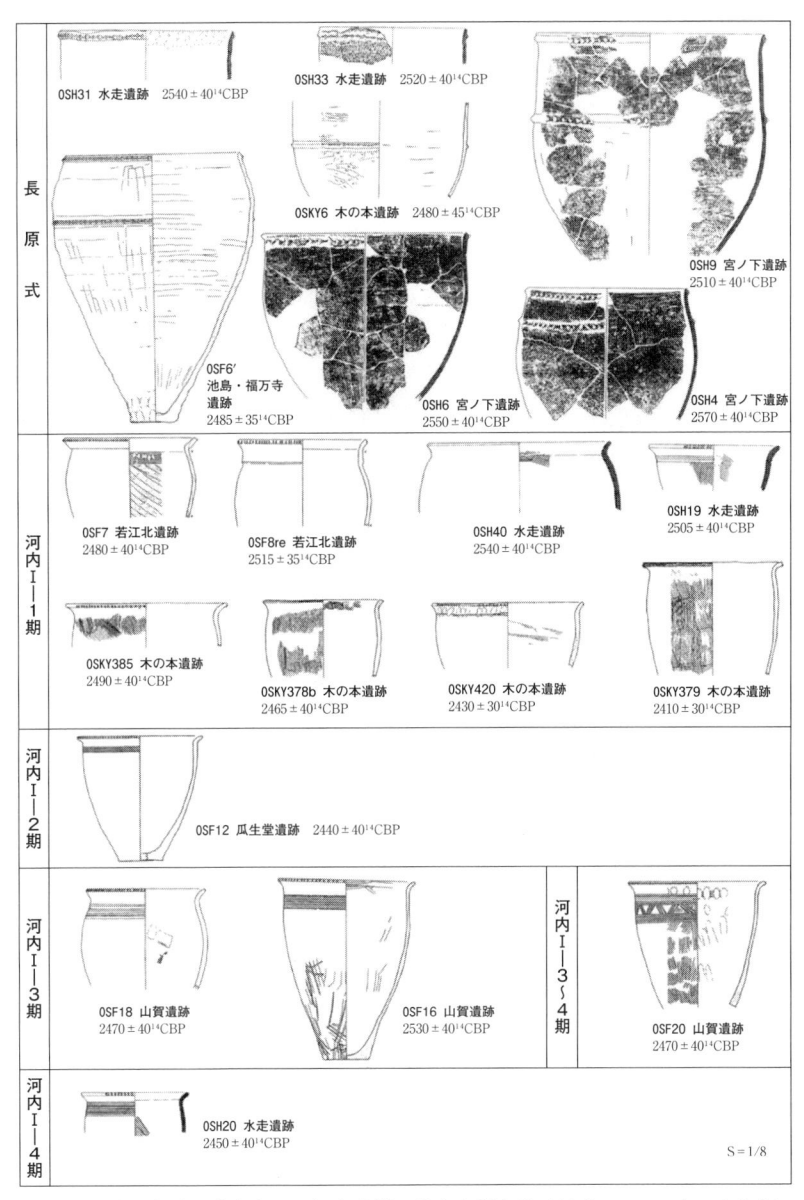

図41　炭素14年代測定を行った縄文晩期〜弥生中期土器〔〔小林ほか 2008〕より転載〕
河内Ⅰ-1期に位置づけられている水走遺跡出土 OSH40と同19は，Ⅰ期中段階の遠賀川系土器と同じ層から出土していることから，時期比定に問題がある．

2　大阪湾沿岸地域における弥生稲作民と園耕民の住み分け　　115

最近では水走式と遠賀川系土器の共伴自体を再検討する動きもあるようだが，ここでは小林・春成・秋山論文にしたがって，長原式を長原式古と長原式新に分け炭素14年代を測る。また最古式の遠賀川系甕の炭素14年代値も測り，両者の間で炭素14年代値の比較検討を行う。まず，長原式古と長原式新の型式学的特徴を説明する。

〈長原式古（図41）〉

a　東大阪市宮ノ下遺跡1次

図41-OSH6　口縁端部からわずかに下がった位置に突帯を貼り付けD字刻目を施文する。胴部が湾曲する屈曲型一条甕である。OSH9は口縁部がわずかに外反する屈曲型二条甕で，胴部中位で大きく湾曲する。D字刻目を施文する。

b　東大阪市水走遺跡8次

OSH31　口縁部破片なので器形は不明。口縁端部に接して突帯を貼り付け，D字刻目を施文する。

OSH33　口径が小さいので，砲弾型一条甕の可能性がある。口縁端部から突帯幅1つ分ほど下がったところに突帯を貼り付ける。

〈長原式新〉

a　八尾市木の本遺跡

OSKY6　Ⅰ期の流路から多数の遠賀川系土器とともに出土したものである。屈曲型二条甕系で，口縁部が欠けているため，口縁部突帯の貼り付け位置は不明だが，胴部突帯には刻目が施文されないことや，胴部の湾曲がなくなっていることから，長原式のなかでも新しい特徴をもっているといえよう。混在して出土した遠賀川系甕は河内Ⅰ-1期に比定されているが，若江北遺跡や水走遺跡の遠賀川系甕より，時期的にも器形的にも新しく位置づけられている。

b　八尾市池島・福万寺遺跡

OSF6′は同遺跡第14-2層上から出土したもので，屈曲型二条甕系である。胴部の屈曲はなくなり，口縁部が大きく内湾するもので，有明海沿岸の遺跡にみられる屈曲甕と同じ形態をもつ。器形的にはかなり新しい。

以上のように器形に湾曲を強く残し，口縁端部から下がった位置に突帯を貼り付けて，D字刻目を施文する長原式古と，器形の湾曲が弱まり，小ぶりの刻目を突帯上に施文する長原式新という区分ができることがわかった。いまだ

個体数が少ないため統計的に処理することはできないが，若江北・水走と，木の本のように，遺跡間で新古の差もみられるようなので，この基準にしたがって，長原式古・新の炭素14年代値について考えてみよう。
〈最古式の遠賀川系甕（OSF7，OSF8re）〉
若江北遺跡出土の2点は口縁部が外反するので一見，遠賀川系甕に見えるが，後で述べるように胴部上位に突帯文系甕に特徴的な湾曲部の痕跡を残していたり，口縁端部に貼り付け突帯状の特徴を残す，いわゆる口縁下端凸状甕であったり，また胴部が異様に張って口縁部に向かってすぼまる胴部形態であったりなど，Ⅰ期古でありながらもⅠ期中段階以降の甕に特徴的な胴張りの特徴を持っている。かつて筆者が標準甕と呼んだものである〔藤尾 2003b〕。
これらはすべて長原式新の突帯文系土器，いわゆる屈曲型一条甕の器形や特徴を引いているので，河内Ⅰ-1期の遠賀川系甕が長原式新と共存していたことを示す考古学的な証拠と考えられるものである。遠賀川系甕は長原式新段階からみられるようになるので，長原式新はⅠ期でもっとも古い突帯文系土器ということになり，長原式古は近畿最後の縄文文化の土器ということになる。
では標準甕の特徴を遺跡ごとに説明する。

近畿の標準甕

各地の標準甕をみてみよう。
〈神戸市大開遺跡（図42）〉
2時期にわたって存続する環壕集落で長原式新の段階に形成される。大開遺跡には弥生化した突帯文系甕（播磨型：1・2）と，標準型の遠賀川系甕（4〜6）がある。突帯文系甕は口縁端部から突帯幅1つ分以上，下がったところに突帯を貼り付ける。下方向に強く垂れ下がる突帯に特徴があるもので播磨型と呼ばれている。さきほど設定した長原式新も将来的にⅠ期突帯文系土器の河内型といった位置づけができるのかもしれない。
標準甕は張った胴部，外傾接合による粘土帯積み上げによって口縁下の段を形作っている（4〜6）。いずれも長原式古の屈曲型一条甕の技術伝統上にあるもので，新段階における環壕集落の形成と同時に標準甕の製作が始まったと考えている。

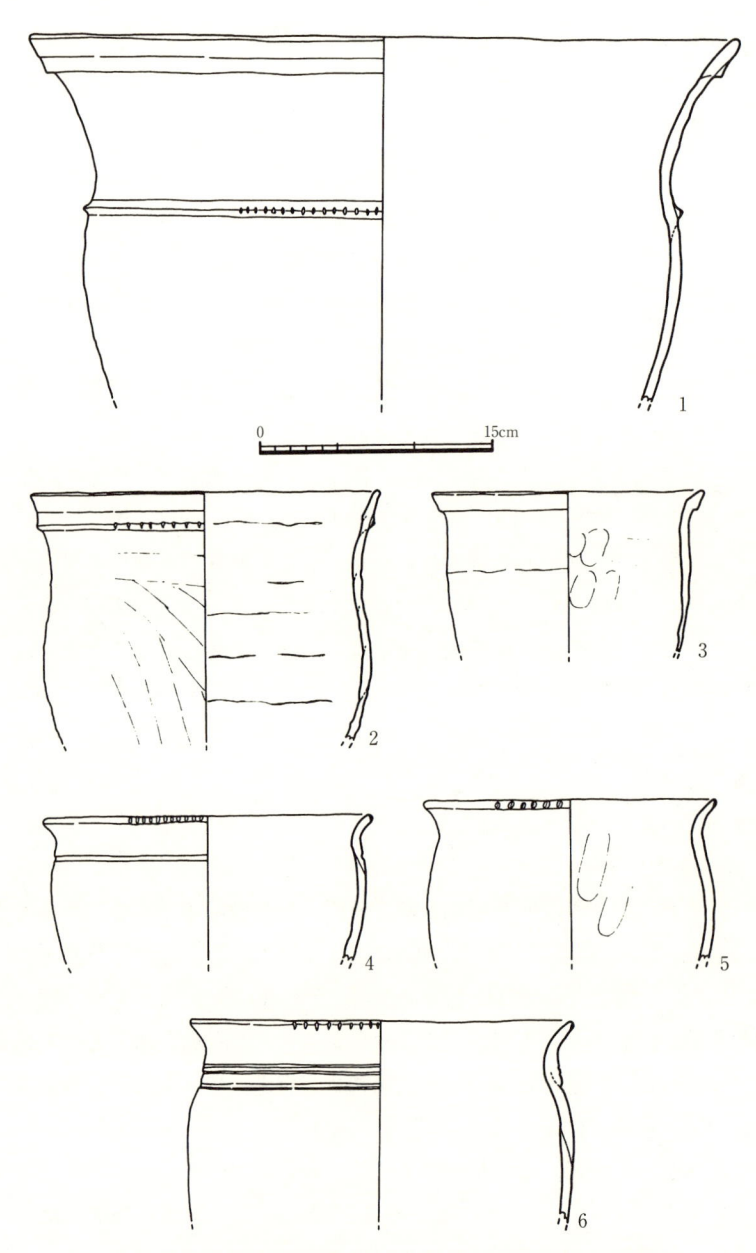

図42　神戸市大開遺跡出土長原式新併行の突帯文系甕と標準甕
（〔藤尾編　2001〕より）

118　Ⅱ　弥生稲作の開始と拡散

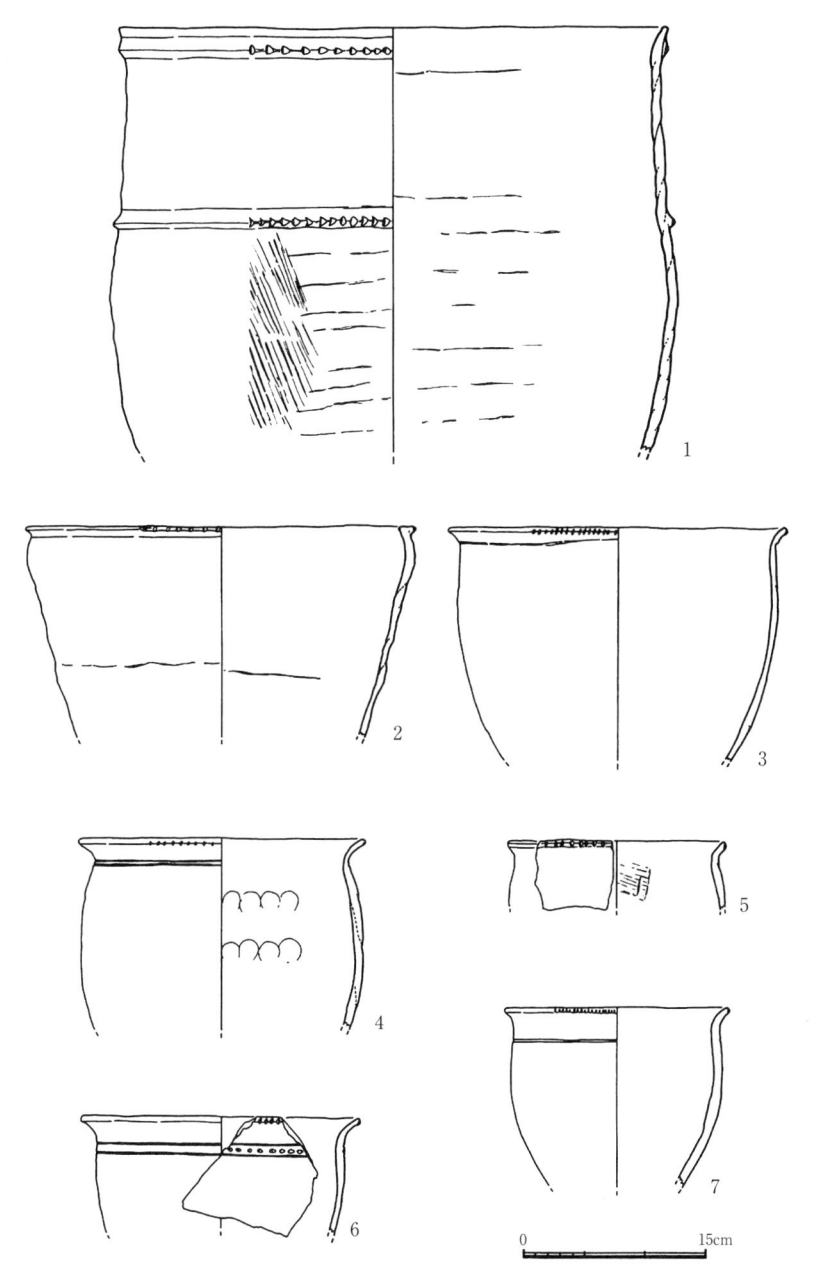

図43　東大阪市水走遺跡出土の突帯文系甕と遠賀川系甕（〔藤尾編 2001〕より）

2　大阪湾沿岸地域における弥生稲作民と園耕民の住み分け　　119

長原遺跡にはこうした標準甕製作の動きは見られない。
〈東大阪市水走遺跡（図43）〉
1が長原式に後続する突帯文系甕の水走式と考えられている土器である。少し外反させた口縁端部、胴部から頸部への傾斜変換点に貼り付けた胴部突帯、木口刻目に特徴がある。図41のOSF6′（池島・福万寺）に比べると弥生化しているとはいえず、どちらかといえば長原式古に近いのかも知れないという印象をぬぐえない。2は口縁部突帯の上面が平坦化して、九州北部の亀ノ甲Ⅱ式のような形状をなす甕で、OSF6′と同様、完全に弥生化が終了している。一方、標準甕は、器形、口縁端部の作りと刻目の付け方、口縁下の段の作り方に、突帯文土器を母体に外反口縁甕へと転換していく過程をみることができる。大きく張る胴部から口縁部の付け根で大きく締まり、外反する口縁部という形は、屈曲型突帯文甕の特徴である（4・5）。口縁端部の作りや刻目の付け方には、突帯文土器の刻目突帯文にみられる特徴を認めることができる。「口縁下端凸状甕のように口縁内面につけられた凹み状の窪みこそみられないものの、口縁部の面取りをおこなわないために凸状になった口縁端部の、下端の角を中心に刻目をつけるため、見た目は全面刻目ではなく下端刻目に見える点は、（中略）口縁端部に接して突帯を貼り付け、突帯文に刻目を付けた突帯文甕と外見的によく似ている」〔藤尾 2003b：58頁〕。器面調整に遠賀川系甕の特徴である刷毛目が使われることは基本的にない。

それに対して木の本遺跡の標準甕に、胴部上位がすぼまる形をもつものはそれほどなく、口縁下の胴部径が、胴部最大径とほぼ一致しており、Ⅰ-2期の遠賀川系甕の基本的な胴部形態となっていく（図41河内Ⅰ-1期のOSKY378b、OSKY379）。

以上のように水走遺跡でも、大開遺跡でみたように、突帯文甕自体の弥生化（2）と、標準甕（3〜5）製作という2つの弥生化の動きをみることができた。
〈東大阪市若江北遺跡（図44）〉
屈曲型一条甕の系譜を引いたと考えられる標準甕だが、4を除いて胴部に屈曲の痕跡はみられない。丸みを帯びた器形をもつ胴部に外傾接合で粘土帯を一段積むことによって口縁部を形成する（1〜3・5）。このため口縁部と胴部との境界が明確化して、遠賀川系甕の体裁を整えることができる。2のように内

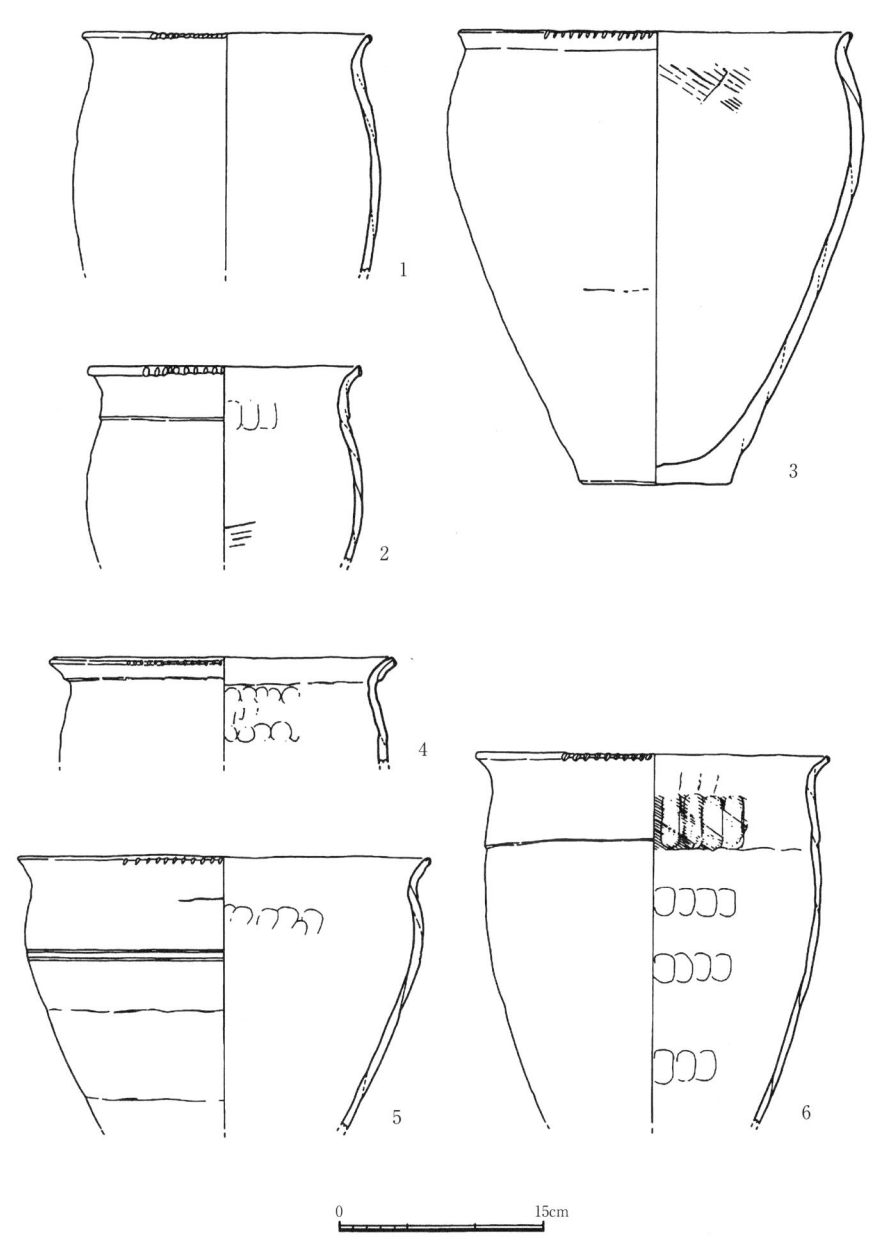

図44　東大阪市若江北遺跡出土の標準甕（〔藤尾編 2001〕より）

2　大阪湾沿岸地域における弥生稲作民と園耕民の住み分け

面に条痕調整を施した標準甕も存在する。

4は図41河内Ⅰ-1のOSF7と同じ土器である。実見したところ，胴部上位に屈曲の痕跡を残し，口縁部をくの字状に大きく外反させ，外側に粘土を貼り付けて段を整形させている。2は図41河内Ⅰ-1のOSF8reと同じ土器である。一見別個体のように見えるが，口縁下のもっともすぼまった部分を少し肥厚させて接合に伴う段を作るところからみても間違いない。

このように外傾接合で粘土帯を積み上げ，内面を条痕調整し，口縁端部形態や刻目に突帯文土器との共通性を見せる外反口縁甕が存在することを，どのように理解すればいいのだろうか。やがて河内Ⅰ-3期になると，胴が張らない器形になり，口縁部も胴部から明瞭に外反している。典型的な遠賀川系甕としてふさわしいものになる。

〈奈良県田原本町唐古・鍵遺跡（図45）〉

1は本遺跡最古の突帯文系甕で，長原式古に後出する長原式新段階の土器で，遠賀川系甕と混在して出土した。口縁部だけに突帯を貼り付けるがすでに刻目は施さない。外面はナデ調整だが刷毛目は用いない。突帯文系甕の最終形態である。2は，屈曲型一条甕系の標準甕で，半全円の刻目に，ケズリ出し状の段を口縁下にもっている。屈曲型一条甕を作る過程で積み上げた粘土帯の接合の結果，段が生じたものである。3～6になると完全に弥生化しており，5を除く3点はⅠ期中段階の典型的といえる遠賀川系甕といえる。5はいわゆる瀬戸内甕でヘラ描き沈線を少条もつ。すでに刷毛目調整が突帯文系甕にも導入されていることからも弥生化していることがわかる。4・6は標準甕から脱却して定型化した遠賀川系甕で，少条のヘラ描き沈線をもつ。これらの土器はSR201という流路から出土したもので，1が最下層，2が7層，図示はしていないがケズリ出し突帯をもつ遠賀川系甕が6層から出土しており，層位的には上下関係にある。

このように唐古・鍵遺跡では，水走遺跡と同様に突帯文系土器として弥生化していく動き（1・5）と，標準甕から遠賀川系甕へと弥生化していく（2～4・6），2つの弥生甕創造の動きが指摘できる。

〈ま と め〉

以上のように，兵庫・大阪・奈良の初期弥生遺跡のなかには，弥生甕を創造

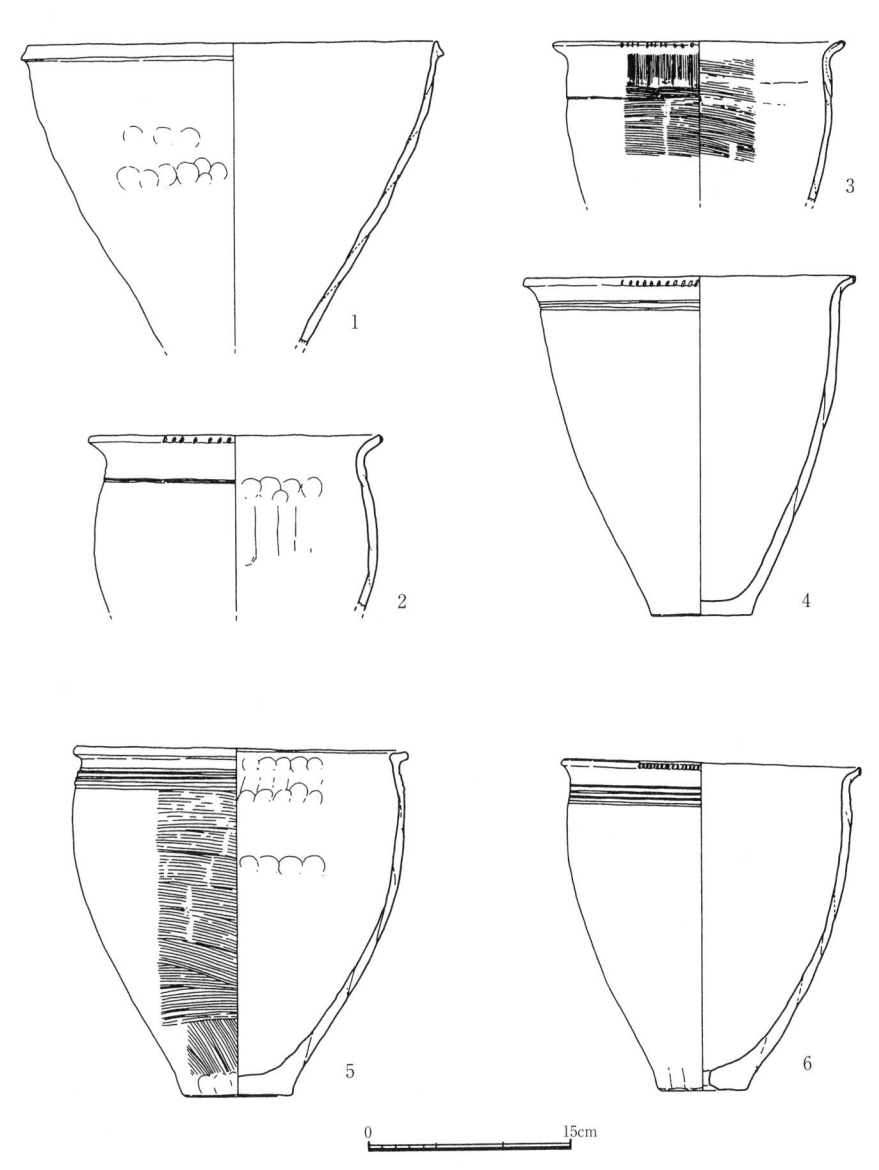

図45　奈良県唐古・鍵遺跡出土の突帯文系甕と標準甕（〔藤尾編 2001〕より）

2　大阪湾沿岸地域における弥生稲作民と園耕民の住み分け

する2つの動きがあり，長原式を使いつづけた人だけでも，または遠賀川系土器を使う人だけでも，これらを作ることはできない。人びとの出自別の比率はわからないが，両方の技術を持つ人びとがいなければできない弥生甕創造の動きである。このことからも考古学的に突帯文系甕と標準甕が同時に存在していたことは明らかだと考えられる。それでは実際に，長原式新と遠賀川系土器Ⅰ期古の炭素14年代値を比較してみよう。

3　炭素14年代の導入

(1) 炭素14年代値

　小林・春成・秋山論文から，当該期の炭素14年代値（表5）を拾ってみる。図46は長原式古，長原式新，遠賀川系甕の炭素14年代値を実測図とともに表示したものである。手続きとしては，それぞれの炭素14年代値の中心値をIntCal04上にプロットすれば，各型式の存続幅が出るわけだが，ことはそう簡単ではない。どれも2500 ^{14}C BPから2400 ^{14}C BPが中心で，ほとんど新旧の差がみられないことがわかる。つまり近畿の弥生Ⅰ期が基本的に炭素14年代の2400年問題にかかっていることを意味する。この時期，前700年頃から前400年頃まで，較正曲線は2400 ^{14}C BPから2500 ^{14}C BPの間に横たわっている。すなわち，河内Ⅰ-4期を除く，すべてのⅠ期の土器型式がこの範囲に入ってしまうため，型式ごとの炭素14年代値を絞り込むことがきわめて難しいのである。

　そこで用いるのが，福岡平野でも用いた土器型式を用いたウィグルマッチ法と呼ばれる方法である。この方法の詳細は筆者の論文〔藤尾 2007a〕を読んでいただくことにして，ここでは具体的な操作法について説明する。ウィグルとは凹凸のことで，もともとは年輪年代を測ることができない樹種の炭素14年代を測って較正暦年代を確率的に求めるための方法で，それを土器に準用したものである。

　まず，2400年問題の直前と直後にくることが確実な土器型式を押さえる。近畿の場合は，口酒井・船橋式が直前に，Ⅰ期新段階（河内Ⅰ-4期）が直後にく

表5　近畿地方の縄文晩期〜弥生中期初頭の実年代

遺　　跡	試料番号	土器型式	炭素14年代(BP)	暦年較正年代(確率)	備　考
伊丹市口酒井	HYIT01	口酒井・船橋式	2530±30	795〜540cal BC(95.4%)	列1
伊丹市口酒井	HYIT02b	口酒井	2580±40	820〜545cal BC(95.4%)	
伊丹市口酒井	HYIT04	口酒井・船橋式	2610±40	845〜750cal BC(85.8%)	
茨木市牟礼	OSBR1	口酒井式	2595±35	830〜750cal BC(84.2%)	
茨木市牟礼	OSBR3	突帯文	2555±35	800〜545cal BC(95.4%)	
茨木市牟礼	OSBR2	Ⅰ	2495±35	785〜505cal BC(92.8%)	
高槻市安満	OSTK2	Ⅰ期中段階	2440±40	750〜405cal BC(95.4%)	漆
尼崎市東武庫	HYMU24a	Ⅰ期新段階	2540±30	795〜545cal BC(95.4%)	
神戸市本山	HYKB03a	突帯文	2510±40	795〜510cal BC(94.1%)	
神戸市本山	HYKB03b	突帯文	2505±40	790〜505cal BC(93.1%)	
神戸市本山	HYKB07	長原式	2495±40	780〜505cal BC(95.4%)	
神戸市本山	HYKB10	長原式	2490±40	780〜495cal BC(89.1%)	
神戸市本山	HYKB05b	Ⅰ・古	2505±40	790〜510cal BC(92.8%)	
神戸市本山	HYKB06a	Ⅰ・古	2540±40	800〜540cal BC(95.5%)	
神戸市本山	HYKB06b	Ⅰ・古	2480±40	770〜480cal BC(95.5%)	
神戸市本山	HYKB15	Ⅰ・古	2470±40	765〜410cal BC(95.4%)	
神戸市戎町	HYKB31b	Ⅰ・新	2395±40	745〜390cal BC(95.5%)	
神戸市玉津田中	HYMU3	突帯文	2500±30	780〜515cal BC(95.4%)	
神戸市玉津田中	HYMU12b	Ⅱ	2240±60	400〜165cal BC(95.4%)	
東大阪市宮ノ下	OSH4	長原式	2570±40	810〜545cal BC(95.4%)	
東大阪市宮ノ下	OSH05	船橋式	2620±40	850〜755cal BC(88.3%)	
東大阪市宮ノ下	OSH06	長原式	2550±40	845〜540cal BC(95.5%)	
東大阪市宮ノ下	OSH09	長原式	2510±40	795〜510cal BC(94.1%)	
東大阪市宮ノ下	OSH13	Ⅰ	2425±35	750〜400cal BC(95.3%)	
東大阪市鬼塚	OSH15	滋賀里Ⅱ〜Ⅲ	2940±40	1270〜1015cal BC(94.5%)	
東大阪市水走	OSH31	長原式	2540±40	800〜540cal BC(95.5%)	
東大阪市水走	OSH33	長原式	2520±40	795〜515cal BC(95.4%)	
東大阪市水走	OSH40	Ⅰ・中	2540±40	800〜540cal BC(95.4%)	
東大阪市水走	OSH19	Ⅰ・中	2505±40	790〜505cal BC(95.5%)	
東大阪市水走	OSH20	Ⅰ・新	2540±40	755〜405cal BC(95.4%)	
東大阪市瓜生堂	OSF12	Ⅰ・中〜新	2440±40	760〜400cal BC(84.9%)	
東大阪市若江北	OSF8	Ⅰ・古	2515±35	795〜535cal BC(91.7%)	
東大阪市若江北	OSF7	Ⅰ・古	2480±40	775〜480cal BC(85.1%)	
八尾市・東大阪市池島・福万寺	OSF6	長原式新	2485±35	780〜500cal BC(86.0%)	
八尾市木の本	OSKY6	長原式	2480±45	770〜480cal BC(86.0%)	
八尾市木の本	OSKY26	Ⅰ・古	2490±40	780〜495cal BC(89.1%)	
八尾市木の本	OSKY378b	Ⅰ・古	2465±40	760〜410cal BC(95.4%)	
八尾市木の本	OSKY420	Ⅰ・古	2430±40	750〜400cal BC(95.4%)	
八尾市木の本	OSKY379	Ⅰ・古	2410±30	740〜400cal BC(95.5%)	
東大阪市山賀	OSF16	Ⅰ・中〜新	2530±40	795〜535cal BC(91.7%)	
東大阪市山賀	OSF20b	Ⅰ・中〜新	2470±40	760〜475cal BC(80.8%)	
東大阪市山賀	OSF18	Ⅰ・中〜新	2470±40	760〜475cal BC(80.8%)	
八尾市美園	OSF23	Ⅰ・新〜Ⅱ・古	2270±30	395〜225cal BC(88.7%)	
田原本町唐古・鍵	NRTK1	長原式新	2460±40	760〜470cal BC(62.3%)	ベータ
田原本町唐古・鍵	NRTK1	長原式新	2495±35	780〜510cal BC(90.5%)	東大

遺　　跡	試料番号	土器型式	炭素14年代(BP)	暦年較正年代(確率)	備　考
田原本町唐古・鍵	NRTK3	Ⅰ・古	2340±29	410〜360cal BC(81.4%)	
田原本町唐古・鍵	NRTK5	Ⅰ・中〜新	2470±30	760〜480cal BC(83.3%)	
田原本町唐古・鍵	NRTK41	Ⅰ	2434±30	760〜400cal BC(95.4%)	
田原本町唐古・鍵	NRTK44	Ⅰ・中	2468±30	760〜480cal BC(81.9%)	
田原本町唐古・鍵	NRTK47	Ⅰ・中〜新	2491±29	785〜515cal BC(90.5%)	
田原本町唐古・鍵	NRTK47	Ⅰ・中〜新	2490±50	785〜480cal BC(85.8%)	米, ベータ
田原本町唐古・鍵	NRTK47	Ⅰ・中〜新	2445±30	760〜400cal BC(79.1%)	米, 東大
田原本町唐古・鍵	NRTK48	Ⅰ・新	2432±29	755〜400cal BC(79.1%)	
田原本町唐古・鍵	NRTK49	Ⅰ・新	2336±29	410〜360cal BC(84.2%)	
田原本町唐古・鍵	NRTK8	Ⅱ	2245±35	390〜200cal BC(94.7%)	
田原本町唐古・鍵	NRTK6	Ⅱ	2260±40	395〜200cal BC(94.8%)	ベータ
田原本町唐古・鍵	NRTK6	Ⅱ	2240±30	390〜200cal BC(94.8%)	東大

註　備考欄の米は炭化米, 他は土器付着炭化物を測定. ベータはベータ・アナリティック社, 東大は東京大学タンデム加速器研究施設で同じ試料を測定.〔小林ほか 2008〕より.

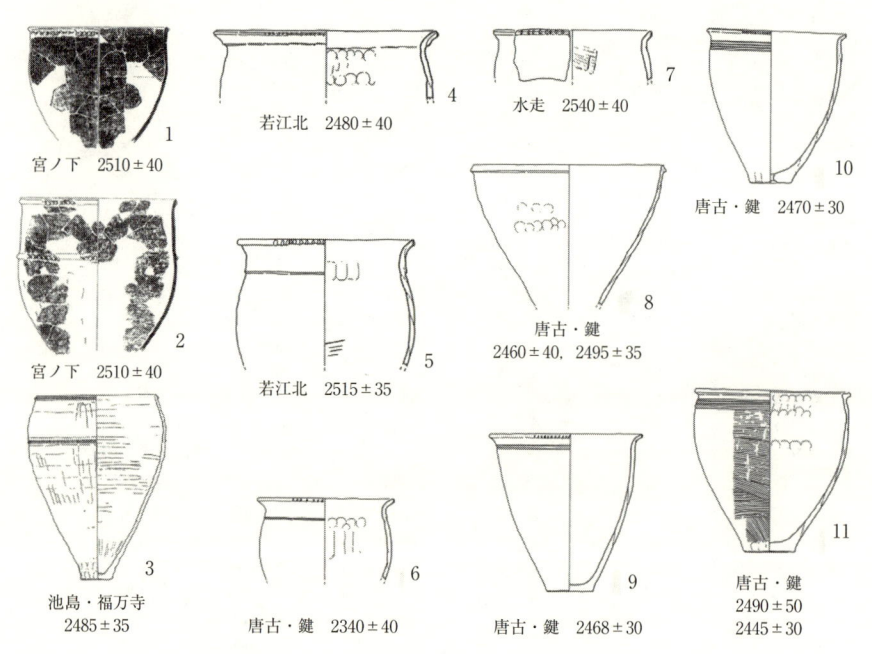

1 宮ノ下 2510±40
2 宮ノ下 2510±40
3 池島・福万寺 2485±35
4 若江北 2480±40
5 若江北 2515±35
6 唐古・鍵 2340±40
7 水走 2540±40
8 唐古・鍵 2460±40, 2495±35
9 唐古・鍵 2468±30
10 唐古・鍵 2470±30
11 唐古・鍵 2490±50 2445±30

図46　炭素14年代測定を行った突帯文・突帯文系甕, 標準甕, 遠賀川系甕
　　　1・2 長原式古, 3・8 長原式新, 4〜6 Ⅰ期古, 7・9〜11 Ⅰ期中.

ることがわかっている。すると長原式古からⅠ期中段階までの土器型式が2400年問題のなかに入ってくることがわかる。

　つまり図に示した土器はすべてが2400年問題のなかに収まってしまうのである。あとはこれを順番に並べていけばいいのだが，間隔つまり存続幅はわからないので，正確な位置に落とすことはできない。かろうじて長原式古が2400年問題の左寄り，Ⅰ期中段階が右寄り，長原式新とⅠ期古段階が真ん中付近だろうといえるぐらいである。3つの土器型式が約300年の間に収まることになるが，3つの土器型式の存続幅が同じである保証もないので，やはり精確にプロットすることは難しい。だが手がかりはあるので紹介する。

　まず長原式古だが，宮ノ下 OSH06：2550 ^{14}C BP，宮ノ下 OSH09：2510 ^{14}C BP など，2500 ^{14}C BP 台後半を示す値を，較正曲線の2400年問題の左寄りの部分で探すと（図47），だいたい前700年から前600年付近に存在することがわかる。特に2550 ^{14}C BP は前8世紀を除くと，この期間にしかみられない。逆に2500 ^{14}C BP はⅠ期古段階にはみられるが，中段階にはみられないので，2500 ^{14}C BP 後半は2400年問題の左寄りの部分に集まってくると考えてよいだろう。

　次に長原式新だが，炭素14年代値でみると2495 ^{14}C BP，2485 ^{14}C BP，2460 ^{14}C BP 前後にある。較正暦年代は前700年〜前6世紀中頃以前にもっとも集中している。

　Ⅰ期古に比定された遠賀川系甕の炭素14年代値は，2540〜2480 ^{14}C BP で，2500 ^{14}C BP を挟んで前後30年ぐらいに集中していることがわかる。このことからも長原式新とⅠ期古の遠賀川系甕がほぼ同じ炭素14年代値をもつことがわかるのである。較正暦年代では同じく前6世紀前半付近に分布の中心をおくものと考えられる[17]。

　Ⅰ期中段階になると，2400 ^{14}C BP 前半付近の値を示し始めるため，較正暦年代では前550年頃以降と推測できる。

　以上のように，2400年問題に相当する長原式古，長原式新とⅠ期古，Ⅰ期中は，それぞれ，前7世紀，前6世紀前半，前550年前後に中心値をもつ土器型式と指摘できる。これが土器型式を用いたウィグルマッチ法の実践例である。土器型式ごとの存続幅を統計的に求めることはできないけれども，きわめてお

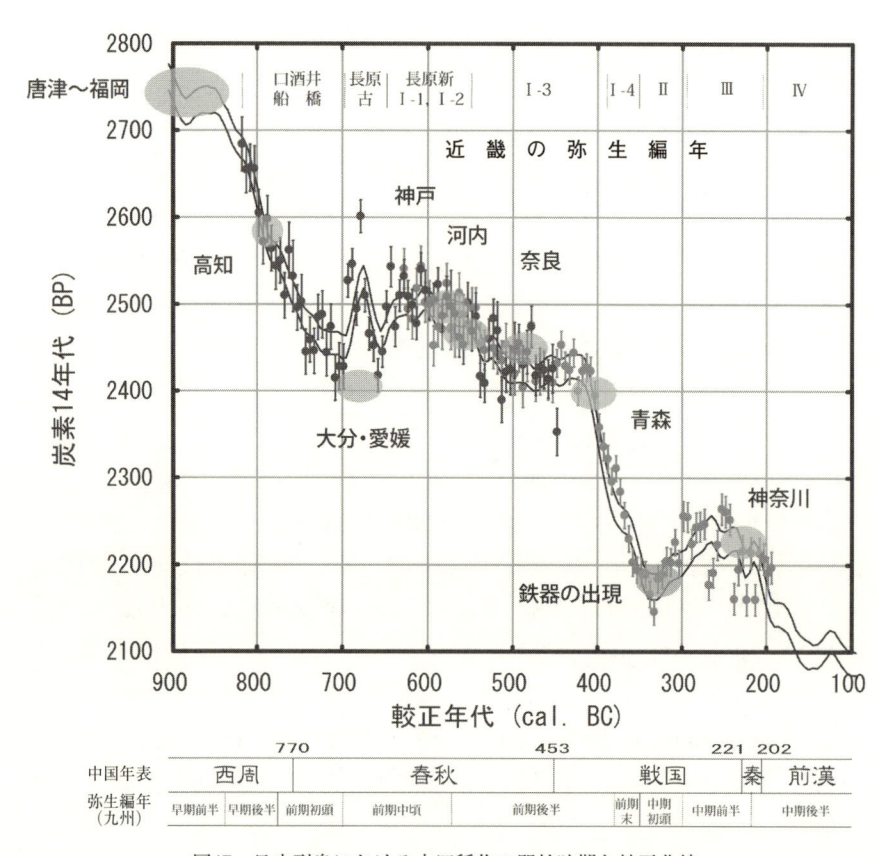

図47 日本列島における水田稲作の開始時期と較正曲線
図中のドットは年輪年代のわかっている日本の木の炭素14年代測定値.

おおざっぱだが，長原式古は約50年，長原式新とⅠ期古段階は約100年，Ⅰ期中段階は150年ぐらいつづいたと考えることができる。

したがって，長原式新とⅠ期古の遠賀川系甕は3世代から5世代ぐらいは共存していたことになり，これまでの常識を大幅に上回って，長期間，併存していたと推測される。

この年代をもとに近畿に弥生稲作が入ってくる時期の状況を地域ごとにみてみようと思う。

(2) 近畿各地における弥生稲作の開始

　弥生稲作は前7世紀後半の神戸市本山遺跡に始まる。本山遺跡から出土した長原式新やⅠ期古段階の甕の炭素14年代は，2500 ^{14}C BP台半ばから後半を示し，近畿ではもっとも古い段階に位置づけられる。古河内潟沿岸に到達するのは前6世紀に入ってからである。若江北遺跡や水走遺跡のⅠ古甕の炭素14年代が2500 ^{14}C BPを挟んだ前後30年に集中するからである。神戸地域とは約50年の開きが認められる。

　奈良盆地に入るのは，前550年前後でさらに遅れる。唐古・鍵遺跡第66次調査の流路最下層から出土した長原式新の炭素14年代値は，2400 ^{14}C BP台に入っているところからも推測できる。

(3) 大阪湾沿岸地域における弥生稲作開始期の特質

　これまでの検討によって，長原式新の土器と，Ⅰ期古（河内Ⅰ-1）の遠賀川系甕を使用する人びとが同時に存在し，相互に交流していたこと。その期間は実に100年から150年にも及んでいたと推定してきた。九州北部玄界灘沿岸地域で弥生稲作が始まってから300年以上経過したあと，古河内潟沿いのムラムラでは150年近くも，2つの系譜の異なる土器を使いつづけた人びとがいた。このことをどのように解釈すればいいのであろうか。福岡・早良平野同様に北西ヨーロッパ先史時代のモデルであるフロンティア理論を用いて考えてみたい。

　フロンティア理論と大阪湾岸地域のケースはどのような関わりをもつのであろうか。フロンティアモデルは，農耕民と接触する以前の採集狩猟民の生業に農耕が含まれているかどうか，次に農耕民と接触して採集狩猟民が農業を始めるまでの対応，そして最後が農耕を始めたあとの採集狩猟民の動向の3つのあり方によってモデルが決まった。したがって大阪平野を舞台に考える場合もこの3点に留意しながら考えてみたい。

長原式古以前の生業（弥生稲作民と接触する以前の人びとの生業）
　コメは長原式以前の口酒井式の段階に伝わっていたことが籾痕土器の存在からわかる。しかもこの時期，夜臼系の壺の出現，砲弾型一条甕の出現，深鉢底

部の平底化など，九州西部の夜臼Ⅱ式に伴う弥生稲作文化の情報を断片的に認めることができる。口酒井式には石庖丁が伴っているので，弥生稲作が存在していたとしてもおかしくはない状況をみせる。弥生稲作とまでいわないにしても，昨今の研究状況をみれば，縄文晩期，少なくとも九州北部以外の突帯文土器単純段階に農耕が行われていた可能性は否定できない。したがって，農耕民が入ってくる以前に，採集狩猟民が農耕を知っていた，もしくは行っていたと考えることは可能である。弥生稲作民と出会う以前に園耕民として経験を積んでいたことになる。

弥生稲作民が入ってきてから園耕民が弥生稲作を始めるまでの対応

長原式新段階になると，基本的に突帯文系土器だけを出土する遺跡は見つかってなく，知られているのは両方の土器が混在して見つかる遺跡ばかりである。しかも両系統の土器の間には技法の共通性がみられることから，この段階の約100年間は内容はともあれ弥生稲作を行っているようである。ただし一斉に始めたのかどうか，少しずつ増えていったのかどうかは，現状では調べようがない。炭素14年代でわかるのは，あくまでも100～150年間の累積の結果でしかない。

弥生稲作を始めたあとの園耕民の動向

少なくともⅠ-4期（Ⅰ期末）の前4世紀前半には，園耕民単独のムラが存在したことを示す遺跡や遺物はみられない。Ⅰ-3期（Ⅰ期中段階）の前6世紀中頃には，ケズリ出し突帯をもつ遠賀川系甕をもつ集団もあらわれるので，この時期から採集狩猟民系の存在が希薄化し始める。また後述するように灌漑施設をもつ定型化した水田もこの時期からみられるようになるので，弥生稲作民に系譜が求められる文化的要素だけが目立つようになる。

こうした背景には次のような解釈が役に立つ。園耕民が農業という生産手段を採用するということは，農耕民と同じ土俵のうえに立って競争関係にはいることを意味する。この時点で水や土地は戦略的な対象となり，やがては水や土地の確保が人口増に伴う新たな可耕地の獲得の上で争いの主要な要因となってくる。そしてこの競争は最終的に経験が豊富で技術に長けた農耕民に有利な展開となり，やがては園耕民は農耕民に吸収・統合されていく〔Zvelevil & Rowley-

Conwy 1984〕。

　大阪湾沿岸地域の事例にもっとも近いのは、はいってきた農耕民の数が採集狩猟民より少なく、はいってきてすぐに交流が始まる点で共通する機動的フロンティア浸透型同化・融合パターンであったが、弥生稲作民は入ってきた当初にコロニーをつくる点など、未確認の部分をまだ含んでいる。含んではいるものの、このモデルを参考に大阪湾沿岸地域に当てはまる集団関係論について考えてみたい。

　(4)　100年間の意味

　突帯文系甕（長原式新）と遠賀川系甕（Ⅰ-1古）が共存する約100年間の状況を、具体的にものがたる考古学的事実はあるだろうか。
　水田構造と集落構造から大阪平野の初期弥生文化の様相を復元することができる。Ⅰ期古段階の竪穴住居が見つかっていない大阪平野で、定型化した住居が見つかるようになるのは中段階からなので、若林邦彦は、Ⅰ期古段階の大阪平野では遊動的な生活が送られていたと考えている〔若林 2002〕。
　若林によると、長原式古（若林は長原式期と表現）段階は、縄文後期以来の居住システムが継続中で、沖積地・扇状地・段丘・丘陵へと短期間で居を移す季節性の移動が行われていたと考える。しかしⅠ期前葉（本章の長原式新・Ⅰ-1-古併行期）になると、水田経営に傾斜していったことを示すかのように、三角州堆積領域に遺跡がつくられる比率が高まるという。これこそ居住域が近距離移動する状況を示す証拠だが、環壕の存在などから季節性の移動は否定されている。若林は可耕地を求めて居住域や生産域を細かく移動させていった結果とみる。
　Ⅰ期後半（中段階）になると、山賀遺跡や亀井遺跡のように核となる集落・居住域が形成されはじめ、固定型集落が出現。周囲の移動型居住域とあわせて、小地域社会が形成されるとみる。
　このような集落動態と連動してくるのが、水田経営の実態やサヌカイト製石器・石材の変化である。Ⅰ期前葉には最適地を求めた小規模な水田域が分節的に形成されていたが、中段階になると、山賀遺跡や志紀遺跡など、大規模水路を用いる灌漑システムをもつ水田が存在している（図48）。

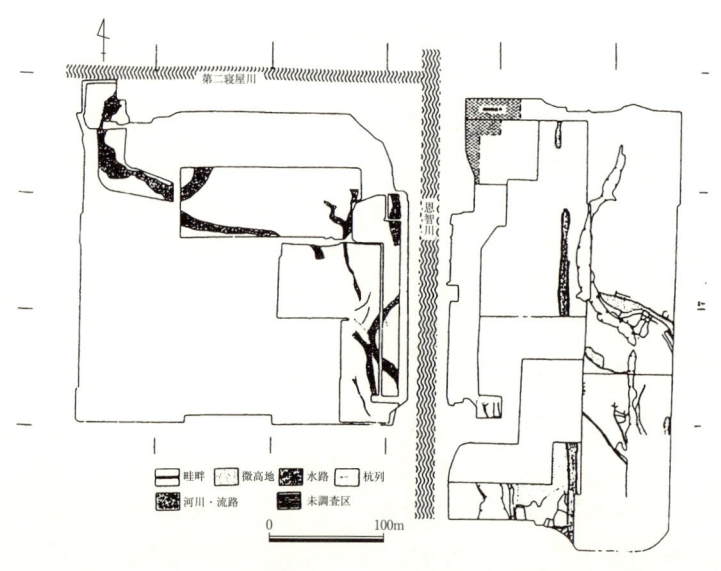

図48　池島・福万寺遺跡の水田（弥生Ⅰ期）〔〔若林 2002〕より転載）

　Ⅰ期古段階の石器には大陸系磨製石器が少なく，サヌカイト製の刃器類が目立つが，後半になると大陸系磨製石器が増加し始める。水田経営の本格化に伴って，大量の杭や矢板の製作に使用された結果と考えられる。このような石器組成の変化に連動するように，Ⅰ期古段階にみられた金山産サヌカイトの高比率状態も終息に向かい，後半（様相3）には地元の二上山産サヌカイトが盛り返してくる。

　このような考古学的事実を先のフロンティア理論と関連づけると以下のようになる。規模や数は不明だが，弥生稲作民が古河内潟周辺にやってくる。彼らは在来の突帯文土器を使う人びと，具体的には長原式新を使う人びとと無関係に根づくのではなく，在来のフロンティアを介して，ともに弥生稲作を営み始める。

　しかしそのあり方は福岡平野の板付遺跡や野多目遺跡のように，大区画水田を造成するわけでも，環壕集落を造るわけでもなかった。わずかな人数で小さな面積の水田を耕し，流動的な生活を送ることであった（図49）。土器は突帯文土器（長原式古）が弥生化した突帯文系甕（長原式新）と，屈曲型一条甕を母体に口縁部を外反させ，遠賀川系甕に近づけて作られた標準甕である。もち

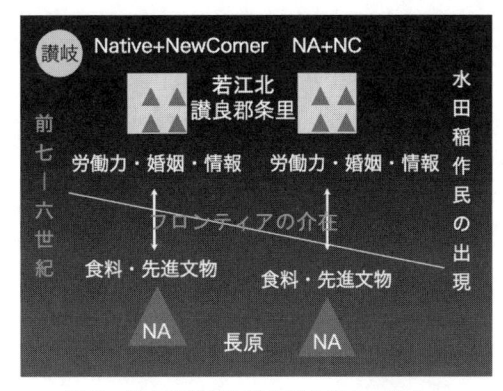

図49　縄文園耕民と弥生稲作民との出会い
　　　（前7～前6世紀）

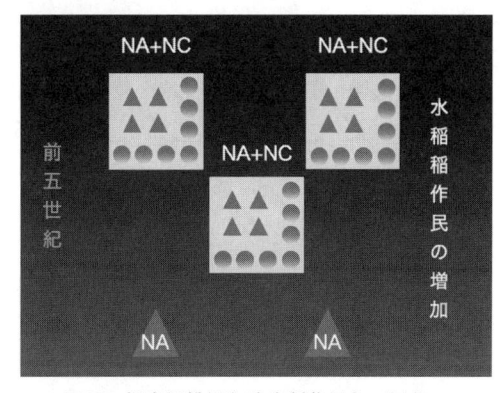

図50　縄文園耕民と弥生稲作民との同化・
　　　融合の進行（前5世紀）

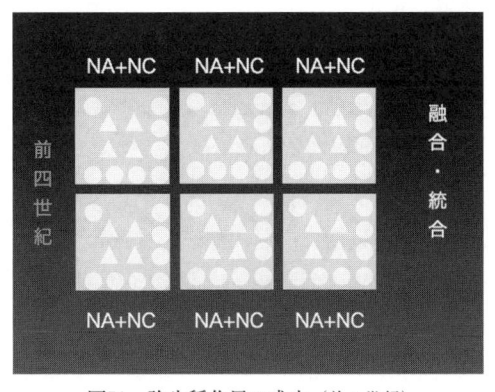

図51　弥生稲作民の成立（前4世紀）

ろん，長原遺跡のように前者しか作らなかった在来民の母村的な集団も存在した。

このような状態が100年ほどつづくなかで，少しずつ長原式新を使う人びとと弥生稲作民との間の同化・融合が進んでいく（図50）。大量の農耕民の移住が認められない限り，人数的には少数者の文化に大多数の在来民が長い時間をかけて同化・融合し，弥生農耕民化していくのである（図51）。土器もケズリ出し突帯をもつ定型化した遠賀川系甕が成立し，のちの弥生中期土器の母体となっていく。

(5) ま と め

弥生稲作が始まったばかりの近畿を語るうえでさけては通れないのが，長原式土器と遠賀川系土器との関係である。これまで折衷土器と炭素14年代値を根拠に長原式新と最古式の遠賀川系土器が同時に存在したと認め，そこから何がいえるのか，大阪平野における弥生開始期の特質について述べてきた。異なる文化を背景とする人びとが，100年の長きにわたり併存した状況を，フロンティア理論の機動的フロンティア浸透型同化・融合パターンに近いという認識のもと，少数のニューカマーの文化に大多数のネイティブの文化が長い時間をかけて同化・融合していくという図式で説明した。

突帯文系土器を使う人びとと遠賀川系土器を使う人びとの違いは，次のように説明することができる。長原遺跡のように標準甕を作らず突帯文系甕だけを作りつづけるムラは，農耕を行っていても縄文農耕（園耕）の段階に留まるムラで，地元民だけから構成される。フロンティアを供給する側にたつ母村ともいえよう。

それに対して，ニューカマー単独のムラ，すなわちコロニーの存在を示すムラはいまだ確認されていない。残りは水走，若江北，田井中などの突帯文系甕と遠賀川系甕の両方が出る遺跡である。Ⅰ期前葉の長原式新・Ⅰ期古段階の土器は，弥生化した突帯文系甕と，定型化する以前の，屈曲型一条甕を祖型とする標準甕という組み合せなので，その比率まではわからないものの弥生稲作を行うネイティブと，ニューカマーから構成される集団ということになる。

そしてこの段階の弥生稲作は，定型化した灌漑施設をもつ以前の原初的な水

田で行われた小規模なものであった。近畿前期社会が確立するⅠ期中段階までの約100〜150年間は，同化・融合した若江北や水走遺跡において，近畿独自の標準甕を創造していく動きがゆっくりと進行していたのである。

おわりに

　新しい年代観のもとでは，弥生稲作が北海道と沖縄を除く日本列島の各地に広がっていくのに，従来よりも多くの時間が必要だったことの意味について考えてきた。九州北部や近畿でも，弥生稲作民がコメを作り始めてから在来の園耕民が弥生稲作を受け入れて，農耕民へ転換し，平野全体に浸透するまでには，100年から200年もかかっていたことを知った。西日本の場合，弥生稲作は50年単位ぐらいをかけて灘単位で東へ東へと広がっていくのだが，その地域全体に浸透していくには，つまり園耕民が弥生稲作民へ転換するには100年以上かかっていたのである。つまり地域単位に日本列島を東へ広がっていくスピードより，地域内に浸透するスピードの方がかなり遅かったことを意味している。かつて下條信行がリレー式の伝播と評した弥生稲作拡散の実態は，東へ東へという灘単位の拡散を意味していたことがわかる。その一方で，瀬戸内沿いに点在する平野内において，地元の園耕民たちが農耕民に転換して，ある程度安定した弥生稲作が行われるようになるには，その何倍もの時間が必要だったことを初めて明らかにした。

　日本列島で最初に弥生稲作を始めた九州北部の園耕民が，弥生稲作民に転換する場合も例外ではなかった。やはり弥生稲作を始めるまでには，縄文晩期末にコメを知ってから100年弱の時間がかかっている。その間の九州北部の園耕民が何をやっていたのか，具体的に知ることは難しいが，それを知る手がかりは第Ⅴ章で述べる東北北部の砂沢遺跡でみることにする。

註
1) 春成は先述したように，Ⅰ期の大阪平野を舞台に在来人と移住者の関係を論じたが，本章は福岡・早良平野の弥生文化成立期を扱うため，移住者は渡来人にあたる。そこで在来人，渡来人という用語を用いることにする。
2) レプリカ法によって四箇遺跡Ａ地点では縄文後期中葉（三万田式）のアズキ属種子

の圧痕が11点，見つかっている〔小畑 2011：表17〕。
3) 四箇遺跡や田村遺跡より上流のムラが，すべて同じような経過をたどったかといえばそうではない。同じく室見川の中流域にある重富遺跡にはⅠ期前半に，環壕集落があらわれるという意見もあるが，詳細はわからない〔井沢ほか 1990〕。
4) 内環壕と外環壕の間には小児甕棺から構成される2つの墓群が確認された。そのうち内環壕に近い小児甕棺群には玉類が副葬されていたのに対し，外環壕に近い小児甕棺には何も副葬されていなかった。山崎純男は，小児甕棺の位置関係と副葬品の有無との間に関連を認め，内環壕に近い小児甕棺に葬られた人びとと外環壕に近い小児甕棺に葬られた人びととの間に，階層差が生じていたと結論づけている。
5) 田崎博之が埋没水田を3分類したモデルの中の1つである。田崎は地下水位と耕土とのレベル差をもとに，地下水型，中間型，表面水型に分類している。中間型とは地下水の変動層が耕土下にあり，地下水位の影響が間接的に及ぶ水田のことである。
6) 田崎は，Ⅰ期の比恵・那珂遺跡群は，等質的な景観や規模・構造の「ムラ」の単なる集合体ではなく，景観や規模の異なる大小の「ムラ」が段丘上に散在していたと推定している〔田崎 1998：127頁〕。
7) 筆者は以前，板付・遠賀川系の甕と突帯文系の甕との組み合わせをもとに，西日本の弥生Ⅰ期甕組成を4つに分けたことがある〔藤尾 1991a・1999c〕。このうち甕組成パターンⅡとは，板付Ⅰ式古段階のみ両系統の甕が共伴するものの，それ以降は板付・遠賀川系単純の甕組成になるパターン。Ⅳとは，板付Ⅱa式併行期以降をとおして板付・遠賀川系が9割以上の組成を示すパターンである。今回の分析によって福岡平野の那珂タイプの遺跡が，甕組成パターンⅣを示すことがわかったというわけである。
8) 橋口達也氏から，福岡平野の下流域に現れた最初の農耕民は，福岡平野以西からやってきた農耕民と考えているとうかがったことがある。これは板付などより早く農耕民化した集団（曲り田遺跡）が存在し，それが東進して福岡平野に進出したことを意味する。
9) コメの初現を示す決め手と考えられていたコクゾウムシだが，縄文早期後半（吉田式）の土器に付いていたことがわかってから，その価値が下がっている〔小畑 2011〕。また誰しもが納得している最古のコメ圧痕は，島根県板屋Ⅲ遺跡の前池式（最古の突帯文土器）に着いていたものである。もちろん九州の研究者は，縄文後期後半（三万田式）まではさかのぼると考えている〔小畑ほか 2011〕。
10) 田崎は，弥生Ⅰ・Ⅱ期の福岡県津古・三沢丘陵の検討のなかで，10のムラからなる1つの小地域社会において，土器を焼いたと考えられる遺構をもつムラともたないムラが存在するという調査成果をもとに，限られたムラでのみ土器がつくられ，同じ小地域社会に属するムラに土器を供給していた可能性を指摘している。
11) 田崎教示。
12) 屈曲甕の集団差は先述したが，有田遺跡のもつ砲弾甕の胴部下半から急に底部にむかってすぼまる器形や（図30-2・5），朝顔のように口縁が外側に開く器形は，板付遺

跡との大きな集団差をあらわすものと考える。
13) Ⅰ期中頃から古墳前期までの木製農具の比率をみると，平型鍬や狭鍬などの砂礫開墾用に適した農具の比率が5％以下であることから，比較的安定した土地環境に水田が営まれたと推定されている〔田崎 1998〕。
14) 春成は大阪平野中央部の弥生集団が，生駒山麓に住む集団から完成した木器を手に入れていたという田代克己の説〔田代 1986〕を引用し，木器自身は遠賀川式土器を製作・使用する集団が作るにしても，原木の入手にあたって在来人との没交渉はあり得ないとした〔春成 1990〕。また石材も二上山のサヌカイトの入手にあたって同じ状況を想定している。本章で扱う福岡平野の早期と，春成が想定した河内のⅠ期では，地域や時期が異なり，福岡平野では在来人だけのムラが確認できないなど諸条件に違いはあるが，生活物資の現地調達という側面においては共通した状況を想定できると考えている。
15) 刺激伝播とは，アメリカの人類学者であるA.L.クローバーが提唱した伝播形態の1つである。「伝達されるのは新しい産物とかプロセスの複雑な全体あるいは創意工夫の細部ではなく，むしろアイデア，すなわちそのようなプロセスが可能だという認識，どうしたらそれが実現できるかということの理解」〔大貫良夫 1979：129頁〕〔Renfrew 1973〕だという。
16) 弥生稲作を中心とする日本列島独自の生活に適した煮炊き用土器を創り出す過程で生み出されていく甕のうち，外反口縁化することによって，板付Ⅰ式・遠賀川系甕成立への動きをする甕を指す。
17) 〔小林ほか 2008〕では，各型式の較正年代を次のように考えている。長原式古：前800～前650年，長原式新：前650～前500年，唐古・鍵遺跡の長原式新は，前5世紀まで残る。

III　弥生文化の鉄──弥生長期編年下の鉄史観

はじめに

　2004年に上梓した「弥生時代の鉄」(『国立歴史民俗博物館研究報告』)〔藤尾 2004b〕は，弥生短期編年のもとで，以下の４つの問題について論じている。
　一　鉄素材の種類
　二　鉄素材の入手ルート
　三　鉄器加工施設（鍛冶炉）
　四　鉄器製作技術（鍛冶）
このうち弥生長期編年の影響をもっとも多く受けるのが，年代観が大きく変わった中期前半以前に相当する一と二である。本章では一と二の問題を中心に論ずる。
　基本的には〔藤尾 2004b〕を弥生長期編年にしたがい，新たに派生する問題などは，章をたて，全体を以下のような構成とした。
　1　鉄と出会った日本列島の人びと（新稿）
　2　鉄素材の種類（旧稿一，二）
　3　弥生人の鉄器製作（旧稿三，四）
　4　弥生製錬はあったのか（旧稿五）
　5　鉄をめぐる古墳時代成立論（新稿）
　おわりに

1　鉄と出会った日本列島の人びと

(1)　金属器との出会い──鉄製工具との出会い

　写真３に示した鉄器は，鋳造鉄斧を素材に熱処理（いわゆる鍛冶）を加えず

に作られたもので，野島永が鋳造鉄斧再利用説〔野島1992〕と呼ぶものである。野島は破損して使えなくなった鋳造鉄斧を打ち割り，擦り切りや研ぎなどの磨製石器製作特有の技術を駆使して，鑿や鉇，切り出しナイフなどの鉄器を作ったと考えている（第3節で詳細を述べる）。

このような鉄器を作った工房は，90年代終わりの段階で前4世紀の佐賀県吉野ヶ里遺跡をもっとも古い例として，九州北部から中国地方にいたる地域で52遺跡見つかっていた〔大澤1998〕。この段階の鉄器は，木製容器を作る際に石製工具の補完的役割を果たしていたと考えられているため，この程度の小鉄器で十分であったと考えられていた[1]。

写真3　大久保遺跡出土鉄製品（前4世紀）
（愛媛県埋蔵文化財センター所蔵，藤尾撮影）

素材となった鋳造鉄斧は，炭素量の高い鋳鉄の一種で可鍛鋳鉄と呼ばれている。鋳込み白鋳鉄製品を900～980℃の温度で脱炭，焼き直しを行うことで，白鋳鉄の硬くて脆いという欠点を補ったもので，前5世紀頃に中国東北部にあった燕という国で生産されたと考えられている〔大澤2004〕。弥生前期から後期まで出土例があり，九州北部を中心に中国，近畿，関東で出土している。1982年，大澤正己が大阪府鬼虎川遺跡で出土した鉄鑿状鉄器の金属学的調査によって初めて確認した〔大澤1982〕。

弥生短期編年下で最古の鉄器と位置づけられていた福岡県糸島市曲り田遺跡の板状鉄製品や熊本県玉名市斎藤山遺跡の鉄斧片も，現在では可鍛鋳鉄と考えられている[2]。

斎藤山遺跡の鉄斧は，当初，明治大学工学部の川口寅之輔によるスペクトル分析の結果，鍛造品と報告され，中国南方系の鉄と考えられたこともあって，

弥生文化には当初から北方系の鋳鉄と南方系の鍛鉄がともに存在したと考えられた時期もあった〔近藤 1962〕。しかし現在では鋳鉄が前4世紀にまず出現して，鍛鉄は100年ほど遅れて出現したと考えられるようになっている。

(2) 本格的な出会い以前

弥生人は，鉄器と出会う400年ほど前の前8世紀末（弥生前期前葉）に青銅器と出会っていた。福岡県津福市今川遺跡から出土した遼寧式銅剣を加工した青銅製の鑿こそ，弥生文化でもっとも古い金属器である（図52）。しかしわずか1点しかなく，しかもその後，400年ものあいだ金属器が伴わないこともあって，本格的な出会いを前4世紀前葉（前期末）と考えたのである。ところが，ここ数年，中国東北部，燕の領域における春秋・戦国時代の金属器の研究が進むことによって，前6～前5世紀（前期後半）に，燕の金属器が日本列島に及んでいた可能性が指摘されるようになってきた〔石川岳彦 2009〕。

燕は前6世紀頃から遼寧地域への領域支配を拡大し始め，前4世紀代には韓半島の北部まで領域支配を拡大したといわれている〔石川・小林 2012〕。

この過程で西日本に入ってきたと考えられている資料がある。石川岳彦は，佐賀県唐津市鶴崎遺跡出土の銅剣は，前6世紀頃の燕山山脈地域で作られた可能性を指摘する〔石川岳彦 2009〕。また吉野ヶ里遺跡の青銅器工房から見つかった銅柄をもつ刀子と羽口を燕系とみる石川らの説〔石川・小林 2012〕もある。これらの説の今後の行方しだいでは，前期前葉（前8世紀）の今川遺跡と前期末（前4世紀）をつなぐ資料となるだけに，弥生人と金属器との本格的な出会いが早まる可能性がある。

一方，中国東北部と日本列島をつなぐ韓半島南部の状況は，今のところはっきりしていない。従来の年代観では，無文土器時代後期（前300年頃）になって，鉄器が円形粘土帯土器に伴って同時に現れると考えられていた。しかし前300年という年代は，史書の記述から推定されたもので根拠に乏しく，土器との共伴関係も大別型式レベルで考えられたものなので，円形粘土帯土器と同時に鉄器が出現するといえるほど，精度の高いものではないことが指摘されている〔李昌熙 2010〕。

李昌熙は，韓半島南部で鉄器が現れるのは前400年頃であり，新しい段階の

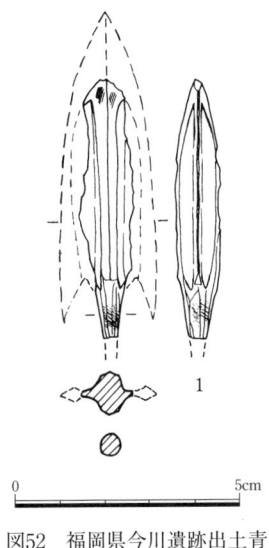

図52 福岡県今川遺跡出土青銅製品（前8世紀）
（〔酒井編 1981〕より転載）

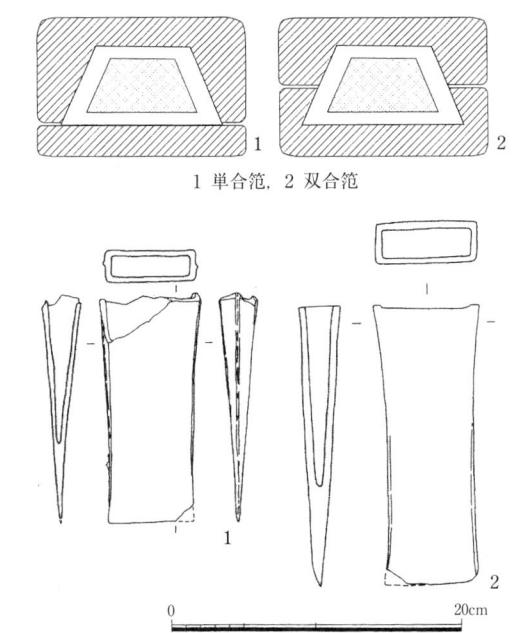

1 単合笵, 2 双合笵

1 京畿道・大成里B区, 2 全羅北道・葛洞4号墓

図53 梯子形鉄斧の鋳造用鋳型にみられる単合笵と双合笵の違い（〔村上 2008〕より転載）

円形粘土帯土器に伴うと考えている。すると日韓両地域における鉄器の出現時期に近いだけに，韓半島南部と弥生前期末の鉄器の関係が問題になってくる。つまり燕の鉄器が韓半島を経由して列島にもたらされたのか，それとも介さずに直接もたらされたのかという時期と故地の問題である。

　鉄器が燕から直接もたらされた（ストレート説）と考えるのは，野島，村上恭通，石川岳彦，小林青樹である。根拠は鋳造鉄斧の鋳型の違いによるもので，梯子形の鋳造鉄斧には，鋳型の一方のみに陰刻をもつ単号笵と，双方に陰刻をもつ双合笵がある（図53）。前者は燕の技法であり，後者は韓半島の技法である。村上によれば韓半島出土のものは，全長に対する袋部の深さが半分程度しかなく，刃先の角度も小さく薄いという特徴をもつという〔村上 2008〕。長大かつ薄形で横断面が梯子形を呈する鉄製品の鋳造に双合笵を使用することは一見不合理にみえるが，青銅斧生産の技術伝播を反映したものと考えられている。

1　鉄と出会った日本列島の人びと　　141

弥生の鋳造鉄斧は単合笵なので，韓半島南部というより燕の手法である。また現状では燕系の二条突帯斧は日本列島では多く見つかっているものの，韓半島ではまったく見つかっていないことも，ストレート説に有利に働いている。

一方，李昌熙は韓半島においては燕系のものがまだ見つかっていない可能性を考えており，将来出土する可能性を否定できない以上，ストレート説には慎重な姿勢をとっている。

(3) 弥生人と金属器の出会いの意味

現在，弥生人と金属器の出会いについては3つの考え方があり，出会った年代と時期，そして意味についてはそれぞれ大きく異なっている（表6）。

A　弥生長期編年，弥生前期説　　歴博，野島
B　弥生短期編年，縄文晩期末説　川越哲志
C　弥生短期編年，弥生早期説　　武末純一，橋口達也，村上

A説は本章の立場で，前4世紀前葉の弥生前期末に，燕系の可鍛鋳鉄と出会い，木製容器の細部加工などに細々と使用された〔藤尾 2007c〕。弥生人は，石器製作の要領で刃をつけた小鉄器を製作したという考え方である。前期末を前300年頃と考える宮本一夫や甲元眞之も基本的に本説である。

B・C説は，A説と異なり弥生短期編年下での考え方であるが，B説はいつから弥生文化とするのかという，時代区分の立場も異にする。B説では，前4世紀の縄文晩期最終末に日本列島の人びとは可鍛鋳鉄と出会い，弥生前期にかけて木製容器の細部加工などに細々と鉄器を用いていた。すなわち金属器と出会うのは弥生人ではなくて縄文人という説である。よって金属器は弥生文化だけの指標ではなくなり，弥生土器以前の縄文土器に伴って出現する。鉄器を作り始めるのは弥生前期後半からで〔川越 1968〕，加熱処理を駆使して炭素量を下げて鍛鉄を作るという，高度な技術を必要とするものであった。

C説では，前5〜前4世紀の弥生早期に，弥生人が金属器と初めて出会い，前2世紀の前期後半〜前期末には，加熱処理を駆使して鍛冶を行い，刀子，鉇，鏃などの小鉄器の生産が始まったことは十分に考えられる，という説である。この結果，鉄器が農業の開始と同時に使用される世界で唯一の先史文化だ，という世界史的意義と，橋口のように弥生人は当初から加熱処理を伴う高度な鉄

表6　編年観の違いによる弥生文化の鉄の歴史の違い

	編　年　観	鉄器の出現年代	出現時期	弥生稲作開始後の年数	青銅器との関係	主　な　研　究　者
1	長期編年	前380年	弥生前期末	500年後	青銅器のあと	歴博，春成，小林青樹，石川岳彦
2		前300年				宮本一夫，甲元眞之，石川日出志
3	短期編年	前4世紀	縄文晩期末	同時	青銅器に先行	川越哲志
4	短期編年	前5～前4世紀	弥生早期前半			武末純一，橋口達也

器製作技術を持っていたという点が強調されることになる。

(4)　青銅器との出会い

　東アジアの青銅器は，前1500年頃中原で発明され，鼎に代表される数々の礼器が生まれた。前10世紀頃に北京の北郊に達した青銅器は，前7世紀頃までに遼東〜韓半島の北部に達し，前6世紀頃にはこの地方独自の青銅器文化である遼寧式青銅器文化を生み出すと考えられてきた。

　しかしこのような従来の弥生短期編年のもとでは，先述した今川遺跡で見つかったような遼寧式銅剣を加工して作った青銅製の鑿が見つかるまで約300年間の空白ができてしまう。九州北部の青銅器が本格化するのはさらに100年以上あとの，前2世紀前半になってからになる。このように生産地である大陸と副葬される日本列島のあいだで，たびたび数百年単位で空白期間が生じてしまうため，その理由を説明するために「伝世」という考え方が多用されることになる[3]。

　では弥生長期編年のもとではどうなるのか。韓半島南部における遼寧式青銅器文化の上限は前12世紀まで上がり[4]，松菊里文化が前9〜前7世紀であることから，前8世紀の今川までの時間差はなくなり，リアルタイムでもたらされたことになるため，伝世を想定する必要はなくなってくる。このように弥生長期編年のもとでは水平編年となるため，伝世を考えずに同時代のものは間をおかずに伝わることとなる。

2　鉄素材の種類

(1)　鋳鉄系鉄素材

　弥生文化の鋳鉄に関する研究史は，川越哲志の「弥生鋳造鉄器評論」〔川越 1993b〕に詳しいので，それにしたがってみていくことにしよう。

　弥生文化に炭素量の高い鉄があることは，1950年代頃から考古学的にも自然科学的にも指摘されていた。岡崎敬は，森貞次郎が戦前に取り上げた石庖丁形鉄器を根拠に，中国戦国時代の鋳鉄が，漢代に入ると鍛鉄に次第に替わっていくことから，当時の年代観にもとづき日本列島でも鋳鉄から鍛鉄へ推移したと想定した〔岡崎 1957〕。これを受けて藤田等も，弥生の鉄器が中国や韓半島北部の初期鉄器と同様，鋳鉄から鍛鉄へと変化したと考えていた〔藤田 1959〕。しかし彼らが念頭においていた石庖丁形鉄器が，原田大六によって現代の犂の鋳造床金であることが明らかにされると，森は原田と連名で自説を撤回し，鋳鉄先行説は根拠を失ったかにみえた。斎藤山遺跡で弥生最古とされる鉄器が見つかったのはちょうどこの頃である。

　一方，自然科学側では，和島誠一が弥生・古墳時代の鉄器79点の炭素量を測定し，鋳鉄と判明した5例中4例が弥生時代に属すること。これらが大陸産か国産なのかはわからないものの，大分県下城遺跡出土の前期に比定されている鋳鉄を根拠に，鋳造品の上限を弥生中期とみることで，日本では鋳鉄が先行したと考えていた〔和島 1958〕。また長谷川熊彦も，兵庫県会下山遺跡から出土した板状鉄斧の分析をおこない鋳造品との結果を得ていたし〔和島・長谷川 1968〕，村上英之助が韓半島から輸入した鋳造鉄斧素材説を唱えていたことも影響して〔村上英 1964〕，弥生文化の鉄は鋳鉄として始まったと考えられていた。

　しかし鋳鉄は硬いが腰が弱く脆いことから刃物のような利器には向かないため，炭素量を下げる脱炭処理という高度な技術によって，粘りのある鉄にする必要があった。そのため村上は弥生文化に「卸し技術」があったと主張したし〔村上英 1964〕，川越哲志もこの考えを採用し，弥生前期後半に脱炭処理が行

われていたという説を発表する〔川越 1968〕。弥生人は当初から高度な技術を駆使して鉄器を作ったと考えられるようになったのである。

このように考古学側も自然科学側も，弥生文化当初の鉄は炭素量の高い鋳鉄から始まり，のちに鍛鉄が加わると考えていたことがわかる。

しかしここで状況が変わる。発掘当初は鋳造品とみられていた斎藤山遺跡の鉄斧だが，明治大学工学部の川口寅之輔がスペクトル分析を行ったところ，炭素0.3％の鍛鉄との結果が出たのである〔乙益 1961〕。これによって弥生文化には当初から，鋳鉄と鍛鉄という2種類の鉄があったという考えが広まり，近藤義郎のように日本の初期鉄器文化は鍛造品から始まると理解した研究者もみられる〔近藤 1962〕。斎藤山遺跡の鉄斧については潮見浩や長谷川らが鋳造品ではないか，との疑問を抱いてはいたものの，自然科学側からの裏づけがとれず，その後30年間にわたって炭素量が異なる2つの鉄が並存するという考え方が定説化したのである。当時，鍛鉄は中国南部系（楚）と考えられていたので，南方起源の水田稲作と同じように南からも鉄がもたらされたと自然に受け取られたのであろう。

1980年，斎藤山をさかのぼる最古の鉄器として報告された福岡県曲り田遺跡の小鉄器も，佐々木稔が鍛鉄と結論づけたので〔佐々木ほか 1985〕，鋳鉄・鍛鉄両並び説はさらに強化された。

1990年代になると，初期の鉄器はやはり鋳鉄であるという考えが強くなる。まず考古学側の動きだが，先述した野島永の鋳造鉄器再利用説である〔野島 1992〕。前4世紀後半（弥生中期初頭）頃の可鍛鋳鉄の破片は，福岡県小郡市内や朝倉郡といった福岡県内陸部の遺跡で多く見つかっている。使い古された鉄器を意図的に分割して研磨加工を施し，小型の刃物として再利用していたと考えられ，瀬戸内西部，山陰，大阪湾沿岸まで地域的に偏る分布を見せる（図54）。

さらに前2世紀（中期後半）になると，鋳鉄脱炭鋼という別の技法で作られた鋳鉄が日本列島に入ってくる。前5世紀後半の中国東北部で開発された鋳鉄で，棒・板状范に銑鉄を流し込み，固化した後に脱炭焼きなましを施した半成品で，鍛冶の原料鉄と考えられている。前2世紀（中期後半）の福岡市比恵遺跡（写真4）や京都府奈具岡遺跡で出土している。鋳鉄脱炭鋼の棒状や板状の

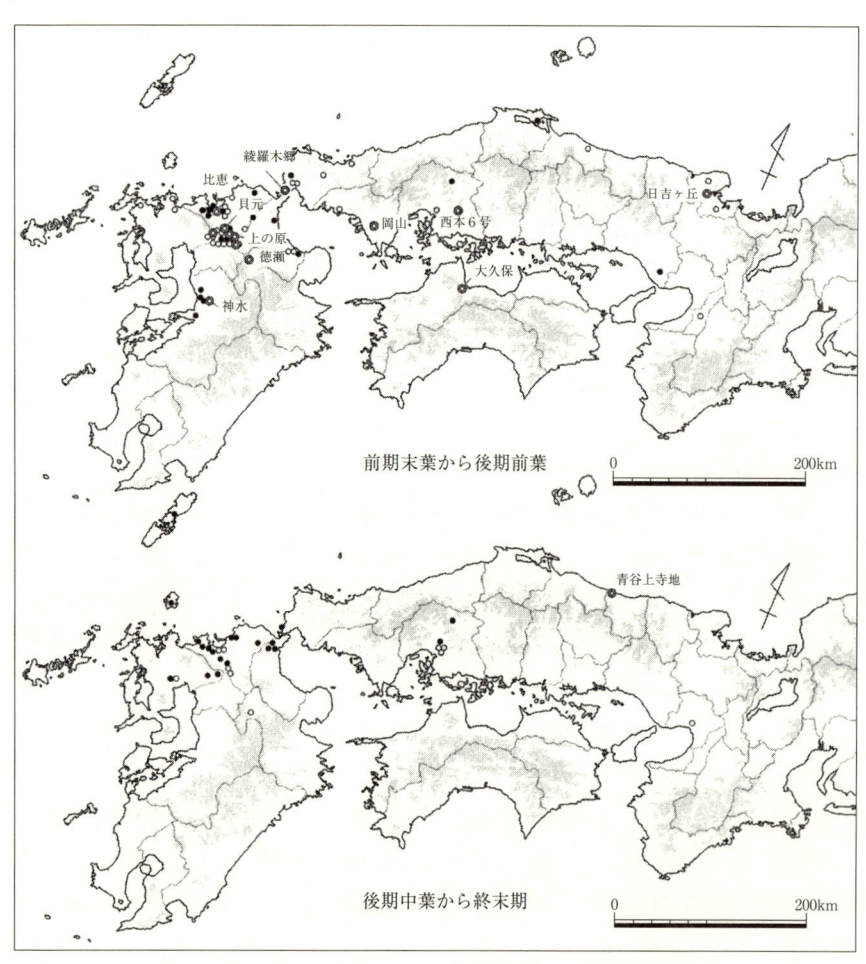

図54 鋳造鉄斧と破片加工品の分布 〔〔野島 2009a〕より転載〕

半成品を素材として，加熱処理が伴う鍛冶が始まる。しかし鉄を曲げやすくする程度の利用にとどまっているので，それほど高温を保持するようなものではなく，羽口や滓は少ないという。

　次に自然科学側の動きで，大澤が弥生初期の鉄器は鋳鉄であることを自然科学的な調査の積み重ねから証明しつつあった。先述した大阪府鬼虎川遺跡出土の鉄鑿の分析後，90年代には北九州市中伏遺跡から出土した前4世紀後葉（中期初頭）の鋳鉄が報告された〔大澤 1991〕。可鍛鋳鉄を素材としたもので，鉄

146　Ⅲ　弥生文化の鉄

斧の刃先に，脱炭を受けたことを意味する金属組織が検出されている。ほかにも前3世紀（中期前半〜中葉）に比定された大分県日田市葛原遺跡や福岡県庄原遺跡出土の鋳造鉄器片にも脱炭層が確認されている〔大澤2004〕。

現在では前4世紀（前期末）に日本列島に出現した鉄器は可鍛鋳鉄と呼ばれる中国東北系の鋳鉄であることが定着している。そして前3世紀には早くも同じく中国東北系の鋳鉄脱炭鋼が現れるのである。

写真4　福岡市比恵遺跡出土の鋳造鉄斧
左：復元複製品，右：複製品．
（福岡市埋蔵文化財センター所蔵，藤尾撮影）

(2) 鍛鉄系鉄素材

では鍛鉄はいつ頃から現れるのであろうか。岡崎敬は，弥生後期に石器から韓半島系の鍛造鉄器に転換するという説を，長崎県原の辻遺跡の調査をうけて発表した。岡崎は，3世紀の『魏志』弁辰の条の鉄の記事と結びつけ，1世紀の弥生後期になると韓半島から鍛造鉄器が大量にもたらされるようになると考えたのである〔岡崎1957〕。

岡崎説を継いだのが東潮である。東の根拠は前2世紀（中期後半）以降に現れる長さが27cm以下の板状鉄斧，鑿状鉄器，また棒・板状・不整形の鉄器が，韓半島製であること。これらが福岡県赤井手遺跡や奈具岡遺跡などの鍛冶炉で見つかっていることから，韓半島系の鍛造系鉄素材と考えた〔東1991〕。

2世紀末にはそれまでとは形や材質がそれほど変わりのない鉄素材と考えられる製品が，千葉県を東限とする広い範囲で見つかるようになり，特にそれまで中心であった九州北部に加えて肥前・肥後などの九州中部，長門・安芸などの中国西部に集中して分布するようになる。

3世紀には大形で撥形，両刃をもつ大形板状鉄斧が現れ，定型化した鉄素材として重視されている。東は大形板状鉄斧が鉄素材・銭貨としての機能をもつ

と捉え，4世紀の短冊型鉄斧，5世紀の鉄鋌へとつながると位置づけたのである〔東 1987〕。そして刃を研ぎ出していない点や，『魏志』魏書東夷伝や『後漢書』にある記述との対比から，東や李健茂は鉄素材とみている。中国の銭のように市場で用いられる「鉄」を製錬・精錬して作ったインゴットと推定し，この時期のこの地域でこれに該当するものは，刃をつけていない段階の長方形ないしは袋状鉄板であると考え，これを大型板状鉄斧と呼んで鉄素材と想定した。交換価値をもつ鉄素材が貨幣の役割を果たしていたと解釈する。日本列島では3世紀以降に出土するようになる。

　東の大形板状鉄斧を鉄素材とする説には潮見の批判がある。潮見は大形板状鉄斧が袋状鉄斧とともに九州北部に偏在することから，九州の武器形祭器，近畿の銅鐸という青銅器祭祀にみられるような地域圏が，鉄製利器にも存在したと理解し，祭祀品と考えている〔潮見 1982〕。

　また韓半島では棺底に敷き詰められた状態で見つかることから，貨幣説，儀器説，売地券説がある。また木柄に着柄された状態で見つかったものもあるので，農具として使われたこともわかっている。

　板状鉄斧，有棘鉄器，鉄矛，タビなどは，板状鉄製品から作られたものである。倭にこれらがもたらされ，鉄器の素材として用いられたことを否定する研究者は少ない。意見が食い違っているのは，板状鉄製品が鉄素材として作られたのかどうかという点にある

3　弥生人の鉄器製作

　弥生人の鉄器製作は，鋳造鉄斧の破片を再利用していた段階と，鍛造系鉄素材を鍛錬鍛冶する段階の2つに分かれる。前4世紀代に再利用段階が始まった後，弥生独自のかたちをした鉄器が見つかるようになる前3世紀代には，鍛錬鍛冶工程が始まったと考えられている。野島永や村上恭通の論考をもとにまとめてみよう。

(1)　弥生人の鉄器製作とは

　鉄鉱石や砂鉄などの原料の採掘から鉄器が作られるまでの工程のなかで，弥

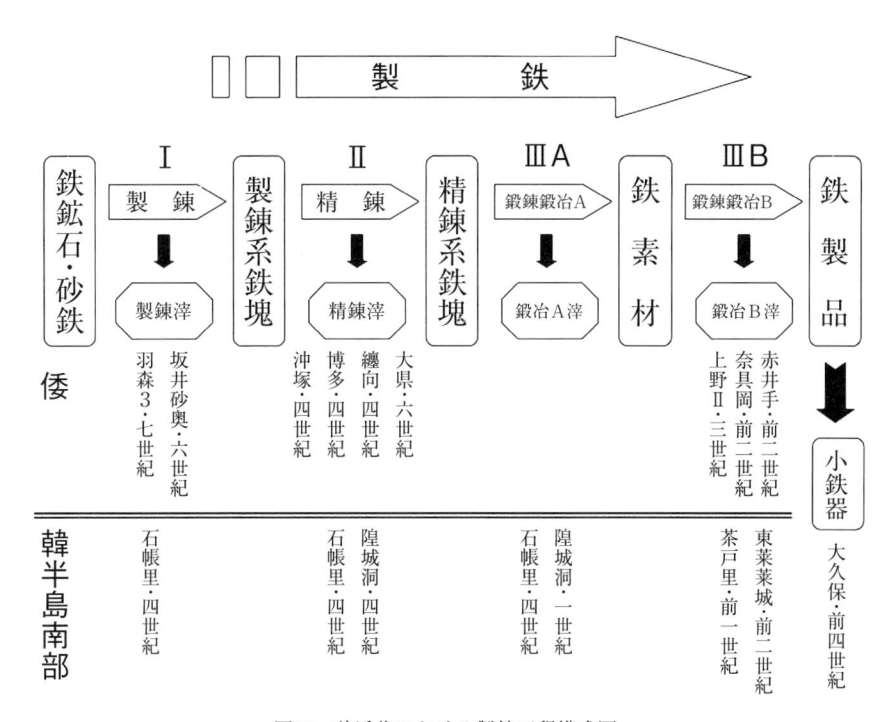

```
                    製      鉄  ───▶

         Ⅰ              Ⅱ              ⅢA           ⅢB
鉄       ┌製 錬┐  製   ┌精 錬┐  精   ┌鍛錬鍛冶A┐ 鉄  ┌鍛錬鍛冶B┐ 鉄
鉱       └──┬─┘  錬   └──┬─┘  錬   └───┬──┘ 素  └───┬──┘ 製
石・           ▼   系      ▼   系        ▼     材        ▼     品
砂       ┌製錬滓┐ 鉄   ┌精錬滓┐ 鉄   ┌ 鍛冶A滓┐       ┌ 鍛冶B滓┐
鉄       └───┘ 塊   └───┘ 塊   └────┘        └────┘        ▼
                                                                 ┌小┐
倭                                                               │鉄│
         羽          沖  纏  大          赤  奈  上              │器│
         森          塚  向  県          井  具  野              └─┘
         3    坂     ・  ・  ・          手  岡  Ⅱ               大
         ・    井     博  四  六          ・  ・  ・               久
         七    砂     多  世  世          前  前  三               保
         世    奥     ・  紀  紀          二  二  世               ・
         紀    ・     四              世  世  紀               前
                六     世              紀  紀                     四
                世     紀                                         世
                紀                                                紀
═══════════════════════════════════════════════════════════════
韓       石          石          石          東  茶             
半       帳          帳          帳  隍      莱  戸             
島       里          里  隍      里  城      莱  里             
南       ・          ・  城      ・  洞      城  ・             
部       四          四  洞      四  ・      ・  前             
         世          世  ・      世  一      前  一             
         紀          紀  四      紀  世      二  世             
                         世          紀      世  紀             
                         紀                  紀                
```

図55　前近代における製鉄工程模式図

生人が行ったのはどの工程なのであろうか。これまで最終工程である「鍛錬鍛冶B」だけを行っていたのではないかと考えてきたが，本格的な製錬が始まる6世紀後半以降とは違った形の鉄製錬が行われていたという考えも示されている。

　清永欣吾は，6世紀以降に韓半島から持ち込まれた新しい製鉄技術が入る以前は，製錬と精錬鍛冶が一緒の，別の製錬方式をとっていた可能性を指摘した。「例えば，少なくとも1300度以上に上がって，充分な還元雰囲気が作られると，少量であれば，かなり短期時間で鉄に還元できたのではないかと思います」〔たたら研究会編　1991：193頁〕と述べている。

　図55は，遺跡からみた前近代の製鉄工程である。ⅠからⅢまでの全行程を「製鉄」というが，特に「製錬」としてⅠだけを指す場合も多い。なお鋳造が始まるのは古代なので図からは省略している[5]。

　各工程で生成される成品と排出される滓が出土した日本列島と韓半島南部の

3　弥生人の鉄器製作　　149

遺跡，およびその時期を弥生長期編年のもとで示した。この工程は加熱処理を行う工程であって，日本列島ですべての工程が確実にそろうのは6世紀以降に想定されている。したがって，弥生人が確実に行っていたと確認できるのは前3世紀代に始まる鍛錬鍛冶ⅢB段階以降であって，後述する原始鍛冶と呼ばれているものもそれに含まれる。しかしそれ以前については野島が指摘したように，火を用いない鉄器製作だけが行われていたようである。

(2) 鋳造鉄斧片再利用説

野島が再利用説の根拠とした鉄器が図56である。いずれも鋳造鉄斧の再利用を示す折り返しをもつものである。この中で最古のものが，福岡県築上郡中桑野遺跡から出土した鉄片(3)で，前4世紀代（前期末～中期初）に比定されている。短辺に刃部が造り出されている。

野島はこれらが鋳造鉄斧のどの部分を再利用しているのか，という視点で2つに分けている。図57に示すように，横断面が「コ」の字状になるもの(1)(2)をa類，「L」字状になるもの(4)(5)をb類と仮称。さらにそれぞれを短辺に片刃の刃をつけるものをa′(3)，b′(6)とした。

野島がこうした考えを示す以前は，a・b類のみが板状鉄斧や鑿状鉄器，a′・b′類は不明鉄器として報告されることが多く，時期的には弥生中期を中心に，後期に下るものもあった。大半が集落遺跡から見つかるので，利器として使われていたことがわかる。

もととなった鉄器は，中国から舶載された鋳鉄脱炭鋼の鉄器が，日本列島内で使用されたあと破損したものか，それとも故意に打割した破片を再利用したものかの2つの可能性が指摘されている。

図58はもととなった鉄斧の形態がもう少し復原しやすい破片資料として例示されている。1961年に弥生最古の鉄器として報告された斎藤山遺跡の鉄斧や，二条突帯を残したままの松江市西川津遺跡例(6)もある。刃と柄が直行する横斧として利用した場合に，柄を取り付ける袋部上端に柄の力がもっとも強く作用するため，袋部上端が失われている場合が多い。これは側面や背面も同時に失われることが多いので，日本列島で使用されていたとしたら，袋部の大半が失われるので，鋳造鉄斧の破片は，その多くが袋部上端であるはずである。しか

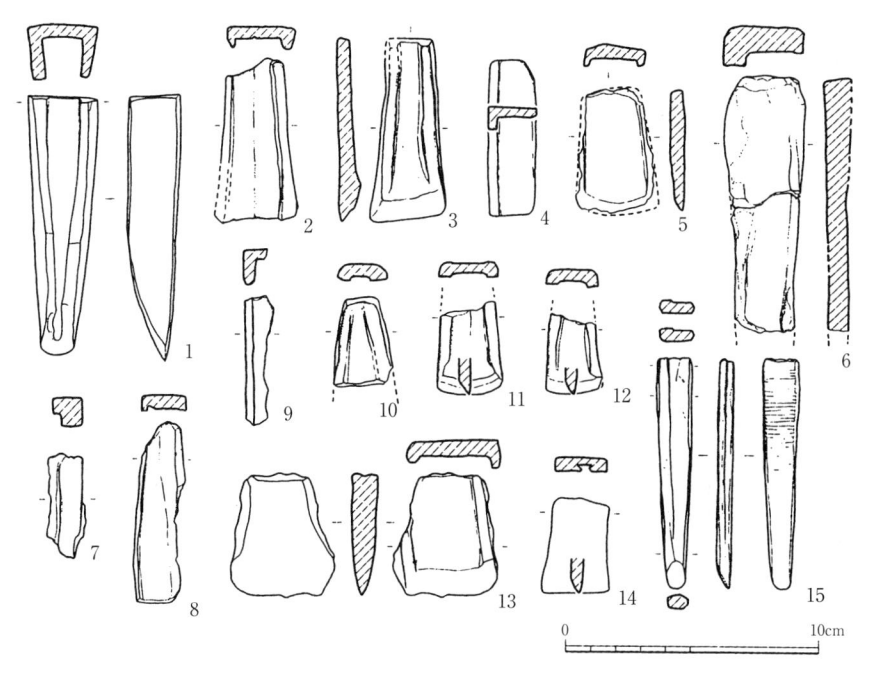

図56　側辺に折り返しを持つ鉄製品（〔野島 2009a〕より転載）

1　福岡県中原遺跡例，2　福岡県大坂井遺跡例，3　福岡県中桑野遺跡例，4　佐賀県西前田遺跡例，5　佐賀県みやこ遺跡例，6　山口県中村遺跡例，7　広島県寺迫遺跡例，8　山口県宮の馬場遺跡例，9〜12　山口県岡山遺跡例，13　京都府途中ヶ丘遺跡例，14　兵庫県会下山遺跡例，15　大阪府鬼虎川遺跡例.

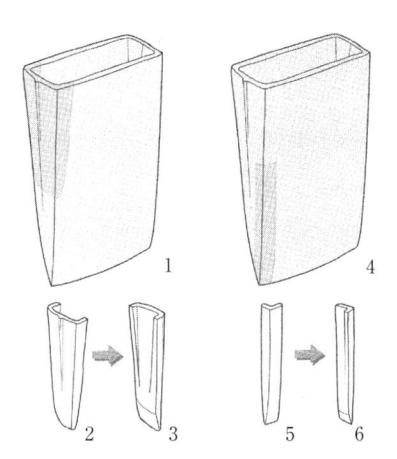

図57　鋳造鉄斧破片の再利用模式図

（〔野島 2009a〕より転載）

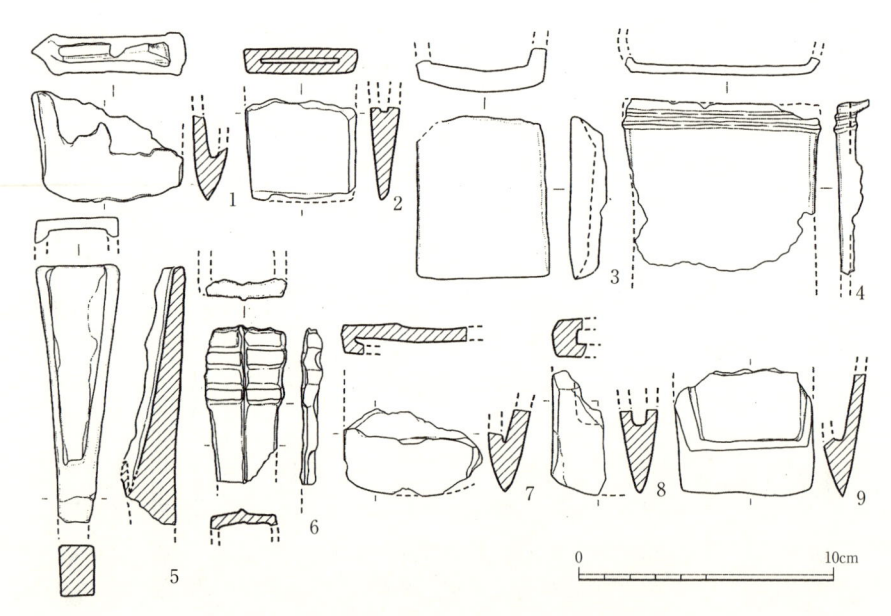

図58　鋳造鉄斧の破片例（〔野島 2009a〕より転載）

1　熊本県斎藤山遺跡例，2　福岡県三雲遺跡例，3・4　福岡県御床松原遺跡例，5　山口県井上山遺跡例，6　島根県西川津遺跡例，7　山口県岡山遺跡例，8　広島県大谷遺跡例，9　兵庫県新方遺跡例．

し図56に示されているように見つかるのは刃部の破片がほとんどである[6]。

　野島はこれらの鉄器を能動的に受け入れた九州北部，瀬戸内西部，大阪湾岸地域では，積極的に再利用していたと考えている。これが弥生人最初の火を用いない鉄器作りなのである。

(3)　弥生人，鉄を求めて海を渡る

　前4世紀になると九州北部を中心とする弥生人が，鉄を求めて自ら朝鮮海峡を渡っていたことも明らかになってきた。片岡宏二の研究によれば慶尚南道の南海岸を中心に前4世紀前葉（前期末）の弥生土器が出土し始めることが知られており，北は慶州から南は釜山市域，金海，晋州などの諸遺跡から出土している（図59・表7）〔片岡 1999〕。

　なかでも晋州市の南方沖に浮かぶ勒島遺跡(1)からは中期前半から後期初頭にかけての大量の弥生土器（前4世紀～後1世紀）が見つかっていることから，

152　Ⅲ　弥生文化の鉄

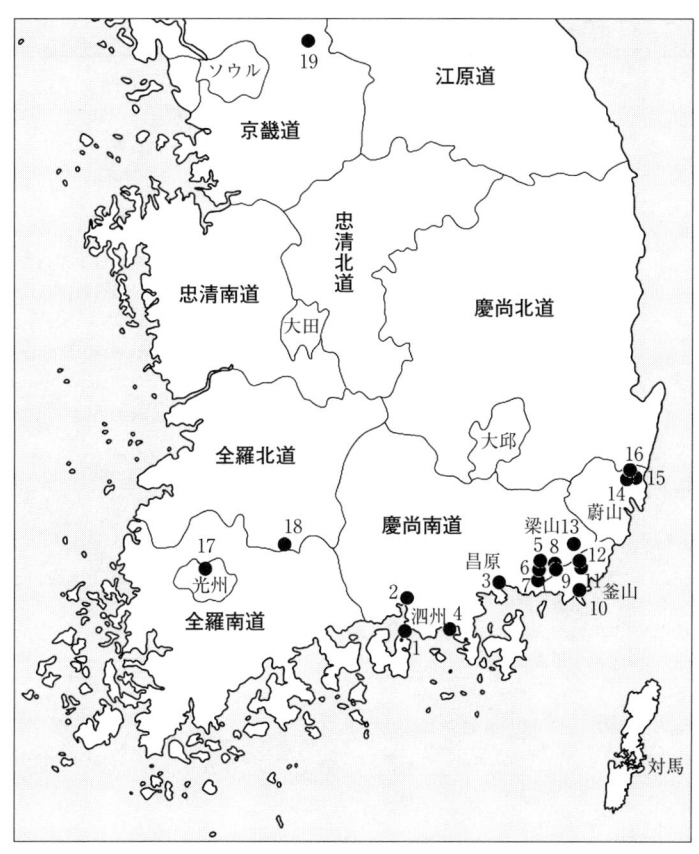

図59　韓半島における弥生土器出土遺跡分布図
（〔片岡 2011〕より転載）

約500年にわたって鉄など大陸の先進的文物を求める弥生人たちの前線基地でありつづけたと考えられる。韓半島で製錬が始まる前後にあたることから，弥生人たちは朝鮮海峡を渡り，鉄素材を入手して，日本列島に持ち帰り，鉄器を作ったと考えられる。

　釜山市莱城遺跡（11）では，鍛冶遺構に伴って城ノ越式から須玖Ⅰ式にかけての九州北部系弥生土器が出土していることから，韓半島南部で弥生人が鉄器を作っていた可能性すら指摘されていて，楽浪郡の設置以前から弥生人が鉄素材を求めて海を渡っていた証拠と考えられる〔野島 2009b〕。

3　弥生人の鉄器製作

表7 韓半島における弥生土器出土遺跡一覧表

	遺 跡 名	弥生土器の時期	遺 跡 の 立 地
晋 州	1 泗川勒島 2 泗川芝之里 3 昌原茶戸里 4 固城東外洞	須玖Ⅰ～下大隈式 須玖Ⅰ～須玖Ⅱ式 須玖Ⅱ式 弥生後期後半	島の丘陵斜面 独立丘陵．当時は海 低丘陵 海抜40mの丘陵
金 海	5 大成洞焼成遺構 6 金海会峴里 7 興 洞 8 池内洞	城ノ越～須玖Ⅰ式 板付Ⅱb～高三潴式 城ノ越式 須玖Ⅱ式	丘陵末端部 丘陵．当時は丘陵まで海が迫る 山斜面末端．当時は金海湾に面す 海抜100mの丘陵
釜 山	9 北亭貝塚 10 朝島貝塚 11 莱 城 12 温泉洞 13 梁山北亭洞	須玖Ⅰ式 城ノ越～須玖Ⅱ式 城ノ越～須玖Ⅰ式 中期初頭の広口壺 城ノ越式，須玖Ⅰ式	海抜38～8mの丘陵 島 福泉洞古墳群丘陵の下 丘　陵 丘　陵
蔚 山	14 達　川 15 梅谷洞 16 中山洞薬水	須玖Ⅱ式 須玖Ⅰ式 須玖Ⅰ式	丘　陵 丘　陵 丘　陵
その他	17 光州新昌洞 18 南原細田里 19 加平郡大成里	須玖Ⅰ式 弥生後期後半 下大隈式	沖積地 沖積地 沖積地

　鉄鉱石採掘場が見つかった蔚山市達川遺跡では，須玖Ⅱ式の弥生土器が出土している。弥生人の目的はどこにあったのであろうか。

(4)　鍛錬鍛冶B

鍛冶炉と鍛冶工程

　弥生人の鍛冶には，舶載された鉄器を素材に鉄製品を作る場合と，故鉄を原料とするもの〔川越 1993b〕，リサイクルなどが想定されている。ここでは前者の場合についてみてみよう。

　現在，弥生人の鍛冶には，鍛冶炉の構造（4分類）と鉄素材，滓の有無に注目した村上恭通の分類がある（図60）〔村上 1998〕。1つは筆者らが鍛錬鍛冶Bと呼ぶもので，地下構造をもつ鍛冶炉（Ⅰ・Ⅱ類）で，鉄素材を原料に，高度な技術で鉄器を作る場合である。鍛錬鍛冶B滓を排出する。

　2つ目は鍛錬鍛冶B工程まではいかないが，鍛冶遺構（Ⅲ類）を備え，火を補助的に使うことで，軟鋼を折り曲げたりして鉄器を作る工程である。鍛冶滓

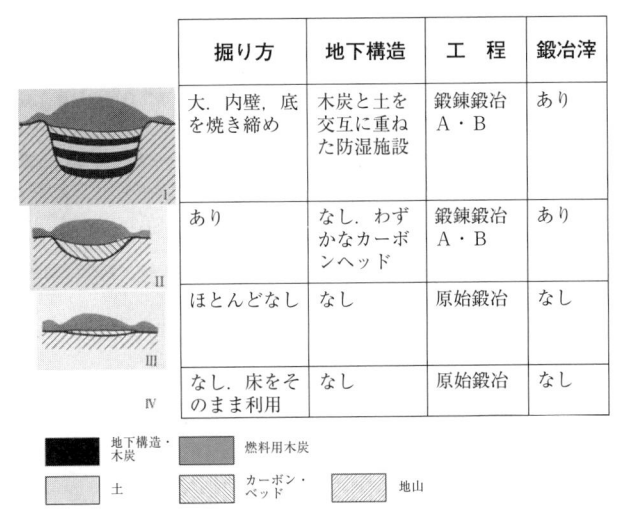

掘り方	地下構造	工　程	鍛冶滓
大．内壁，底を焼き締め	木炭と土を交互に重ねた防湿施設	鍛錬鍛冶 A・B	あり
あり	なし．わずかなカーボンヘッド	鍛錬鍛冶 A・B	あり
ほとんどなし	なし	原始鍛冶	なし
なし．床をそのまま利用	なし	原始鍛冶	なし

図60　鍛冶炉と鍛冶工程との関係（〔村上 1998〕をもとに作製）
（〔藤尾 2004〕より）

は排出されない。

　3つ目は，炭素量の高い鋳鉄を素材とした鉄器製作で，先述した野島の方法である。火を使わないので滓は出ない。

　3つの工程のうち，特に韓半島南部産の軟鉄系鉄素材を材料とする鉄器製作が，弥生後期の山陰や中国山地の遺跡で行われていた可能性を示す例が増えている。

鉄素材——板状鉄製品

　弥生後期になると，中国山地や山陰を中心に鍛冶工房から，「板状鉄製品」と呼ばれる塊錬鉄製の鉄素材が数多く見つかるようになる。塊錬鉄とは，鉄が液状に溶融せずに，鉄鉱石の固体から直接還元された鉄のことをいう。もともと中国の用語で，炭素量が銑鉄ほどには達せず，滓を含んだまま生成されたり，鋼などの可鍛鉄（鍛造が可能な鉄）を指し，錬鉄（wrought Iron）ともいう。

　図61は，島根県上野Ⅱ遺跡〔久保田編 2001〕から出土した板状鉄製品で，短軸の片方は鏨状の刃物で切断された痕が認められる。厚み4㎜，幅60㎜，黒さび部の炭素量は0.007〜0.30%なので極軟鋼から軟鋼と鑑定されている〔大

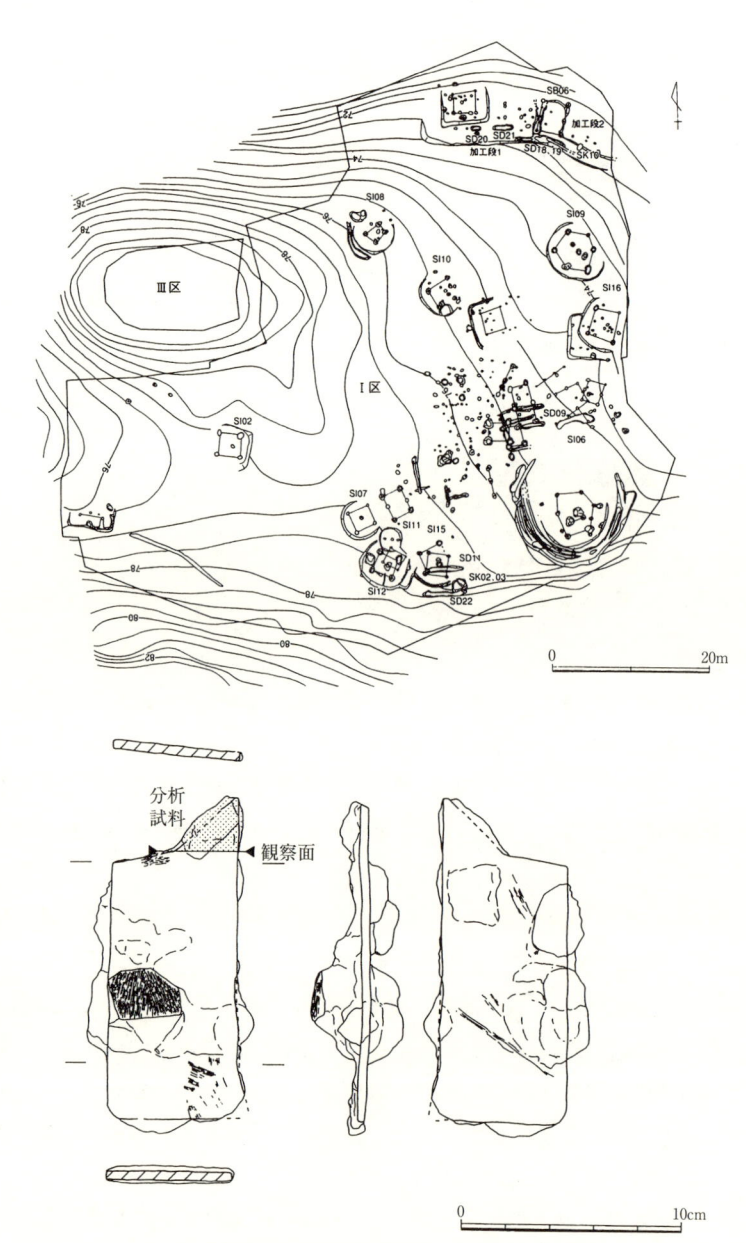

図61　島根県上野Ⅱ遺跡と出土した板状鉄製品
　　　（〔久保田編 2001〕より組み合わせて転載）

156　Ⅲ　弥生文化の鉄

澤 2001〕。

　大澤正己によると弥生後期以降に出土する板状鉄製品は，幅が4.0〜6.0cmのものが1つの規格品であった傾向をもつという。材質は炭素量が低い軟鋼から極軟鋼の焼きなまし材で，鏨切りに適した材質であった。炭素があまり入らないように鉄鉱石を低温で還元して，直接的に鉄を作る（直接製鋼法）ことによってできた塊錬鉄製品である〔大澤 2001〕。

　通常は裁断後の破片として見つかることが多いため，もとの鉄素材の形状を推定するのは難しいが，こうした板状の鉄製品の類例が近年，増えつつあるのも事実である。

　ほかにも熊本県西弥護免遺跡で見つかっている棒状のものもある。長さ5〜20cm，厚さ1〜3cmほどあり，趙榮済が鉄棒状鉄製品と呼んでいるものとよく似ているため，村上恭通も鉄素材と認めている。

鍛冶遺構

　島根県上野Ⅱ遺跡では複数の鍛冶炉が見つかっている（図61）。村上分類でいうとⅠ・Ⅱ，またはⅣ類に相当する。形式が異なる2タイプの炉が見つかっているので，鍛接や鍛打などの高温の熱処理を行った炉と，折り曲げやすくするために加熱するという，いわば火を補助的にしか使わない鉄器製作が1つの工房で行われていたことがわかる〔村上 2001〕。

　瀬戸内や九州には1つの村で工程を異にする複数の工房が並存する例は知ら

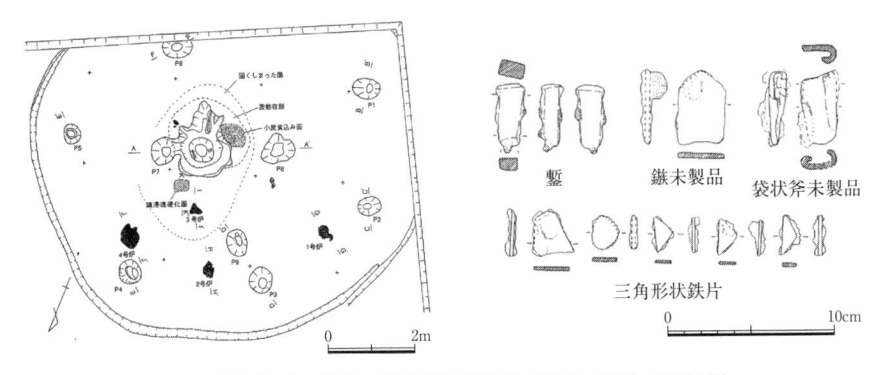

図62　島根県平田遺跡の鍛冶炉と鉄製品（〔坂本 2000〕より転載）

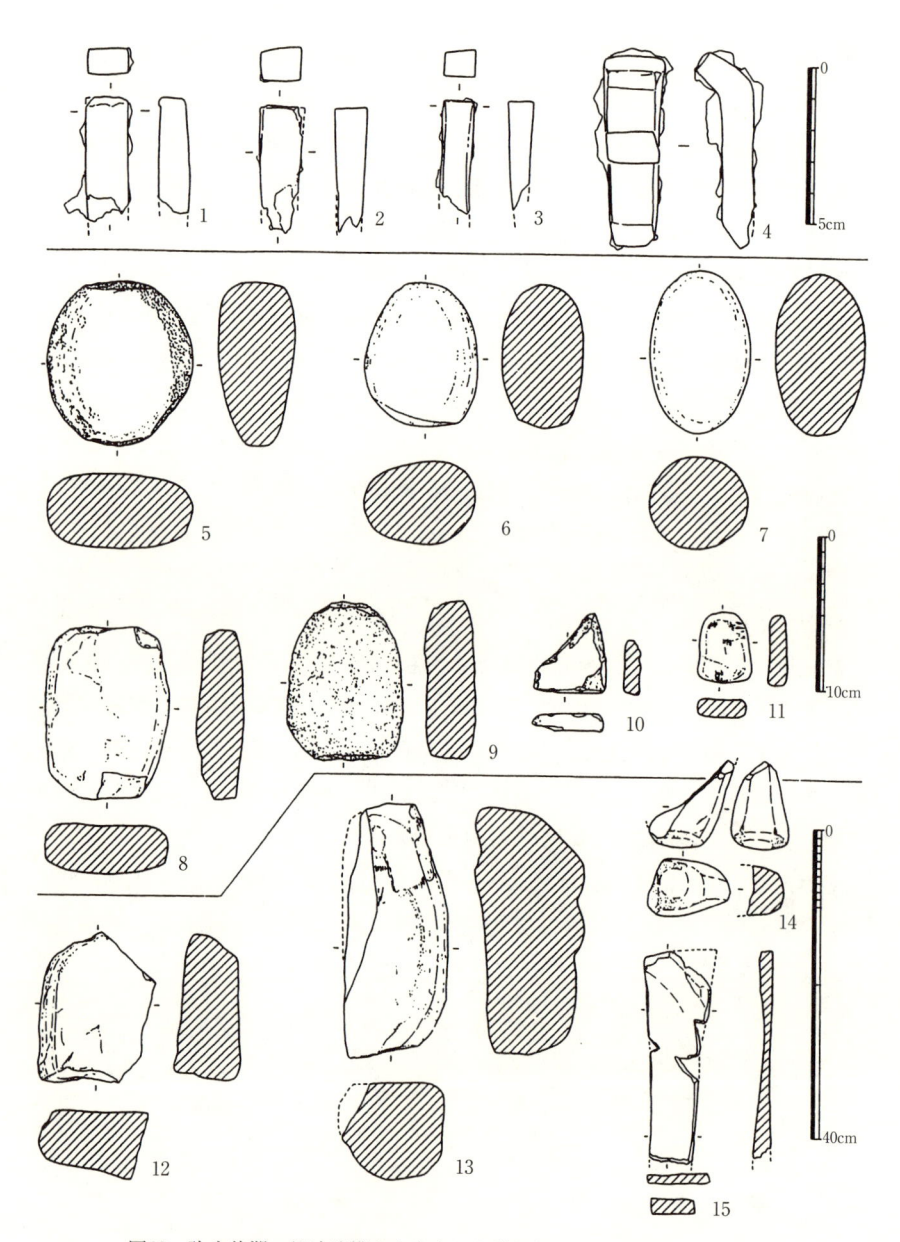

図63　弥生後期の鍛冶遺構から出土した道具類（〔村上 1998〕より転載）
1～4 鑿，5～9・14 槌，10・11・15 砥石，12・13 鉄砧石（金床石）（1～3，5～8，11～13 熊本二子塚，4・9・10・14・15 福岡安武深田）

158　Ⅲ　弥生文化の鉄

れていないが，山陰や中国山地では，鳥取県妻木晩田遺跡や同青谷上寺地遺跡のように並存して見つかっているムラもあるので，この地域では一般的なあり方だったと考えられている〔村上 2001b〕。

たとえば島根県木次町平田遺跡では，1軒の大型住居跡に4基の焼土面があって（Ⅳ類鍛冶炉），ここから鏨や砥石などの工具，棒状切片や板状切片，そしてこれらの鉄素材や道具で作られたと考えられる鉄製品と半成品が見つかっている（図62）。ここでは火を補助的にしか使わない作業が行われていたと考えられている〔坂本 2000〕。

図63にはこれらの工程で用いる道具を引用した。ほとんどは石であることがわかる。素材と鏨（1～4）を除くと，丸石で敲き，砥石で研磨すると考えられている。

原始鍛冶

以上のような軟鉄系鉄素材を材料とした，火を補助的にしか用いない鉄器製作をどのように理解すればいいであろうか。

村上は，鍛錬鍛冶Bが行われていたのは鍛冶炉Ⅰ・Ⅱ類が分布する九州北部を中心にほぼ限定され，徳島を東限とする範囲でわずかに認められるのが現状だという（図64）。

それ以外は火を補助的にしか用いない鉄器製作工程が多くの地域で認められるようで，地下構造をもたない炉，これを炉と呼べるのかどうかはともかくとして，鍛冶滓も出ないような工程をへて鉄器を製作していたことになる。大澤正己や中国地方の研究者はこのような鉄器製作を，「原始鍛冶」と呼んでいる。

原始鍛冶は，送風など一部の技術を除いて韓半島南部の影響を受けていないので，日本列島独自の技術とする大澤らの考えが成り立つのかどうかは，韓半島側の資料が不足している段階なので現状では不明な点が多い。しかし少なくとも弥生後期併行期の韓半島では，すでに鉄の道具を使って鉄器を作っていたことは確かなので，鉄の道具を用いない原始鍛冶が韓半島系の技術だとしたら，弥生後期併行期，すなわち1世紀以前の韓半島系の技術段階に相当するのではないだろうか。

図64 弥生中・後期の鍛冶遺跡分布図
〔〔村上 1998〕より転載〕

4 弥生製錬はあったのか

　弥生人が砂鉄や鉄鉱石を原料に鉄を作っていたのかどうかをめぐっては，以前から議論されてきたが，製錬炉や製錬滓が見つからない段階では直接的な証拠がなく，状況証拠をもとに議論するしかなかった。
　特に1980年代以前は，韓半島における古代以前の砂鉄製錬の証拠が見つかっていなかったこともあって，古代以前の日本列島の鉄器や鉄素材のなかに砂鉄

を原料とするものが発見されると，弥生人の砂鉄製錬説と結びつけられることも多かった。

群馬県有馬遺跡の鉄剣，愛媛県文京遺跡の長方形鉄素材，京都府扇谷遺跡の鍛冶滓など，砂鉄原料であったことを示すTiO_2（酸化チタン）やV（ヴァナジウム）が高濃度で見つかっている。有馬の鉄剣を分析した清永欣吾は，韓半島で砂鉄を原料とした鉄素材をもとに作られた鉄剣が舶載されたと考えている。

これを受けて川越は，韓半島の砂鉄製錬が1世紀までさかのぼるのではないかと予想すると同時に，日本列島で砂鉄製錬が行われていたとしてもおかしくないという見解を示した〔川越 1993a〕。

そしてついに弥生人の製錬炉として報告されたのが広島県小丸遺跡である。2つの炉が見つかり，3世紀と7世紀に比定された〔松井編 1994〕。3世紀の炉は1次調査で見つかった1号炉（SF1）である（図65）。

B地点に所在する1号炉は，地山整形をしていないところに作業面が造られていた。中央に直径50cm，深さ25cmの炉と考えられている円形土坑，その両側に排滓坑と考えられる円形土坑が2基，鉄滓が詰まったまま配されていた。さらに南東に3m離れたところにも鉄滓の詰まった土坑が2基，確認されている。遺構群の南側斜面には鉄滓，鉱石片，弥生土器の小破片が散布して見つかっている。

2号炉は約50m離れたA地点にあり，B地点とのあいだには浅い谷がはいっているものの，同一の丘陵面にのっている。A地点の丘陵頂部には3世紀のムラがあり，竪穴住居，集石遺構，土壙墓が見つかっている。

1号炉で見つかった鉄滓を分析した結果，この地域特有のマンガン含有量の高い鉄鉱石を原料とした製錬滓であった。鉄分が15.81～38.21％，造滓成分が34.7～69.21％の滓である。炉の形は，土佐雅彦分類〔土佐 1981〕の円筒自立炉に該当するので，この炉が製錬炉であることは間違いない。問題は時期である。

3世紀とした根拠は炭素14年代と弥生土器である〔地球科学研究所 1994〕。弥生土器は炉の南側斜面と土坑群から見つかったもので，炉本体からは見つかっていない。炭素14年代を測定した木炭は1号炉の下層（1240±170 BP）と，炉の両側にある排滓坑（1710±170 BP）から見つかったもので，松井は前者が

鉄滓

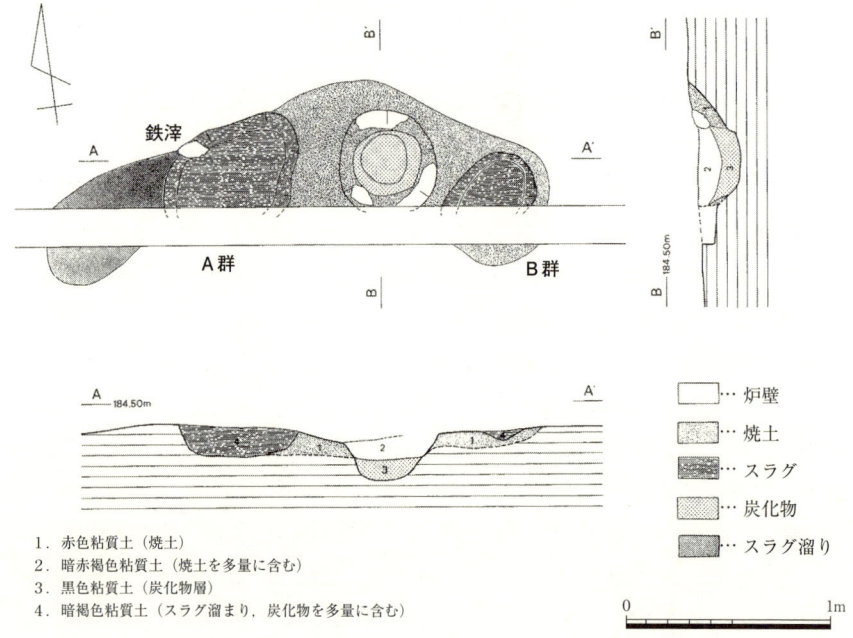

A群　　　B群

1. 赤色粘質土（焼土）
2. 暗赤褐色粘質土（焼土を多量に含む）
3. 黒色粘質土（炭化物層）
4. 暗褐色粘質土（スラグ溜まり，炭化物を多量に含む）

… 炉壁
… 焼土
… スラグ
… 炭化物
… スラグ溜り

図65　広島県小丸遺跡の製鉄炉（SF1）〔松井 1994〕より転載）

7世紀，後者が3世紀と捉えている。しかし170年と誤差が大きいため，排滓坑出土木炭の較正年代は，cal BC 51～AD 655となり，弥生とか古墳とか特定できるものではなく，根拠としては弱い。あえて弥生後期に近い方の1710±170 ^{14}C BPで考えてみても，弥生後期から古墳前期としかいいようがない。

いずれにしても1号炉の年代は，炉ではない隣接する土坑から出土した木炭の炭素14年代と，南側斜面から見つかった弥生土器を根拠としたもので，炉の下層で見つかった木炭の炭素14年代は採用されていない。その理由は，地山整形をせずに，作業面も作らないという炉の構築法が型式学的に古いという点を重視したと報告されている。

以上のような疑問を残しながらも弥生後期の製錬炉として位置づけられた小丸遺跡だが，近年の調査で1号炉と同じ構造をした炉がいくつか見つかり，7世紀に比定されているところから，小丸遺跡1号炉を3世紀代に比定することを疑問視する研究者もいる。潮見浩のいうようにもう少し類例の増加を待ってから判断する必要があろう。

5　鉄をめぐる古墳時代成立論

(1)　従来の説

　古墳が成立する契機に鉄を絡める議論は，弥生後期に石器がみられなくなる現象を，鉄器の普及と結びつけた山内清男に始まる〔山内 1932〕。そして「みえざる鉄器」を重視して古墳時代成立論を唱えたのが小林行雄である。小林は鉄器を掌握した畿内がその生産力によって経済的優位を達成し，それを基盤に古墳時代の政治権力の中心に立ったという図式を示した。

　当時，弥生人が製錬を行っていた可能性は否定できないが，倭国内の需要をまかなえるほどの量を生産していたとは考えにくいので，大部分の鉄は韓半島南部からの輸入に依存していたと考える研究者が多かった。3世紀の鉄事情については，『魏志』弁辰の条に記されていたものの，それを1世紀にまでさかのぼらせて考えたのが岡崎敬である〔岡崎 1957〕。したがって弥生後期，つまり1世紀に石器がなくなる考古学的事実との接点があったのである。

　また弥生後期における近畿の農業生産量増大説は，都出比呂志が中期末葉における新たな鉄製農具（打鍬）の出現を受けて発表していた〔都出 1967〕。鉄の掌握と生産力増大に伴う近畿の経済的優位性は，都出によって実証されていったのである。

　これを理論化したのが山尾幸久である〔山尾 1983〕。山尾は，韓半島南部の鉄資源や中国製の威信財の確保をめぐる，九州北部勢力と近畿・吉備勢力とのあいだで行われた戦いである倭国大乱の結果，近畿・吉備勢力は九州北部勢力を屈服させ，日本列島規模での鉄をはじめとした先進文物の物流システムの再編成を成し遂げたとした。いわゆる倭国大乱＝ホット・ウォー説である。

　白石太一郎は，九州以東の瀬戸内沿岸各地や近畿勢力が，鉄資源をはじめ中国鏡などさまざまな先進的文物の安定した供給を確保しようとすると，その入手ルートを握っていた玄界灘沿岸地域を制圧し，このルートの支配権を奪取する以外になかったと考えられると述べ，奪取した根拠の1つとして，弥生Ⅴ期までの中国鏡の分布とⅥ期の分布が，3世紀初頭には一変することをあげてい

る〔白石 1999〕。

「広域の政治連合を形成せしめる契機となったのは，朝鮮半島南部の鉄資源の入手権と申しますか，入手ルートの支配権をめぐる，畿内や吉備を中心とする瀬戸内沿岸の諸勢力と北部九州，特に玄界灘沿岸地域の勢力との争いにあったのではないかと思います」〔白石 1991：51頁〕。

したがって吉備や畿内の勢力がより多くの鉄資源の，より安定した入手を求めようとすれば，弁辰の鉄を日本列島に運んで来るのに重要な役割を果たしていた，奴国や伊都国など玄界灘沿岸地域と衝突せざるを得ない。九州北部による鉄資源輸入ルートの独占体制を打破しようとした動きが，この地域の広域の政治連合を形成させる契機となったのではないかと考えた。

こうした「みえざる鉄器」を前提とした議論に対して，川越〔川越 1993a〕，村上〔村上 1998・2000〕は，古墳出現前夜に畿内が鉄およびその流通や技術を掌握していた可能性が低いことを実証する研究を相次いで発表した。

これらの説は，直接的な考古学的証拠が乏しい点（つまり「見えざる鉄器」のこと）に短所があり，特に鉄素材の種類や内容，流通機構の実態などが具体的でないことに批判が集中しており，なかでも村上は遺跡や遺物から乖離した極論と断じている〔村上 2000〕。村上は，鉄問題を軸に古墳時代成立論が説かれてきた根底には，弥生後期から続く生産・技術面における継続的な発展があったからこそ，近畿に最初の古墳が成立するという考えがあって，生産・技術の発達を満たす背景として，鉄器の普及は欠かせないという，唯物史観に則った古墳成立論であったと性格づけた。

(2) 村上恭通の批判

村上はこうした考えの出発点を小林行雄に求める〔小林 1952〕。小林の枠組みを証明していくためには，もともと大量にあった近畿の鉄器が少ししか見つからない理由と論理を用意する必要があった。研究史上有名な，鉄器の錆化による消滅，リサイクルによる廃棄量の少なさ，石器の消滅による鉄器の普及という論理は，こうして田辺昭三によって提示されたのである〔田辺 1956〕。

村上は韓半島南部の鉄の確保を基軸とした古墳成立論の研究史を以上のように整理した上で，田辺が提示した論理に批判を加える。まずこれまでに近畿で

見つかっている弥生時代の鍛冶炉は，高温操業が不可能なタイプなのでリサイクルを行うことはできないこと，保水性の高い土壌中からも鉄器は大量に出土するので，錆化してくさってしまうことはないことを指摘した。田辺が用意した錆化とリサイクルという論理では，もともと大量にあった鉄器の出土量が少ないことを説明することはできないとしたのである。

同様に倭国大乱の原因を鉄の確保に求める説についても実証性に乏しく，考古学的な事実と乖離した議論であるとして批判する。倭国大乱が終わったとされる3世紀になっても近畿で出土する鉄器の量に変化はみられないし，たとえ鉄素材が近畿にもたらされるようになっていたとしても，高度な熱処理が可能な鍛冶炉が見つかっていないので，鉄器を加工することができないからである。

その上で村上は，鉄の確保という経済的な理由から古墳時代の成立を説明する方法からの脱却を目指す。すなわち古墳の造営が近畿でもっとも早く始まる理由を，鉄の普及にもとづく生産力の発展に求めるのではなく，中国の中華思想にもとづく蕃夷意識の対象が，それまでの九州北部から近畿に移ったことに求め，その結果，鏡の集中や古墳造営技術の移転につながったと説明した。鉄器はあくまでもこの結果として増加するのであり，原因ではなく結果であると主張したのである。

村上説の特徴は，鉄器が出土しないという考古学的な事実を，鉄器が普及していなかったことと同義に捉え，それでも祭祀・政治の中心が，物質的な先進地帯であった九州北部から後進地帯であった近畿に移った理由を，中国人がもつ蕃夷意識というソフトウェアに求めた点にある。では2～3世紀の近畿中枢部には本当に鉄が豊富になかったのか，まだ見つかっていないだけなのか。石器が少なくなるという考古学的事実がいまだに有効性を失っていないだけに，同義と捉えることには躊躇してしまうのは筆者だけではないだろう。

ソフトウェアで説明する手法も実証性に乏しい議論であることは事実である。鉄を基軸にすえるにしても蕃夷意識を基軸にすえるにしても，将来の考古資料の提示が不可欠であるという点では同じで，村上が批判する松木武彦の論理と同様，脆弱さを残している。村上が明確にできなかった石器消滅の理由などは，まだ鉄器の普及を反映したものとする以上に有効な説が見当たらないだけに，

5　鉄をめぐる古墳時代成立論　　165

今後の村上の古墳時代成立論に期待したい。

(3) 検　　証

　これらの説の前提となる考古学的な事実は，①見えざる鉄器，②弥生人の製錬だけではまかないきれないので舶載する必要あり，という前提である。

　もともと韓半島南部の鉄および文物の日本列島内への流通は，九州北部が独占していたものである。ところが後期になって近畿に急速に鉄が普及するためには，それまでの流通機構に変化が起きなければならない。そこで倭国大乱によって韓半島南部からの供給ルートを，近畿・吉備勢力が九州北部勢力から奪取したという先の解釈がうまれることになる。

　筆者も鉄資源の確保をめぐる倭国大乱の原因と結果をめぐる解釈について，鉄に関する3つの問題を中心に考えたことがある〔藤尾 1999a〕。

　まず「見えざる鉄器」論の検証を3つの点から検証してみる。すなわち鉄の側から，鉄器を研ぐのに必要な砥石を材料に，2世紀後半の前後でどのような変化が起きていたのか。次に供給元と考えられていた韓半島南部の状況，最後に近畿・吉備勢力が奪取したといわれるものの具体像である。海上交通路か，海人集団か，それとも鉄を取引きする権利，といった権益なのか，である。

近畿の倭国大乱前後の鉄事情

　近畿で鉄器が出土し始める前1世紀以降の鉄事情を禰冝田佳男の石器組成研究を例にみてみると，前1世紀後半に伐採用の石斧が減り始めるのと同時に，加工用の斧が激減するが，逆に板状鉄斧が出現することから，加工用の石斧が鉄器に転換すると同時に，鉄器の出土量自体も増加したと考えられている〔禰冝田 1988〕。

　1世紀後半になると斧と矢尻を中心に鍬先も見られるようになり鉄器の量は確実に増加するが，急増といえるほどのものではないようだ。そして倭国大乱終了後の3世紀になると，石器は完全に消滅するが，集落からの鉄器の出土量は逆に減る傾向を示すという。

　砥石は前1世紀後半から石器組成の4割を超え始め，3世紀前後には100％を示す遺跡も現れることから，斧以外にも鉄器化が進行したことは確実である。

このように石器組成や砥石からみると，倭国大乱を境に近畿の鉄器は普及したとみることができるのだが，実際に出土する鉄器の量との溝は広がるばかりであって，「見えざる鉄器」に振り回されている現状は変わっていない。

流通機構

日本列島に舶載鉄を広く流通させるだけの仕組みが存在していたのか，という問題がある。かつて1世紀をすぎると鉄を含む舶載品ほど広く遠くまで動くという説があった〔増田 1971〕。確かに鏡，ガラス，貨泉などの威信財は特別な対象ということもあってか，広域の分布を示すのも理解しやすい。しかし鉄のような必需財が大量に効率よく動くとなると，流通機構が整備されている必要がある。軽くてかさばらない少量の威信財とは違うのである。

各地の鍛冶状況

前3世紀に九州北部で始まった鍛冶は，前2世紀に近畿北部の日本海沿岸，1世紀には九州中部や中国地方で始まることは先述したとおりである。また村上恭通の鍛冶遺構の研究によれば，中国，四国以西と近畿の鍛冶炉は，送風管がよくわからない点は同じだが，中国・四国の炉には九州北部にみられるのと同じ地下構造（Ⅰ・Ⅱ類）をもつものがみられるのに対して，近畿ではまだ見つかっていないなどの差が歴然としているという〔村上 1994〕。

しかし鉄鏃や銛などの小鉄器は地域性がかなり強いことから，近畿を含む西日本各地で作られていたと考えられるとする，野島の指摘〔野島 1993〕もあるので，この段階には西日本の各地で小形の鉄器が作られていたと考えた方がよいだろう。そしてそれを可能としたのが鉄素材の潤沢な流通だったとみることができよう。

今のところ，近畿中枢でⅠ・Ⅱ類の鍛冶炉が見つかるのは3世紀以降に比定されている枚方市星ヶ丘遺跡や纒向遺跡である。したがって考古学的な説明が必要であるとした潮見の指摘は，基本的に説明できるようになりつつあるとみることができる。

弥生後期における各地の鉄器のあり方

近畿では，弥生後期に鉄器がどのくらいみられるのであろうか。野島の研究をみてみよう〔野島 2009a〕。まず日本海側だが，前2世紀（中期後葉）以降，舶載鉄器を模倣した各種鉄器が作られるようになり，後期後葉以降は鉄剣の出土が顕著化。日本海側の地域が大陸からの舶載品や素材の輸入，技術の移植を直接的に行いうる有利な環境にあったことに起因する。

一方，近畿中枢部は，中期中葉前後に，磨製石器の製作技法をまねて，鋳造鉄器の破片を利用した小鉄器作りが始まる。それから後期前葉まで鉄素材の流入量が増えるため鉄器の出土量は増えるが，工具の内容をみると大陸系磨製石器類の形をまねた板状鉄斧と鉄鑿を主体としており，袋状鉄斧や袋状鑿など立体的な鉄器を作る技術は浸透していなかったと考えられる。よって磨製石器類を補完するぐらいの役割しか果たしていなかったと考えられている。したがって，この後期前葉までは，石器石材の供給を補助した集落間の流通ネットワークに抵触しない程度の鉄器が流通していたと考えられている。

後期になると石器が減少するという現象は，単に鉄器が普及していたことを示すのではなく，中期に安定して存在した石器の流通機構自体が衰退したために起こった現象と野島は理解している。

近畿以外の地域についても野島は言及している〔野島 2010〕。九州北部では，鍬先や鋤先といった鉄刃農具をはじめとした各種の鉄製農工具が，あらゆる層に流通しており，構成員の社会的地位によって鉄器の保有のあり方に格差をみることができない。

弥生後期に集落から大量の鉄器が見つかるようになる九州中部はどうであろうか。九州北部に比べて作られる鉄器の種類が限られ，鉄製農具が少なく，鏃，鉇，摘鎌といった小型鉄器が主体である。しかも，社会的地位によって保有する鉄器の種類や量が限定されている。ただし鉄鏃はどの階層にも保有されている。したがって，大形住居に住まう有力者が，素材生産から鉄器製作，分配まで，ある程度，関与していた可能性があると考えられている（熊本県狩尾遺跡，大分県高松遺跡など）。

山陽でも後期中頃には鏃と鉇が普及するが，鉄刃農具は大形住居から見つかるぐらいで稀である。素材の供給量全体は，九州北部に比べてきわめて少ない。

村落内上位階層によって分配されていた可能性があり，鉄器はまだ希少性が高かった模様である（岡山県百間川原尾島遺跡，津寺遺跡など）。

　山陽に比べると山陰は鉄器の種類も豊かで，鉄素材と思われる鉄器片が多数見つかっている。鉄器は貴石装身具など高級工芸品制作用の工具などで，住居の大きさと出土量には，社会的地域に起因するような関連は認められない（鳥取県妻木晩田遺跡）。

　野島の指摘した時期は後期前葉から中葉に関してのあり方なので，倭国大乱の時期より先行するが，少なくとも後漢の成立を機に，近畿において鉄素材の流通を目的とした鉄専用の流通機構の成立を想定する考えを野島は否定している。しかし一方で，後期後葉段階における九州北部の副葬鉄器の量が西日本のなかでも，それほど卓越していないという点も指摘しているので，この時期に何らかの変化がすでに起きていた可能性は当然高いと考えられる。

　野島のように石器の激減が鉄器の普及によるものではないと考えれば，古墳成立を生産力の増大の延長線上に求めなくてもよくなるので，何か別の理由を考えなければならない。

　こうした鉄にこだわった古墳成立論の一方で，それほどこだわらない考え方も出始めている。先述したように早くは村上もそうだが，最近では土生田純之の見解がある。鉄器の普及を中心に弥生から古墳後期にいたる展開をみると，画期は弥生中期と古墳中期にあることは明白なので，社会の様相は弥生から古墳への変化よりも古墳中期の変革の方がはるかに大きい。にもかかわらず時代呼称がこうした評価とは異なった時点を変化の定点におくのは，政治史に特化した場合，上部構造に焦点を合わすと，弥生から古墳に変換点を位置づけることが妥当であるからだと述べている〔土生田 2009〕。

おわりに

　弥生長期編年のもとで変更を迫られる弥生文化の鉄について，弥生人が最初に出あった金属器とは何か。出現する時期に伴って変わってくる鉄素材の問題。弥生人の鉄器製作の実態。鉄を媒介とした古墳時代成立論についてみてきた。

　全体的にいえるのは，日本列島において弥生稲作がいつ始まろうが（前5世

紀であろうが前10世紀後半であろうが），弥生文化の鉄の歴史は，当時唯一の鉄生産国であった中国の鉄の歴史に左右されてしまうので，日本列島における鉄の出現時期は，前4世紀頃で変わらない。ただ，弥生稲作の開始が500年さかのぼったために，基本的に金属器のない時代が何百年もつづくことになる。

弥生短期編年のもとで存在した，弥生文化の当初から炭素量や生産地が異なる鉄が並存していたという考え方は，鋳鉄の炭素量を下げた可鍛鋳鉄を，誤って鍛鉄と鑑定した自然科学的な調査結果のもと，考古学的な時期比定と年代比定の誤りとがあわさって下されたといっても過言ではない。

その結果，弥生長期編年のもとでは，金属器生産の進んでいた韓半島南部から弥生中期以降，鉄素材を輸入して，立ち後れた技術のもとに鉄器を作り，列島内の鉄需要を満たしていたということができよう。

最終的には，鉄器製作の先進地であり，かつ鉄刃農具を駆使して農作業を行っていた九州北部ではなく，リサイクルも充分に行えるような鍛冶炉も見つかっていない，近畿中枢部や岡山南部を中心とする地域で創造された，政治的な産物である前方後円墳とその祭祀を象徴とする，政治・宗教体制のもとで，日本列島は古墳時代を迎えたということが重要と考える。

註
1) 弥生短期編年においても，弥生前期の鉄器は基本的に木製農具を製作する木工具として存在し，刀子，手斧，鏃など小形品に限られていたものの，最初から弥生実用の利器として持ち込まれて使用されていた点が評価されていた。その一方で細部加工や特殊祭祀用木器の製作に限定されていて，主な生産用具は石器であり，鉄器は補助的な役割にすぎないと考えられてきた経緯がある。
2) 2点とも伴ったとされる土器との厳密な共伴関係が確認できないので，所属時期に疑問が出されている〔春成 2003〕。
3) 伝世とは，その製品が大陸で作られてから日本列島で廃棄，もしくは副葬されるまで，保有されつづけられることを意味する。その場所は大陸の場合と，日本の場合とがある。
4) 京畿道広州市駅洞遺跡の墓から見つかった遼寧式銅剣の時期は，被葬者の人骨のAMS炭素14年代測定の結果，前12世紀であることが明らかになった。これまで韓半島でもっとも古い遼寧式銅剣が見つかった忠清南道比莱洞遺跡の前11世紀よりも100年ほどさかのぼったことになる。
5) 現在では弥生中期中頃（前3世紀）以前の弥生人による脱炭処理は否定されており，中期後半（前2世紀）に橋口達也が想定した福岡県春日市赤井手遺跡で見つかった「沸

かしの痕」があるという鋳鉄片〔橋口 1974〕も，大澤が冶金学的な立場から，中期から後期前葉にかけては，下げや沸かしの作業が行われていなかったと否定的な見解を述べている。

6) 野島によれば，完形の鉄斧とその破片が一緒に集落から見つかる例がいくつかあるので，基本的に福岡沿岸地域が完形の鉄斧を舶載し，九州北部（朝倉郡内，小郡市域）で完形のまま使用する。破損したものは石器製作の手法で小さな工具として分割・加工・再利用されたようだ。しかし日本海沿岸の鳥取や京都，岡山などの地域では，中期段階であっても，いまだに完形の鉄斧は出土しないことから，九州北部から二次的に破片が流入してきて，それを単に利用した地域と考えている〔野島 2009a：239頁，100図〕。

Ⅳ　新しい弥生集落像

はじめに

　「縄文時代や弥生時代の日本列島には，どのくらいの人びとが暮らしていたのですか」という質問をよく受ける。いわゆる縄文・弥生時代の人口に関する質問だが，人口は遺跡の数や同時併存住居の数，そして住居1軒あたりに何人ぐらい住んでいたのかという数字をもとに導き出すことができる。このうち，この章では，同時併存住居の認定方法について考える。

　先史時代の住居の時期は，住居跡から見つかった土器で決める。同じ型式の土器が見つかった住居跡は，同時に存在していたと仮定することで，先史時代の人口や社会構造の研究を進めてきた。

　しかしAMS炭素14年代測定法の導入によって，弥生稲作の始まりが500年ほどさかのぼる可能性が高くなったことによって，これまで同時併存認定の際に前提としてきたいくつかの条件が成り立たない可能性が出てきたのである。

　この章ではそうした事態をふまえて，弥生集落論は今後，どういう方法で同時併存住居を認定し，社会構造や人口問題について考えていけばよいのか，現在の見通しについて述べたものである。

　まず第1節で，同時併存住居の認定法の基礎となる住居跡内出土の土器について，出土地点ごとに，いえることはどこまでかをまず押さえたうえで，「同時期」の意味を考える。床面直上出土の土器と，覆土から見つかった土器では時期についていえることが異なるからである。

　第2節では，「同時期」の認定がどのように行われてきたのかを，弥生集落論の研究史上に重要な位置を占める福岡市宝台遺跡を素材に振り返る。

　第3節では，較正年代にもとづく実年代で各型式を考えた場合，存続幅が100年を超えるような長い土器型式の場合は，存続幅ではなく，累積結果，または一時期を区切ることによって，これまでのような集落論を展開できるかど

うか，という問題について考えた。
　第4節では人口や集落規模の決定法に関する考え方について学ぶ。1つの土器型式の存続幅が延び，かつ一つ一つの土器型式の存続幅が異なる場合に，どのように理解すればよいのか，という問題である。福岡県小郡市三国丘陵を舞台に弥生時代の人口問題を検討した片岡宏二・飯塚勝の研究に習って考える。

1　「同時期」の意味

(1)　同時併存住居の認識の違い――縄文集落論と弥生集落論

　ある住居跡とある住居跡が同時に存在していたのかどうかを判断する基準が，縄文文化研究と弥生文化研究では異なっていたのではないか。いわゆる同時併存住居の認定法についての問題である。
　これまでの弥生集落論では，同じ土器型式が見つかった遺構は，その土器型式の存続期間内のどこかで同時に営まれていたという前提で行われてきたが，なかには型式存続期間と同じ期間，営まれていたと考えられる場合もあったのではないか。
　たとえば，2003年に，歴博が弥生時代の始まりは500年さかのぼる可能性を発表したときに出た次のような発言からも明らかである。歴博年代だと，「つまり平均寿命はともかく，余命が100才前後まで延びざるを得なくなるが，人骨資料がその可能性をゼロにしている」〔高倉 2003：7頁〕。墓地を念頭に置いた発言ではあるが，土器1型式の存続幅＝1世代という前提という意味では同じである。この考え方に住居の耐用年数も1世代とほぼ同じくらいの長さであろうという前提が加わる（1型式＝1世代＝耐用年数→25〜30年）。こういった具合に同じ土器型式に属する弥生期の住居は，25〜30年の存続幅をもつと見なしてきたと考えられる。
　またもしくはこう考えるしかほかに手段がなかったという事情もある。弥生文化の存続幅は1960年代に約600年という考えが示されていた。前期200年，中期200年，後期200年という割り振りは，土器型式によって存続期間が異なるかもしれないという予想があったとしても，実際に確かめようがないため，前期

から後期までの土器型式の数で600年を割ると，必然的に平均1型式＝25〜30年という数字が出てくるのである．

一方，縄文集落論の場合，土器型式の大別の段階においては，1型式約100年と考えられてきたので，1型式＝1世代という考えは最初から存在しなかった．逆に存続幅が長いからこそ，1970年代に，いわゆる「見直し論」が出てくる．「見直し論」とは，縄文文化の大集落といわれるものは「定住的」ではなく，土器1型式で示される期間内にも，何回か移動を繰り返していた，と理解するものである．したがっていわゆる「大集落」で検出された遺構群は，いくつもの土器型式にまたがる長い期間，もしくは1つの土器型式の存続期間の中で転入・転出をくり返した結果，遺されたものにすぎない，という累積の結果としてみることになる．

細別型式の編年にもとづいて住居跡をはじめとする遺構の年代を決定したとしても，細別土器1型式のうちの集落の戸数は多くても数戸にすぎない，という研究成果もある．

石井寛は，「縄文時代の「集団」は，「一定の土地への定着性を強めながらもなお，一定地域内での移動を繰り返していた．（中略）ひとつの集落址は，たとえ土器型式で数型式間に亙って居住されているようにみえても，その中の一土器型式期間内においてさえ居住は断続的であり，集落地の無人化状態を繰り返していたと考えられる」〔石井 1977：1頁〕と結論づけている．

弥生稲作という生業が定着を前提としていたので，移動は想定外であった弥生集落論と縄文集落論とは，出発の時点からよってたつ前提が異なっていたことがわかる．

21世紀にはいると，細別型式と炭素14年代値を組み合わせた研究が登場する〔小林 2004〕．

小林謙一は，細別型式の時間幅（2〜30年）より住居の改築年数の方が短いこと，細別型式の時間幅と住居の耐用年数はパラレルでないこと，改築・建て替えなど見かけ以上の存続期間をもつ場合があること，覆土出土土器も投棄や流れ込みがあること，などをあげ，埋設土器をもつ遺構しか，年代的には適切に位置づけることはできないと結論づけた．

その上で同時併存を意味する考え方として「同時機能住居」という考え方を

提唱した。まず1細別型式に属する遺構群を抽出し，そのなかからライフサイクルモデルを用いて同時機能住居を絞り込んだ。構築中と生活している期間をあわせて1ライフサイクルと認定。同時に機能している瞬間を Phase と呼び，Phase ごとに集落動態をみる。すなわち一定の存続期間内の同時併存を想定するのではなく，瞬間を切り分けて，その瞬間に何軒存在したかを認定することにしたのである。

さらに小林の縄文集落論は，Phase に較正年代をからめた点に特徴がある。東京都目黒区大橋遺跡で見つかった縄文中期31細別型式（1時期約30年）期間内の住居を対象とした。

細別型式の較正年代を 2σ で並べていき，隣接細別型式の較正年代が重複している部分は重複部分の中間値を境界とみることで，細別型式の存続幅を実年代で算出。これによって時期を決定。さらに1細別型式に属する住居群も重複関係・遺構間接合などにより同時機能住居ごとに Phase を分け，おおよその細別型式内の Phase 数で，時間幅を区分した。その結果，1Phase が10年未満という数値を導き出した。

(2) 住居跡出土土器からいえる時期とは

土器が住居跡のどの部分から出土したかによっても，その土器からわかる住居の年代は異なる。炉体土器・炉壁土器や埋甕など住居の施設として組み込まれているもの，すなわち施設土器は，土器型式の存続幅の上限が，建造された年代の上限（つまりこれ以上，さかのぼらないという意味）を示すが，使用型式年代のなかでどこまで使われたかはわからないので，住居が廃絶された年代という，存続期間の下限を知ることができない。たとえば，夜臼Ⅱa式土器の埋甕をもつ住居（実際には存在しない）が建てられた年代は，夜臼Ⅱa式の出現年代まではあがる可能性があるが（逆にそれ以上，上がることはない），夜臼Ⅱa式の存続幅の最後に埋設された場合は，夜臼Ⅱb式段階まで使われることになるので，廃絶年代が施設土器である夜臼Ⅱa式の下限年代とは限らないことになる[1]。

次に床面から出土し，遺棄・放棄されたと推定できる土器，いわゆる床面直上の土器からも，住居が造られた年代を土器型式の上限年代から知ることがで

きる。床面から夜臼Ⅱa式が出土すれば，住居が造られた上限の年代は夜臼Ⅱa式の上限年代まであがる可能性がある。逆にいえばそれ以上，古くなることはない[2]。

最後に住居跡の覆土から出土した土器からは，使用期間にかかっているかどうかもわからない。ただ基本的にその土器が廃棄・投棄された年代は，土器の存在幅の上限まではさかのぼる可能性もあるが，途中で流れ込みや攪乱などがないわけではない。板付Ⅰ式期に作られた住居址には，一般に板付Ⅰ式土器を含む板付Ⅰ式以降の土器を投棄できるが，夜臼Ⅱa式が流れ込むことも実際認められるので，慎重に判断する必要がある。

以上まとめてみると，住居跡から出土する土器は出土位置に限らず，住居が利用されていた期間全体をしめす直接的な証拠とはならず，施設土器・床面直上土器とも使用期間の上限を示し，下限は床面直上土器の時期かそれ以降と考えることしかできない。

縄文中期前半～中葉の千葉県草刈貝塚では検出された177棟の住居のうち，覆土出土土器しかない住居が6割，施設土器で建造の年代を推定できるのは2割，床直で廃絶年代を絞り込めるのは7％で，実質的に使用期間の特定は不可能に近いことがわかる〔林 1995〕。

(3) 仮にすべての住居の建設・放棄の年代が確定できた場合

「住居の建設・老朽化・廃絶などのプロセスを支配する要因は，土器型式の変遷を支配する要因と一致しているわけではない」〔林 1995：92頁〕し，「同時期と判断された遺構のまとまりが集落跡である。ただしここで「同時期」というのは，ある時間幅のなかにおさまるということで，その時間幅は（土器型式の存続幅など）固定したものではない」つまり何年間といえるものではない。

「遺構群の変遷は，2～30年を単位とする時間幅のなかでの動きを映し出しているわけで，わずか2～3ヶ月のうちに起きた出来事の痕跡を観察しているだけ」かも知れない。

「時間幅は考古学者が集落址の動きを捉える単位だから，どのような動きを捉えたいかによって，時間幅は細かくなったり，粗くなったりする」ので，目的にあわせて精度を変えることになる。たとえば連続した変遷を捉えるなら，

徹底的に細かい精度でみる必要があるし、いくつかの集落跡をある時期におい て比較するなら粗くてもよいのではないだろうか。

　弥生文化の場合、1型式50〜60年としても本来なら粗い精度なので、変遷な ど議論できる状態ではなかった可能性があるが、1型式＝1世代という仮定の うえで、変遷を議論していたというのが実態だったと考えられる。実際、それ で困らなかったし、それしか方法がなかった。つまり、1型式50〜60年間の累 積結果ごとの動きを、同時併存の棟数とみなして、土器型式ごとの変遷を議論 してきたのがこれまでの弥生集落論である。

　見方を変えれば、そもそも実年代的に断絶のない変遷を議論する必要がある のだろうか。土器型式ごとの累積結果を比較すればいいのではないだろうか。 較正年代の登場は、土器型式の存続幅を導き出してしまうので、1型式＝1 世代という仮定を成り立ちがたくしているし、特に弥生中期以前は1世代をこ える存続幅をもつ土器型式が多いのでその傾向が強い。ここで再び、縄文集落 論の歩みを見習って新たな方法を考えるのか、それとも本当の意味での連続し た集落変遷という課題の解明をあきらめ、土器型式ごとの累積軒数を基準とし た集落比較に費やすのか、研究者一人一人に委ねられているといえよう。較正 年代とは、ある時間幅のなかにおさまるのと同じことで、それが確率で示され たものなのであるから[3]。

2　「同時期」の認定法

(1)　従来の年代観による集落論

　福岡市宝台遺跡は、岡山県沼遺跡や福岡市比恵遺跡につづいて、弥生中期の 集落構造を明らかにした遺跡として、弥生集落論の研究史上に位置づけられる 遺跡である〔高倉編 1970〕。当時の九州北部における弥生集落論における「同 時期」の認定法がほとんど網羅されているので、ここに紹介し、従来の弥生集 落論の方法をおさらいしておく。

　宝台遺跡には尾根を異にするB地区、C地区、D地区という3つの地点が あり、そこに2つの土器型式に属する住居跡や住居状遺構、ピットなどが検出

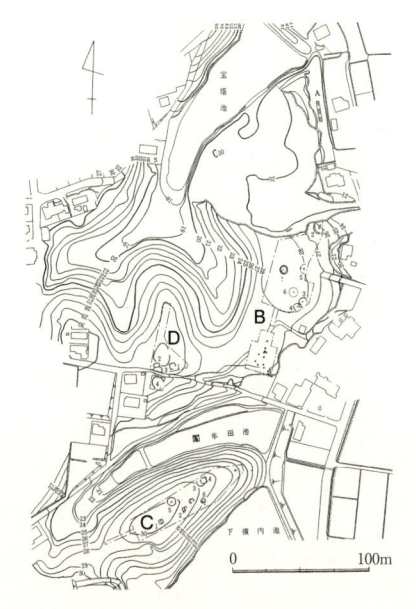

図66 福岡市宝台遺跡（〔高倉編 1970〕より転載）

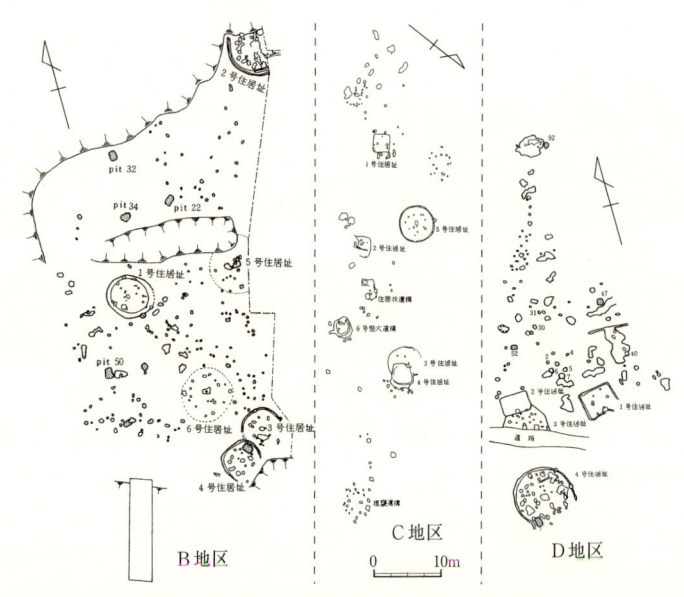

図67 福岡市宝台遺跡各地点の遺構配置図（〔高倉編 1970〕より転載）

された（図66・67）。

　住居の同時併存の認定は，まず床面直上から出土した土器，次に住居跡の構造的類似などを根拠に行われた。検討の結果，各地区とも1型式期，5棟前後の住居から構成されることになる。そして各時期の間は隔絶を意味するのではなく，連続して営まれた生活の時間的な幅を示していると判断された〔報告書81頁〕。

　つまり同じ土器型式が床面直上から見つかった住居跡は同時併存であり，また隣接する土器型式が出た住居跡同士は時間的に連続しており，間に断絶期間はないと考えられていた。これが当時の「同時期」に関する基本的な考え方であったし，ずっとこのように考えられてきた。

　表8は，宝台遺跡のB・C・D地区から検出された住居跡の特徴を一覧表にしたものである。報告書80頁の表に，「出土状況」と「時期」の項目を加えた。土器は宝台Ⅰ式にせよ，宝台Ⅱ式にしても床面直上出土がもっとも多く，第1節で見たとおり，住居の時期は見つかった土器型式の下限年代＋a以前としかわからない。つまりそれより新しくなることはないという点を押さえることができる。あとは土器型式の存続幅が長ければ長いほど，絞り込みにくくなってくる。

　土器型式は宝台Ⅰ式が中期中葉とされ，甕棺編年の須玖式に併行すると位置づけられた。宝台Ⅱ式は中期後葉とされ，後期に接近した時点の所産という位置づけである。ただB地区5号住居跡は，宝台Ⅰ式の中でも古い様相をもつとされているため，時期差とはいえない程度の新旧の差を内包している可能性はある。

　1970年当時，中期は城ノ越式（初頭），須玖式（中葉），御床式（後葉）の3つに分けられていたので，中期200年を3つに割れば，1型式＝60年ぐらいの存続幅が想定されていたのではないだろうか。すると厳密に考えれば，中期中葉でも終わりの方に宝台Ⅰ式の住居が造られ，中期後葉でも最初の方に宝台Ⅱ式の住居が造られないと，連続していたとは考えられないので，とても「隔絶を意味するのではない」とは言い切れないと思われる。

　1型式の存続幅を仮に60年としたら，較正年代であろうがなかろうが，同じ土器型式だからといって同時併存とは簡単にいえないわけだが，そういう発想があったとしても確かめようのない時代のことである。そこで較正年代で考え

表8 宝台遺跡で見つかった住居跡の一覧表

地区	住居址	形状	方位	規模	面積	壁の現存高	pit(柱穴)	炉	周溝	土器	出土状況	石器	その他	時期
B地区	1	円		径6.1〜6.7, 径5.4〜4.9	32.2㎡, 21.1㎡	5cm	27	なし	なし	有	第二次床面と屋内ピットから	石庖丁3, 砥石1	二軒, あるいは建て増しか	建て増しされた住居の下限が弥生中期中葉
	2	円		径(推定)8	約50㎡	45cm	多数	なし	有	有	表土から床直まで宝台Ⅰが出土	今山製石斧1, 砥石1	半掘	下限が弥生中期中葉
	3	円		径5.7	25.5㎡	5cm	多数(7〜8)	なし	有	有	時期を決める土器は出土していない	なし		構造的に似ているので弥生中期中葉
	4	胴張りの隅丸方形		5.5	約30㎡	12cm	13	なし	有	有	床直	砥石1	3号を切る	下限が弥生中期中葉
	5	円(?)		?	?	?	多数	なし	一部有	有	床直と中央ピット	紡錘車	1号溝とPitが残るのみ	下限が弥生中期中葉
	6	円(?)		?	?	?	多数	なし	?	有, 少数	削平のため不明	なし	床面削平されPitが残るのみ	構造的類似のため弥生中期中葉
C地区	1	隅丸方形	N29W	3×3.2	10.3㎡	13cm	外6, 内8	なし	なし	有	床面より浮いて出土	砥石1	焼土なし, 一部床面上に炭化物有	存続期間の一点が弥生中期中葉にあり
	2	隅丸方形	N57E	3.4×3.2(?)	約(推定)10.9㎡	17cm	9	なし	なし	有	床直	砥石1	南東壁削平, 中央に溝有, 西隅Pit上に炭化物あれど焼土なし	下限が弥生中期中葉
	3	円		径6.5〜7	約(推定)36㎡	24cm	不明	なし	一部有	有, 少数	出土地点不明	なし	4号に切られる	弥生中期中葉
	4	方形(?)	?	?	?	?	不明	なし	有	有, 少数	確実に伴う土器なし	なし	4号を切る。三軒内外の複合有, 排水溝らしきもの有	弥生中期中葉
	5	円		径6.6	34.2㎡	50cm	19(17)	なし	有	有	床直	磨製石斧1, 砥石2	中央Pit内および付近に焼土, 炭化物有。住居址とは考えられない	下限が弥生中期中葉
	6(竪穴遺構)	不整楕円		長3.6, 短3.2	約11㎡	55cm	内6, 外3(内2)	なし	有	有	床直	砥石3, 石庖丁1	排水溝有。床面上一面に焼土, 炭化物有。住居址とは考えられない	下限が弥生中期後葉
	7(住居状遺構)	方形(?)		3.1×(?)	?	8cm	6	なし	なし	有, 少数	床直	なし		下限が弥生中期中葉
D地区	1	長方形	N76E	4.8×4	19.2㎡	30cm	7(4)	なし	有	有	床直	砥石1	南壁よりの大Pit内に炭化物有, 焼土なし	下限が弥生中期後葉
	2	長方形	N86E	4×2.8	11.2㎡	30cm	内1, 外5(外, 4)	なし	なし	有	床直	砥石1, 打製石鏃1	南壁に接するPit付近に炭化物有り	下限が弥生中期後葉
	3	円		径7	約(推定)38.5㎡	16cm	17+α(5+β)	なし	なし	有, 少数	覆土	なし	半掘。上部に須恵器多量に出土, 一部Pitより炭化物	存続期間の一点が弥生中期中葉にあり
	4	円		径8.4	約55㎡	30cm	多数(10)	なし	なし	有	床直	磨製石剣1, 打製石鏃1		下限が弥生中期中葉

註 土器の「出土状況」と「時期」を追加.

てみた場合，宝台遺跡はどのように評価できるのであろうか。

(2) 較正年代による宝台遺跡の集落論

較正年代は1972年に設定された小田富士雄の編年案にもとづいている〔小田1972〕（図68）。小田編年は中期を前半と後半の2つに分け，前半は初頭の城ノ越式と須玖Ⅰ式に，後半は須玖Ⅱ式に分類している。

したがって宝台Ⅰ・Ⅱ式と歴博の較正年代を完全に一致させられるのは城ノ越式だけである。現在，もっともよく使われているのは田崎博之の中期土器編年〔田崎 1985〕で，小田の須玖Ⅰ式は中・新段階の2つに，小田の須玖Ⅱ式は古・新段階の2つに細分されている（図68）。田崎編年の須玖Ⅰ式新と須玖Ⅱ式古が宝台Ⅰ式に，須玖Ⅱ式新が宝台Ⅱ式に相当すると思われ，これなら宝台Ⅱ式（中期後葉）が後期に近いという内容とも一致する。

筆者と今村峯雄は，長崎県原の辻遺跡出土の弥生前～中期土器に付着した炭化物の炭素14年代を測定し，土器型式ごとの較正年代を求めた〔藤尾・今村2006〕。それによると，須玖Ⅰ式は前325～前230年，須玖Ⅱ式は前230～前45年頃であった[4]。ただし原の辻遺跡出土土器の時期比定は，常松幹雄にお願いしたので須玖Ⅰ式古とか須玖Ⅱ式古とか，田崎編年に対応した時期比定を行っている。

宝台Ⅰ式は須玖Ⅰ式の途中から始まり，宝台Ⅱ式も須玖Ⅱ式の途中から始まるので，宝台Ⅰ式は前265年前後に始まり，宝台Ⅱ式は前2世紀前半に始まると仮定した[5]（図68）。

ただ日本産樹木の炭素14年代測定が進めば須玖Ⅰ式，須玖Ⅱ式の上限・下限とも下方修正される可能性はあるので，宝台Ⅱ式の下限は後1世紀のどこかにくるが，いずれにしても同時併存認定の場合には存続期間が長すぎて厳密な認定はできない。

この時期の土器型式を較正年代で表せばどうしてこれほど長くなるかというと，板付Ⅱc式から須玖Ⅱ式古に相当する炭素14年代値，すなわち2340～2090 ^{14}C BPの間では，較正曲線が大きくⅤ字状に波打っているからで（図69），2σの確率密度でみるとどうしても長くなってしまう。したがって土器型式の順番を利用して，較正曲線上に土器の炭素14年代の中心値を確定してから

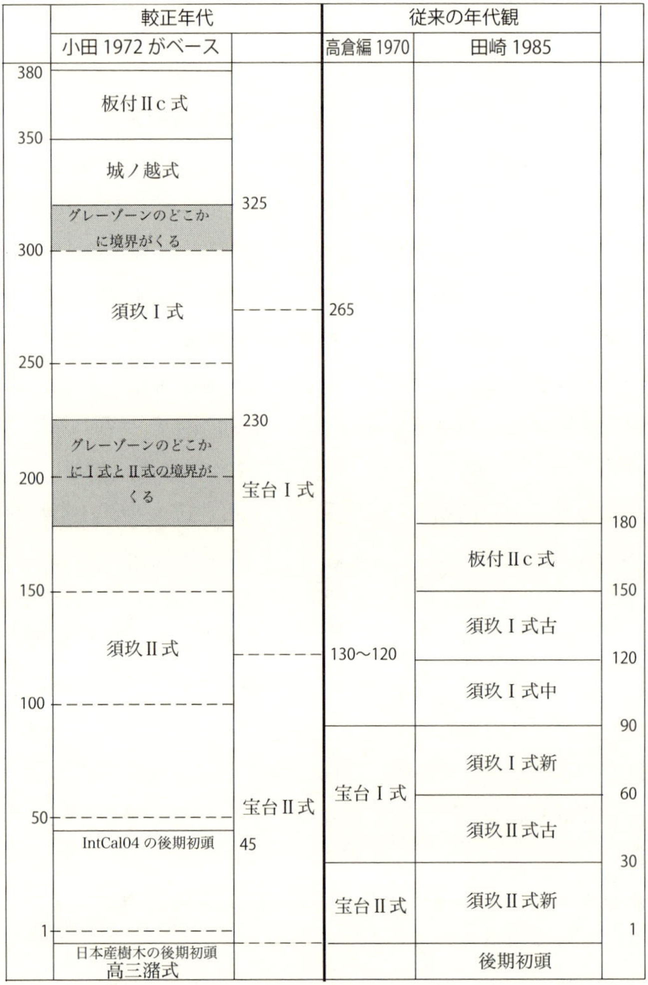

較正年代		従来の年代観	
小田 1972 がベース		高倉編 1970	田崎 1985

図68 九州北部の弥生土器編年図（前期末～後期初頭）

（〔藤尾 2009b〕より）

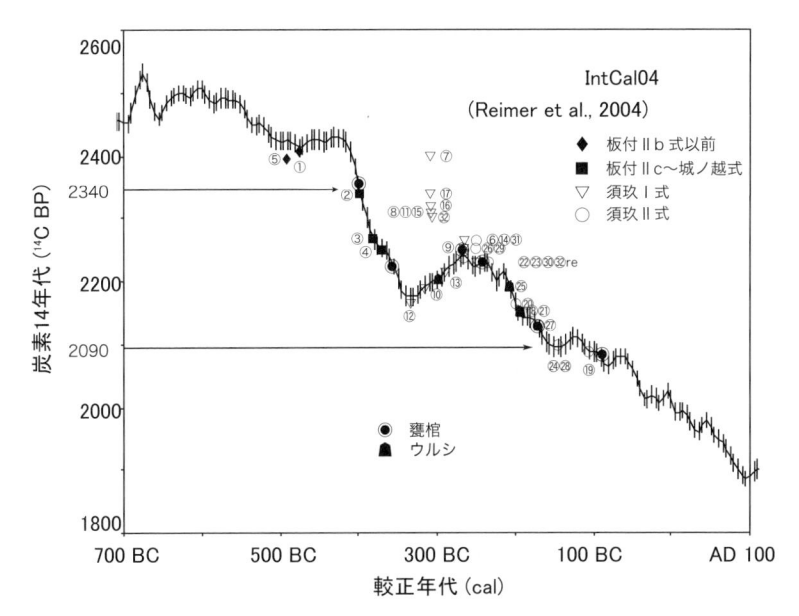

図69 弥生中期付近の較正曲線（IntCal04）〔藤尾・今村 2006〕より）

較正年代を算出し，短くしてみよう。いわゆる土器型式を用いたウィグルマッチ法の適用である〔藤尾・今村 2006〕。

宝台I式は，前265〜前130-120年を中間とする時期，宝台II式は後1世紀を下限とするので，存続幅は200年近いものとなる。すると，各地区の住居がこの期間のどこかで営まれていたことになるが，同時併存の住居を特定することはできない。

確実にいえることは，宝台I式の約140年間でB地区には累積5棟の住居が建てられた，ということである。5棟の住居が切り合いのある1棟を除いて実際に一時期に何棟建っていたかどうかは，これだけの資料からはわからない，ということになる。

(3) ま と め

実際，宝台I式期に比定されたB地区2号住居跡の覆土から宝台I式土器が見つかっているから，2号住居跡の廃絶後も，宝台I式段階に人びとが近くに住んでいた可能性はあるので，宝台I式の存続期間にも住居の時期差があっ

2 「同時期」の認定法　　183

た可能性は否定できない。2号住居跡が宝台Ⅰ式の存続期間いっぱい存続していたわけではないからである。

また宝台遺跡の報告書の本文中にも、B地区1号住居跡からは若干古い要素をもつ土器が出土したとか、5号住居跡出土の宝台Ⅰ式は、中期中葉のなかでも古い様相をもつ、など宝台Ⅰ式段階にも新古の段階差がみられること。B地区から生活が始まりC・D地区へ拡大していることなどからみれば、100年の存続幅を前提に考えた時、同時併存していなかった可能性を否定することはできないであろう。

同じ土器型式なら同時併存、という考え方から離れれば、宝台Ⅰ式期に2時期以上あったという見方も可能になってくる。事実関係に即してそのまま考えることが肝要である。

同時併存住居跡が何軒、から出発する集落論から、累積何軒、から出発する集落編へと、新たなる分析法の開拓が今、求められているのである。

3　累積結果か一時期か

(1)　一時期の認定は難しい

2008年3月現在、九州北部における弥生早期から後期終末までのすべての土器型式について測定を行った。もちろん測定数が1～2点にとどまっている型式も多いが、各型式の相対関係を利用してウィグルマッチングを行い、較正曲線上へ中心値をプロットする作業をほぼ終了した（図70）。

図70をみるとわかるように弥生中期後半（須玖Ⅱ式）以前の土器型式のなかには1型式が150～200年間に及ぶものがあり、遺構同士の重複関係を利用して絞り込んだとしても、1つの型式に属す住居跡の同時性を認定することはきわめて難しいことが明らかである。

土器型式を用いたウィグルマッチ法が適用できる須玖Ⅰ式や須玖Ⅱ式でさえ、現状では150年までしか絞り込むことができないのであるから〔藤尾・今村2006〕、存続幅の問題を抜きにしたまま厳密な同時性の認定について、これ以上議論を進めることはできない。ましてや2400年問題に完全にかかっている板

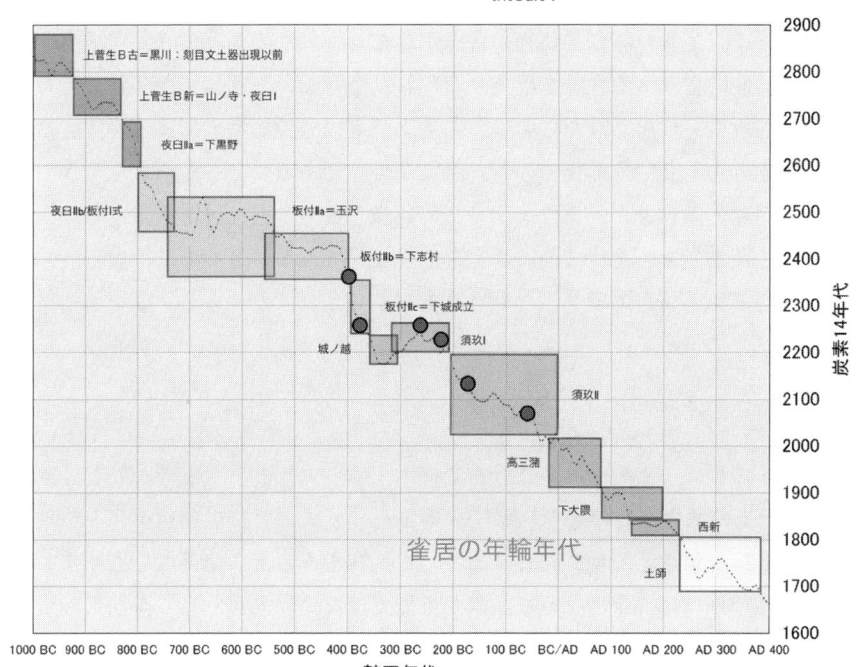

図70　IntCal04上における土器型式分布図（〔藤尾 2009d〕より）

付Ⅱa式や板付Ⅱb式段階の住居跡の同時併存の認定にいたっては，さらに難しい。それではどうすればよいのだろうか。

2006年9月に金沢で行った歴博基盤研究の研究会（「縄文・弥生集落遺跡の集成的研究」）では2つの解決法を提案した。何年ぐらい存続したのかという住居の存続幅はきわめて好条件のもとでしか解明できないので，とりあえず保留するなら，土器型式の存続期間（較正年代）のうちのある瞬間，たとえば須玖Ⅰ式なら前300年頃とか，須玖Ⅱ式なら前100年頃とかいった，ある瞬間に，何軒，存在したという前提で集落論を展開する方法である。つまり累積結果という前提で集落論を考えるのである[6]。

次にあくまでも連続性，存続幅を想定して集団規模やその変遷を継続的に把握したいのであれば，土器型式の細分をさらに進めて徹底的に細かい精度で測定する必要があるが，すぐには望める状況にはないし，たとえ細分が進んでも

細分案に炭素14年代を対応させる必要があるので，しばらく時間を要する。

　いずれにしても一時期に何軒の住居が存在していたのかという集団規模を問うには，同時併存する住居を確定しなければならない。存続幅が50年以上の土器型式の場合，検出された住居は，あくまでも同じ土器型式に属する住居の累積数にすぎないという前提でのみ，議論が可能であることを認識するべきであろう。円環の論理とか，単位集団として認識されてきた住居群構造などは，前期末〜中期初頭をのぞいて同時併存を前提としてみるべきものではなく，弥生人が考える集落構造の理想型という見方でとらえ直すか，もしくは累積結果と認識すべきである。

(2)　解決の手がかり

　まず土器型式ごとの暦年較正分布を提示する。九州北部（福岡・佐賀・長崎・大分）出土の弥生土器の炭素14年代を測定し，型式ごとに炭素14年代を整理して較正曲線上に落とし型式ごとにまとめた図70をみると，集落論を展開する場合，弥生前期には従来のような議論が可能ではないかと思われる時期と，議論は難しい時期があることに気づく。

　板付Ⅱc式の前期末は存続幅も短く，同時併存に限りなく近い状態を想定することができる，きわめてまれな時期である。前期末〜中期初頭に集落数が急激に増加する現象も，同時併存と確実にいえる状況ではより積極的な評価が必要になってこよう。

　逆に板付Ⅱa式（前期中頃）は存続幅が長いために現状では同時併存の認定は難しい。板付Ⅱb式も同じである。これらは累積の結果という前提のもとでしか議論はできない。また中期末〜後期初頭の紀元前後には須玖Ⅱ式と高三潴式という2つの土器型式が併存するため難しいであろう。下大隈式と西新式は約50年にわたり併存するが，この時期は較正年代よりも中国鏡を使った考古年代の方が年代を絞り込めるので，従来と同じ方法が使える。

　例として福岡県粕屋町にある江辻遺跡をとりあげてみよう。いわゆる渡来人のムラと喧伝されてきた集落で，方形の平地住居や松菊里タイプの円形住居の時期は，夜臼Ⅱb式や板付Ⅰ式の時期にあたり，較正年代では前8〜前7世紀のどこかにおさまる。したがって同時併存の遺構を認定することは難しく，こ

こでも検出された遺構は今のところ累積の結果と考えるしかない。

　一方，環壕との説もある浅い溝状遺構は数回にわたり掘り返されていることがわかっているので，実際は何時期かに分かれる可能性もある。住居や方形建物の建て替えが，これと連動していることを考古学的に確認できれば，ある一時期に存在した建物の数を絞り込む道も開けてこようが，現状では難しそうである。まだ報告書が出ていないので本格的な検討は刊行後ということになろう。

　したがって江辻の集落構造について，現状では累積の結果としかいえないといえよう。その意味では縄文中期の馬蹄形貝塚や栃木県寺野東遺跡などの環状盛土遺構，北海道キウス遺跡などの周堤墓，三内丸山遺跡の盛土遺構をめぐる遺跡形成論との間で，縄文文化や弥生文化という時代を超えて共通した議論ができる可能性がある。

4　人口・規模の認定法

(1)　不均等性のシミュレーション

　同時併存の認定が難しい時期が存在するとすれば，人口問題をどのように考えていけばよいのか。片岡宏二と飯塚勝が福岡県小郡市の三国丘陵を舞台に行った人口シミュレーションの研究を例にみていこう。この論文の目的は「三国丘陵で渡来系弥生人がどのように人口増加し，縄文系弥生人を凌駕して主体をなすに至ったかを，渡来系弥生人集団の住居跡と縄文系弥生人集団の住居跡とに分けて時期別の住居跡数変遷をもとに定量的・客観的に示すことである」〔片岡・飯塚 2006：2頁〕。

　住居の数から当時の人口を推定するわけだが，やはり同時併存住居の認定が問題になる。土器型式では，板付Ⅰ式，板付Ⅱa式，板付Ⅱb式，板付Ⅱc式，城ノ越式（a・bの2小期）の5期6小期に分けられていて，これらの型式ごとの人口を推定することになる。

　三国丘陵で検出された各時期別住居数を遺跡ごとに整理した上で，プラン・立地・集落構成を基準に縄文系（図71）と渡来系の住居跡に分ける。なお渡来系は松菊里型住居跡を基本に分類されている。

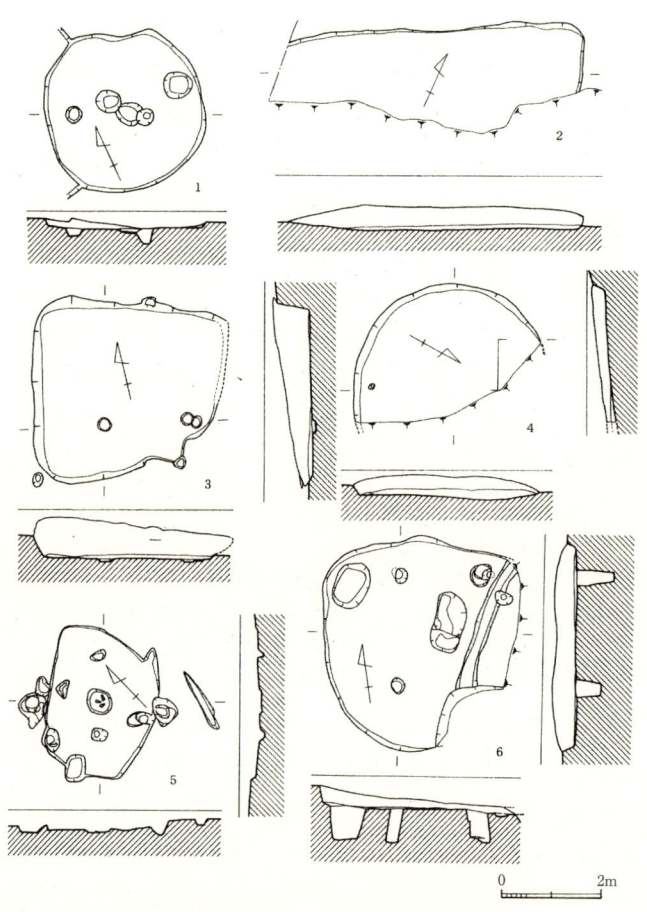

図71　福岡県三国丘陵の縄文系弥生人の住居跡

（〔片岡・飯塚 2006〕より転載）

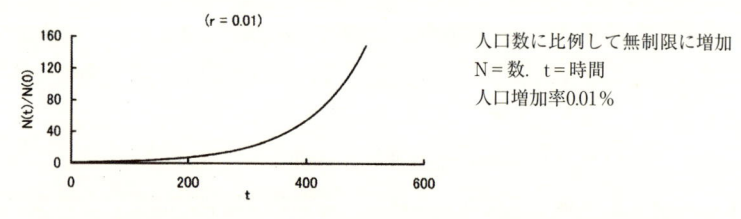

人口数に比例して無制限に増加
N＝数．t＝時間
人口増加率0.01％

図72　指数関数による人口増加率（縄文系に適用〔片岡・飯塚 2006〕より）

片岡と飯塚は人口を推定をするにあたり，いくつかの前提を設けているので紹介しておこう。

①縄文系と渡来系集団は，渡来系が全人口の80％を占めるようになるまでまったく交流せず，80％に到達してから交流を開始するという前提である。これは縄文系住居跡がみられなくなる時期と関連づけた結果と考えられる。

②実年代についてシミュレートするには時間軸がいるが，具体的な数字が必要となるので実年代を各型式に当てはめないといけない。まず，１型式30年案と100年案という均等な年代を採用する。30年案の根拠は，前50年前後に前漢で製作された鏡が副葬される立岩式甕棺の時期を，前１世紀後半にまず位置づけてから，前300年に始まる弥生時代初頭までの存続期間を，土器の型式数で均等割したものである。確かに立岩式甕棺の年代の１点が前１世紀後半にあることは間違いないが，立岩式甕棺の存続期間がまるまる前１世紀後半に収まる考古学的な証拠はない。つまり立岩式甕棺の上限年代が前１世紀後半に収まるのは，あくまでも弥生時代が前300年頃に始まったと仮定する場合だけである。100年案は片岡・飯塚論文が執筆された時点で，歴博が公表していた年代をもとに板付Ⅰ式の上限年代を前800年と推定し，残りを均等に100年ごとに割り振ったものである。

③もともと存在した住居の数は，現在見つかっている棟数の４倍と仮定。これは三国丘陵の現調査面積が全体の約25％であることにもとづいている。住居１棟の人数は，千葉県姥山貝塚例を参考に５人と仮定した。

④縄文系弥生人の人口は，年率0.1％で指数関数[7]的に増加と仮定（図72）。

⑤住居の数と各時期の基準年代 「発掘された各時期の住居数は，その最終段階までの累積数である」〔同論文：12頁〕というように，同時併存という考え方が採られていないことが重要である。したがってこの累積数も本来の住居数はさらに４倍，人口は③の仮定を入れてさらにその５倍が，もともとあった累積数として想定されている。「したがって，各時期とも一定の時間幅の中で，最もその段階の傾向を示すと考えられる中間点における数と便宜上認識した」とあるように，存続幅内の中間点における累積数として扱われている。マックスをとる人口問題は，累積数でやればあまり問題ないことになる。

三国丘陵で見つかった住居跡数を縄文系と渡来系に分けて算出した(表9)。

人口増加の典型的なモデルとして，無制限には増加しないモデルであるロジスティックモデルが採用されている（図73）。これは人口がある程度増えると，密度効果によって実質的に増加率が低下し，究極的にはある有限の値「環境容量」に近づくモデルである。密度効果とは，人口がある程度増えると，感染症が広がったり，食料不足が起きたりして，人口増加の抑制をもたらす効果のことである。

表9の人口を指数関数的増加モデルに当てはめても，途中がまったくあわない（図74）。

この図は1型式＝30年で関数モデルを作っているが，この矛盾を解決するには，どの土器型式も均等な時間幅をもつと仮定しないか，ロジスティックモデルを使うことだという。ロジスティックモデルでは，最初の段階ほど人口増加率が高く，やがて抑制されるということで，30年案と100年案の均等案で増加率を求めると表10のようになる。この数字がうまく当てはまるように書いたグラフが図75である（ここでは1型式の存続幅が30年のみ例示）。

AMS炭素14年代測定の結果，土器型式の存続幅が均等でないことがわかっているので，表11のような歴博の年代観で，飯塚勝氏にシミュレートを依頼してみた。以下，飯塚氏の記述を要約したものである。

各土器型式の存続期間が不均等な場合は，回帰曲線ではなく，6時点（6型式の上限年代）のデータの中から，3点を選んで，そのデータと一致するロジスティック曲線を求めた。すると環境容量（K）の値が非常に大きくなり，求めることが困難という結果を得たので，いっそKを無限大と考えて，より単純な指数関数的増加モデルで記述した。すると人口増加率は0.8％という数値が出た（図76）。

飯塚氏によると注意事項として，指数関数的増加の場合は，人口はどこまでも増えてしまうので，もし頭打ちがあるとすると，外的な要因で説明するしかないということであった。また100年や150年といった長期継続する土器型式の場合は，累積効果も生じるので，そのあたりは今後の課題ということであった。

片岡・飯塚のシミュレーションも，累積効果を前提としたものであったことからわかるように，人口増加率を論じていく場合には，累積効果を前提とした

表9　発見住居数と推定渡来系人口

時　期	総軒数	渡来系	縄文系	推定渡来系人口
板付Ⅰ式期	5	4	1	80
板付Ⅱa式期	15	13	2	260
板付Ⅱb式期	60	58	2	1160
板付Ⅱc式期	83	83	0	1660
城ノ越式前半期	85	84	1	1680
城ノ越式後半期	89	89	0	1780

註　発見軒数×5人×4倍＝人．〔片岡・飯塚2006〕より．

図73　ロジスティック曲線と年あたりの増加率（〔片岡・飯塚 2006〕より）

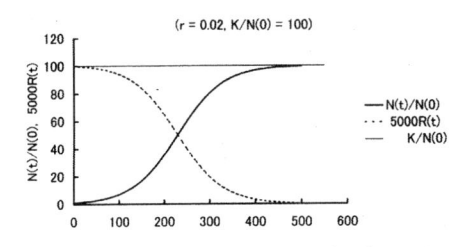

人口が少ないうちは指数関数的に増加するが，ある程度増えると，密度効果により増加率が低下し，ある有限の値に近づく．これを環境容量という．100倍に仮定．
密度効果：ストレス，疾病，食料不足．
人口増加率0.02％

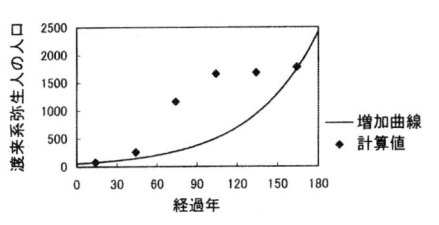

図74　指数関数的増加モデルと発掘住居数から計算された渡来系弥生人の人口（〔片岡・飯塚 2006〕より）

表10　ロジスティックモデルによる渡来系の人口増加率

時　期	人　口	30年	100年	時間幅
板付Ⅰ式期	80	6.39	1.88	80
板付Ⅱa式期	260	5.06	1.50	150-200
板付Ⅱb式期	1160	2.07	0.62	170-200
板付Ⅱc式期	1680	0.40	0.12	30
城ノ越式前半期	1680	0.06	0.02	50
城ノ越式後半期	1780	0.01	0.00	50

註　時間幅・較正年代にもとづく土器型式ごとの存続幅（年）．この数字がすべてあてはまるような曲線を描いたのが図75．〔片岡・飯塚2006〕に時間幅を加筆．

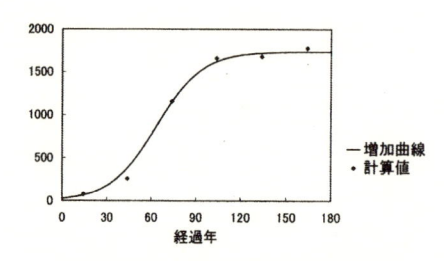

図75 ロジスティックモデルと発掘住居数から計算された渡来系弥生人の人口（〔片岡・飯塚 2006〕より）

表11　三国丘陵の時期区分と較正年代
（較正年代の場合）

時　　期	従来の年代	較正年代
板付Ⅰ式期	前280	前780
板付Ⅱa式期	前250	前700〜650
板付Ⅱb式期	前220	前550
板付Ⅱc式期	前190	前380
城ノ越式前半期	前160	前350
城ノ越式後半期	前130	前300

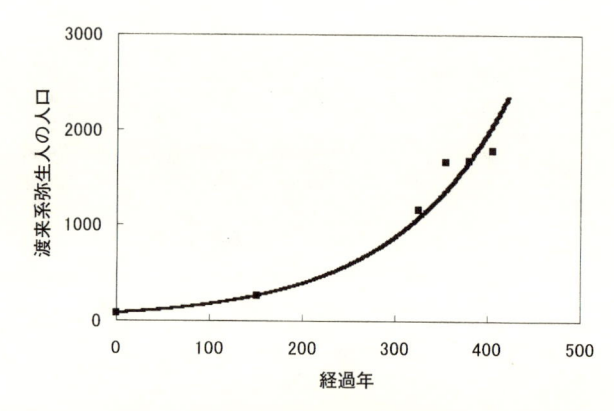

図76　歴博の較正年代による指数関数的増加モデル（〔藤尾 2009b〕より）

（不均等性）飯塚勝氏2007年作製.

方向に移っていくことだろう。

(2)　あくまでも同時併存にこだわる場合

　較正年代にもとづく場合，弥生前期の1型式ごとの遺構の数は150〜100年の累積結果になっていることである。さらに継続せず，断絶・異動を繰り返した結果になっている可能性すらある。弥生稲作を行っているからといっても，洪水の結果，放棄された水田が見つかっているからである。

　仮に累積結果だとしたら，1世代あたり30年として割ると1型式を3〜5期

に細別できるため，細別型式あたりの人口を表11から機械的に見積もっても，以下のようになる。

　板付Ⅱa式　5〜7期に細分　1型式で260人は，1細別型式あたり35〜50人
　板付Ⅱb式　6〜7期に細分　1型式で1160人は，1細別型式あたり166〜193人
　板付Ⅱc式　1期のみ　1期あたり1660人
　城ノ越式前半・後半ともそれぞれ1期なので，1780人

というように，板付Ⅰ式〜Ⅱa式にかけては人口が減少し，その後3〜4倍に増えて，板付Ⅱc式から一気に10倍となり千人台後半になることを示している。あらためて三国丘陵における前期末〜中期初頭の爆発的人口増加には驚かされる。

　次に三沢蓬ヶ浦遺跡（図77）を例に，各型式の下限年代に何軒存在したといえるのかという視点で考えてみよう（表12）〔福岡県教育委員会 1984〕。従来の集落論と行っていることは結局一緒である。

　板付Ⅱb式期は前380年時点の累積住居の数を求める。150年の累積の結果が5軒だったことになる。

　板付Ⅱc式期は，前380〜前350年の存続幅を持つので，前350年までに6軒存在したといえる。30年間の累積結果だとしても，30年で6軒なので，150年に5軒の板付Ⅱb式期より人口が増えたとみてよいだろう。

　城ノ越式期前半と後半を炭素14年代で区別することはできないが，城ノ越式自体が30年ぐらいの存続幅をもつので，均等割して仮に15年としても7軒と4軒存在したと仮定することができる。やはり多いとみてよいだろう。

　このように板付Ⅱc式と城ノ越式は，存続幅が従来考えてきた存続幅とほとんど変わらないために，同時併存した住居の数は結果的にほぼ同じであったが，100年以上の存続幅を持つ板付Ⅱb式以前は累積の結果と考えざるを得ず，しかもきわめて少ないといわざるを得ない。

　ということは較正曲線が急傾斜になって，存続幅が従来の1世代とほとんど変わらない板付Ⅱc式期を除けば，1世代程度の存続幅で何軒存在したかを認定することはかなり難しいといわざるを得ない。単位集団や基礎集団といった

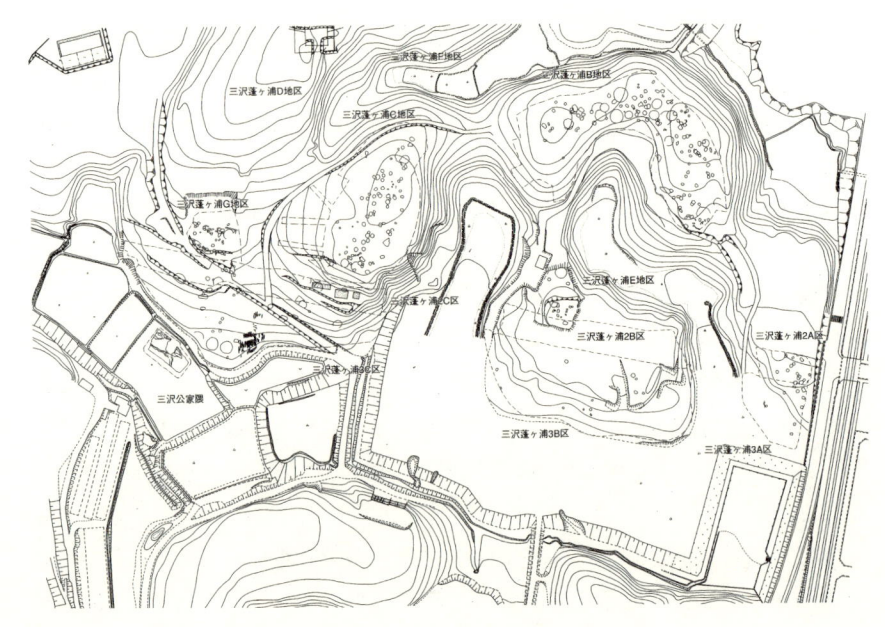

図77　三沢蓬ヶ浦遺跡全体図（〔福岡県教育委員会編 1984〕より転載）

表12　三沢蓬ヶ浦遺跡の地点別・時期別累積住居数

下限年代	土器型式	B	E	G	2a	2b	C	計	存続期間
前380	板付Ⅱb式	2	1	1	1	0	0	5	150年
前350	板付Ⅱc式	1	1	0	0	3	1	6	30年
前335	城ノ越前半	2	1	0	0	3	1	7	15年
前320	城ノ越後半	4	0	0	0	0	0	4	15年

議論も，これらの時期を除けば不可能に近い。累積した人口はいえても，ある瞬間の人口規模に至ってはお手上げ状態である。

(3)　前期末～中期初頭の人口急増の背景──生産量増加の背景

　いわゆる前期末～中期初頭の人口増加現象の背景について，従来の説では弥生稲作が始まって200年あまり経過すると，生産も安定してきたからではないかと考えてきた。土器でいえば，板付系と突帯文系（亀ノ甲系）との融合により城ノ越式が成立し，甕棺葬が確立するなど，九州北部社会の一大画期として

位置づけられてきたのである。

　これを較正曲線との関連でみてみよう。較正曲線が水平になる部分の意味と，右下がり45度ぐらいに傾斜する部分の意味は，その背景を含めて大きく異なっている。後者の場合は炭素14が大気圏上部で安定的に作られたあと，規則的にβ線を出しながら窒素に変わっていくことによって，炭素14濃度が減少していることを意味している。

　それに対して前者の場合は宇宙線が安定的に届かず，炭素14が順調に作られていないことを意味する。その最大要因は太陽の黒点運動の活発化で，太陽の磁場が宇宙線の到達を妨げるからと考えられている。窒素が規則的に炭素14に壊変しないので，生成される炭素14濃度自体が一定ではなく，減少していくので，複雑な較正曲線として表示される。そのもっとも有名な時期が2400年問題である。300年もつづいた板付Ⅱa式，Ⅱb式段階の三国丘陵上には，累積でも5軒の住居しか作られていないのである。

　板付Ⅰ式新期は，約50～60年の存続期間をもち，弥生系住居が4軒，縄文系住居は1軒存在した。縄文系が50年間以上もずっと存続していたとは，耐久年数の点から考えられないし，渡来系も同時併存していた住居は少なかったのではないだろうか。

　板付Ⅱa式期は，150年以上の存続期間をもち，縄文系住居が2軒，渡来系住居は18軒存在した。縄文系は2軒しか見つかっていないので，150年間ずっと存在したとは考えにくく，基本的に渡来系が常時存在したわけだが，均等割したとしても1世代3軒程度ということになる。1遺跡の150年間にわたる通算の住居数としてはきわめて少ないが，小郡市力武内畑遺跡の水田で想定されているように，谷部に拓かれたきわめて生産性の低い水田に依存していたとすれば，数が少ないことも説明することはできよう[8]。

　ここから推定される人口増加率は，板付Ⅱb式期まではきわめて低いが，板付Ⅱc式以降，急激に上昇する。ロジスティックモデルのグラフは後半が，さらに急激に盛り上がるいびつな形になるだろう。人口が漸進的に増えたものでないとしたら，これまで考えていた以上に，前期末～中期初頭の人口増加は爆発的なものだったということになる[9]。

おわりに

　較正年代を用いた場合の弥生集落論について検討してきた。メリットは実態に即した型式ごとの存続幅で議論できることである。これまでのように，すべての土器型式の存続幅を一律30～50年と仮定することがなくなれば，同じ100軒の住居跡が見つかった場合でも，30年の存続幅で総計100軒の住居が営まれた前期末と，100年以上の存続幅で総計100軒の住居跡が営まれた板付Ⅱa式段階では，その背景にあるものがまったく異なっていたことが予想される。
　デメリットとしては従来と同じ30年ぐらいの存続幅を持つ前期末～中期初頭を除けば，一時期に何軒の住居跡が存在していたかという問題設定をたてた弥生集落論は，厳密な意味でできなくなったことである。
　物理的にはきわめて限られた好条件のもとでしか実現しない，床面直上から出土した同じ土器型式の土器付着炭化物を測定し，住居の下限年代を決定し，同時併存の可能性のある住居を特定する。その場合，耐久年数は20年ぐらいを目安とする。
　したがってほとんどの場合は，一時期，何軒とはいえなくなるし，一時期の人口も指摘できない。こうなると一時期何軒という前提から出発する集落論は，軌道修正せざるを得ない。1単位集団が5軒で，人口が25人で，それが複数集まって地域集団を作り，……という集団論は展開できない。また同時併存住居の平面分布から，円形に配置されるとか，100㎡を超える大型の竪穴住居跡と，中小の竪穴住居から一つのムラが構成されるという，同時併存を前提とした構造論も厳密には無理である。ただ当時の人びとがそういう構造を念頭に住居を建てていたことを前提とした議論は可能かもしれない。
　さらに継続型，断絶型集落といった分類も難しい。1型式の存続幅が耐久年数の4～5倍を超える土器型式があるのであるから，存続幅100年の中の，どの部分に存在していたかを特定できない限り，1型式内のなかのみならず，型式を超えて継続していたことを証明できないからである。
　ではどうすればよいかだが，1型式内に建てられた住居の最低棟数，つまり総軒数（累積結果）と，1型式の存続幅を用いた解析，議論を行うことである。

一時期に何軒という前提から出発する集落論から，累積何軒という前提から出発する集落論への転換を改めて提唱したい。

また本章でも紹介した人口動態の研究が可能である。土器型式ごとの動態変化をみることができ，しかも存続幅が違うのであるから，同じ棟数が検出されていても意味するところはまったく異なってくるので，そこに歴史的意味を読み取ることができる。

つまり，炭素14年代測定によって明らかになった時間的側面を有利な点とする特徴的な研究を進めていくしかない。

註
1) 夜臼Ⅱa式の存続幅は，前840〜前780年なので，施設土器からわかる住居の上限年代は，前840年より古いことはない。下限年代は，住居の耐久年数を約20年とすると，前840〜前760年の間のどこかに，20年間存在したと推定できる。一方，下限は不明である。夜臼Ⅱb式期になっても，先代が夜臼Ⅱa式を使うことはあり得るので，下限は前780年 − α となり，知ることはできないのである。
2) 夜臼Ⅱa式が床面直上から見つかった住居の年代は，前840年より古くなく，下限は前780年から耐久年数の20年以上新しくなる。つまり前760年より新しくなることはない。約80年間のどこかに，20年間存続したことになる。床直の場合は，夜臼Ⅱa式期の住居の床直に夜臼Ⅱb式がはいるはずがないので，下限を決められるのである。
3) この考えは，墓地構造論も同様である。汲田式の2列埋葬が同時に完成したものではないことは共通の理解としてあるため，汲田式数十年間の累積結果が2列埋葬として，現代のわたし達に見えているに過ぎない。しかし弥生人が2列埋葬という平面プランを意識していたこともまた事実である。すると問題になるのは，数十年間に造られた総基数から，何を導き出すかという点に絞られる。甕棺の型式によって存続幅は異なるわけだが，総基数を比較して集団規模の大小，増減を指摘しても意味はないのではないか。しかも存続幅一杯営まれたかどうかさえ確かめようがないから，造営期間も甕棺型式以下ということしかわからない。筆者が20年前に書いた地域別の甕棺総基数の変化を前提とした盛衰も，意味がないことになる〔藤尾 1989〕。
4) 現在では高三潴式の上限は紀元後に来る可能性が，年輪年代が測られた日本産樹木の炭素14年代測定によって明らかにされつつある。
5) このあたりも日本産樹木の炭素14年代はIntCal04に比べて2〜30年，古く出ている可能性があるので，現状では韓国平章里出土の前漢鏡が，前漢以前に製作されたことになってしまうという矛盾も将来的には解消されるであろう。
6) 厳密に累積結果といえるのは，型式の下限年代だけである。須玖Ⅰ式なら前230年，須玖Ⅱ式なら後50年ぐらいである。そしてこの方法は復元と同じことをいっているに過

ぎない。土器型式の代わりに前300年といっているのと変わりはない。
7) 指数関数とは上限なく人口増加する場合である。
8) 2007年11月の九州歴史資料館における山崎頼人の発表による。
9) 三沢丘陵の東側と南側には広大な低地が広がっている。人びとが丘陵上と低地の間を定期的に移動している可能性もあるので、地域全体で捉えたときの人口増減は、また違っている可能性があるという指摘を受けた。

〔付記〕 本章を草するにあたり、飯塚勝氏には大変お世話になりました。記して感謝の意を表します。

V 弥生文化の輪郭

はじめに

　前10世紀から後3世紀までの日本列島に広がっていたのが，弥生文化だけではないことは周知の事実である[1]。北海道には前4世紀（弥生前期末併行期）以降に続縄文文化が，奄美・沖縄には貝塚前・後期文化が広がっていた。つまり弥生文化の成立は，北海道や奄美・沖縄の人びとが，九州・四国・本州の人びととは異なる歴史を歩み始めたきっかけとなったのである。

　以後，日本列島に展開する諸文化を通時的にみると，弥生稲作を生活の基本とする人びとがいる本州・四国・九州，その北には明治時代まで本格的な農耕を行わない北海道，九州の南には後11世紀後半のグスク時代の開始まで本格的農耕を行わず，交易によって必要なものを手に入れていた人びとがいた奄美・沖縄が位置するという構造をみせる（図78）。藤本強はこうした日本歴史を通じてみられる3つの文化を，「北の文化」「中の文化」「南の文化」と表現した〔藤本 1982〕。

　さらに藤本は，「中の文化」と「北の文化」の間にある東北北部と，「中の文化」と「南の文化」の間にある九州南部・薩南諸島に，両方の中間的な様相を見せる文化として「ボカシ」の地域を設定した〔藤本 1988〕。この図78から，藤本が東北北部に弥生文化を認めていないことがわかるであろう[2]。弥生文化を「もう後戻りしない農耕社

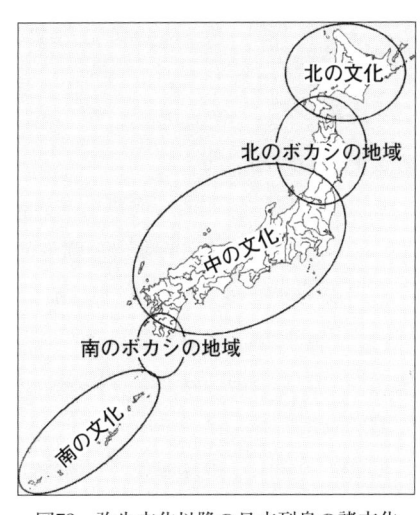

図78　弥生文化以降の日本列島の諸文化
〔藤本 1988〕より転載）

はじめに　*199*

会の成立」と規定する藤本の定義にもとづいたものである。

　このように弥生文化の段階の日本列島には，「北の文化」「中の文化」「南の文化」，そして北の「ボカシ」の文化の，あわせて4つの文化が存在していたことになる。弥生文化の成立と同時にすべての文化が成立したわけではないが，弥生稲作の開始年代が約500年早い前10世紀までさかのぼることになると，弥生文化とほかの列島内諸文化との関係にも影響が及ぶことが予想される。

　弥生稲作の開始年代がさかのぼることの影響は「中の文化」にも及ぶ。弥生稲作が始まる前の「中の文化」の地域には，縄文晩期文化が広がっていたので，弥生稲作を早く始めた地域ほど縄文晩期文化の存続幅は短くなる。たとえば九州北部では300年以下であるのに対して，近畿では約500年である。しかし「中の文化」の中では，もっとも遅い前3～前2世紀に弥生稲作を始めた中部高地や関東南部は状況が少し複雑である。普通なら前10～前3世紀までの約700年間は縄文晩期文化になりそうだが，少なくとも700年間のうち，西日本の弥生前～中期前半に併行する約500年間は，灌漑式水田稲作以外の畑作や稲作を行っていることなどを根拠に，東日本の多くの研究者は，弥生前・中期文化と考えている。

　このように「中の文化」のなかには，弥生文化や縄文晩期文化，および弥生稲作を行っていないのに弥生文化と呼ばれる文化が500年近く存在していたことになる。すなわち「中の文化」は弥生文化単独ではなく，多文化併存状態にあったことを意味している。九州で始まった弥生稲作は瞬く間に本州へと広まって弥生文化一色になるという，これまでのイメージとは明らかに異なっていることがわかる。

　このように中部地域や関東南部の縄文晩期以降～弥生稲作開始以前（前3世紀）にみられる，縄文的要素と弥生的要素の両方を見せる段階を，縦の「ボカシ」の段階と呼んだ〔藤尾 2011b〕。藤本のボカシの地域が東北北部や九州南部のように地域的に設定された，いわば横の「ボカシ」の地域だとすれば，弥生稲作が始まる前にみられる縄文文化と弥生文化の双方がみられる時期を，時間的に設定された縦の「ボカシ」の段階ということができよう。

　見直しが必要なのは北の「ボカシ」の地域も同様である。筆者は以前から水田稲作を始めるものの数百年後にやめてしまい，もとの採集狩猟生活に戻る東北北部の水田稲作をどのように理解すればよいのか考えてきた〔藤尾 2000〕。

藤本が弥生文化の指標の1つに「もう後戻りをしない農耕社会の成立」をあげていることを適用すれば，東北北部を弥生文化としてみることはできないことは明らかなのだが，ここにも弥生長期編年が影響を与えている。
　西日本で弥生文化が1200年あまりつづいている間，東北北部では縄文晩期文化（500年）→水田稲作を行う文化（300年）→採集狩猟文化（400年）と，数百年単位で生活様式が変遷している。同じ出自を持つ人びととその子孫たちが，数百年ごとに生業を変えていたと考える研究者が多いが，弥生文化の存続期間が長くなった分，水田稲作が行われていた期間が150年から300年に倍増するとなると，なおさら，どうして途中でやめてしまうのかという疑問が強くなる。
　このように弥生長期編年のもとで，水田稲作を行う多様な諸文化の解析を進めることは，逆に弥生文化の特徴を浮き彫りにして輪郭を明らかにすることにもつながるであろう。灌漑式水田稲作を行っていれば弥生文化なのか，というこの章の目的に迫ることができると考える。
　この章では以下の手順でこの問題に迫ってみたい。
　第1節では，九州北部で弥生稲作が始まり，近畿で前方後円墳が出現するまでの，約1200年間に存在した弥生文化以外の列島内諸文化のうち，水田稲作を行わない続縄文文化や貝塚後期文化と弥生文化との違いを，いまや生産手段の違いだけでは説明できなくなっている現状を報告する。
　第2節では，弥生文化の指標がどのように考えられてきたのか，研究史をおさえたあと，弥生文化が中国・韓国を含む東アジアの農耕文化のなかでどのような特徴を持つのか。また時間的に連続する縄文，古墳文化と何が違うのかを明らかにする。
　第3節では，藤本が安定した弥生文化として設定した「中の文化」は，経済・社会・祭祀という横断的な3つの側面や，縄文系・大陸系・弥生系という3つの系譜から，いくつかに分かれること。「中の文化」では，水田稲作が本格的に始まる前には縦の「ボカシ」の段階が存在することを明らかにする。
　第4節では，水田稲作を行う目的の違いから，「中の文化」の水田稲作文化を細分する。さらに水田稲作がもっとも広がっていた前3～前2世紀頃の日本列島上に存在した諸文化の違いを明らかにする。
　第5節では，弥生文化は，灌漑式水田稲作を行っているだけで規定できるの

かどうかを考察した。水田稲作の目的が，拡大再生産によって余剰を増やし，農耕社会化，政治社会化をめざすことにあり，そのための弥生祭祀を行う文化と考えた。その結果，「中の文化」は，弥生文化と弥生文化ではない文化に分かれた。古墳文化は，弥生文化と，拡大再生産を目的とせず政治社会化を志向しない水田稲作文化に後続する文化であることを示し，そのことが古墳成立の意味を考える際の重要な手がかりの一つである可能性を明らかにした。

1 藤本強の前一千年紀の列島内諸文化
―― 続縄文・弥生・貝塚後期文化・ボカシの地域

(1) 「中の文化」

　北・中・南の文化の最新動向をみる前に，年代表記だけを弥生長期編年に置き換えて，藤本の考え方をおさらいしておく。生態系に応じて特色ある7つの採集狩猟文化に分かれていた縄文文化は，北海道から沖縄本島までの地域に広がっており，韓半島や北東シベリアとは明確に区別され，縄文文化との一体性が重視されると藤本はいう〔藤本 2009〕。最近では縄文文化の一体性自体にも疑問が投げかけられ始めているが，ここは藤本の定義にしたがっておく。

　2002年に筆者は，縄文文化を，「日本列島の島嶼部にみられる新石器文化東アジア類型の一つ」として捉えた〔藤尾 2002：212頁〕。日本列島の島嶼部の人びとが，最終氷期の最寒冷期以降に起こった，大規模な気候変動に対して見せた適応行動の一つとして捉えたのである。日本列島だけでなく韓半島，中国東北部，沿海州など，東アジア中緯度地帯に位置する地域の人びとは，ナラ林の森林性食料を土器や植物加工具を発達させることによって，高度に利用して適応していた。そのなかでも縄文土器・弓矢・定住の始まりなどが，日本列島の住人の特徴として，大陸諸文化とは区別できる。

　前11世紀，山東半島起源の水田稲作農耕を生活の基礎とする文化が韓半島南西部に拡散し，そこで遼寧式銅剣を象徴とする北方系青銅器文化に代表される祭祀を組み込み，水田稲作を生産基盤とする韓半島青銅器文化が成立。前10世紀後半に九州北部へ持ち込まれると，約800年かけて九州から東北地方までの

地域に水田稲作が広がっていった。このなかでも水田稲作を受け入れたら二度と採集狩猟生活に戻らなかった，東北中部から九州中部までの範囲を「中の文化」と藤本は呼んだ。「中の文化」は弥生稲作を生産基盤としてムラを作り，やがてムラを集めて小さなクニが生まれ，クニ同士による連合を出現させる。古墳時代の始まりである。クニ連合の中から統一国家が生まれる。古代日本の登場である。やがて中世，近世へと推移する「中の文化」こそ，これまで私たちが普通に習ってきた日本の歴史なのである。

しかし縄文文化のように一体性のあるものとして，水田稲作を指標に「中の文化」を弥生文化としてくくることができるのであろうか。まず筆者は縄文後・晩期にコメが存在した可能性は否定できない以上，現状では「稲作」の有無で区別することはできないと考える。では灌漑式水田稲作でなら，縄文と弥生の違いを区別できるだろうか。これも「湧水型水田」と呼ばれている原初的な水田との線引きが難しいので，やはり現状では難しい。そこでここでは，弥生文化とは，灌漑式水田稲作を選択的生業構造の中に位置づけたうえでそれに特化し，一端始めれば戻ることなく古墳文化へと連続していく文化である，と仮定して話を進める。弥生稲作を行うためにもっとも適した労働組織や，流通の仕組みに再編成されていることが前提なので，もはや採集狩猟生活に戻ることはできない。

(2) 「北の文化」——続縄文文化

山内清男が設定した続縄文文化は，後続する擦文文化やアイヌ文化へとつづく「北の文化」の出発点として位置づけられている〔山内 1933〕。水田稲作ができないというネガティブなイメージがつきまとう「続縄文」という用語だが，生育条件の厳しい北海道ではイネを育てるよりも，生態環境に適した漁撈という生業を改良した方が，はるかに合理的であったと石川日出志は理解する〔石川 2010〕。山内も，弥生文化と同じく縄文文化を母体として生まれた一類型の，北海道バージョンとして設定したのであり，単に縄文文化の伝統を引き継いだというわけではない。東北の弥生文化とも種々の関係を結び，すでに変質しているので，縄文文化の範疇からは逸脱しているという。

さらに交易を重視するのが鈴木信である。鈴木は続縄文文化の特徴として

「生業の特化」「威信的狩猟漁撈の盛行」「第二の道具の広域交換」をあげる〔鈴木2009〕。特に縄文と同じく網羅的な生業構造を維持するものの，漁撈活動にかなり重点をおいている点が生業の特化である。イネを作りたいけど寒くて作れなかった，というわけではない。

こうした漁撈活動への特化が，副葬品を持つ個人墓が発達する要因とも考えられ，副葬品をもたない関東や中部地方の農耕文化にはみられないほど，階層分化が進んでいた可能性がある。

(3) 「南の文化」——貝塚後期文化

奄美・沖縄諸島に広がる珊瑚礁という生態系に特化した漁撈活動と，九州・先島・韓半島との直接・間接の交流で，必要な物資を入手していた文化である。特に有名なのが九州北部との間で行われた南海産の貝を対象とする交易である。開始時期は弥生早期の前10世紀後半説と，弥生前期の前7世紀説があり，統一されていない。当初は西北九州の弥生人が相手だったが，しだいに福岡・佐賀平野を中心に分布する，成人甕棺を墓制とする弥生人相手へとシフトすると同時に，両者を仲介する有明海沿岸や薩摩・大隅地域の人びとを巻き込んで，絹，コメ，雑穀，鉄，鏡，古銭，ガラスなどの大陸系文物を入手していた。

のちに珊瑚礁の貝を資源にした東アジア地域との交易活動が展開し，もはや漁撈を中心とした採集経済の原始社会であったという見方はできない。交易型社会の始まりと捉えるのが現状である。

続縄文文化と異なるのは副葬品を持つ墓が種子島にしかみられないことである。交易をスムーズに進める統括者の存在は予想できても，特定個人への集権化は，九州島にもっとも近い種子島でしか達成されなかったと考えられる。もちろん奈良時代以降のヤコウガイ交易以降となると話は別である。

(4) まとめ

続縄文文化と貝塚後期文化は，縄文文化と同じ網羅的な生業構造を維持していたとはいっても，漁撈活動と交易に重点をおいた経済的側面を持っているという意味では，縄文文化の伝統を単に引き継いでいるだけでなく，周辺諸文化との関係に応じて特徴的な内容をもつという点で，すでに縄文文化の範疇から

は逸脱している。その意味では水田稲作という農耕に重きをおいた弥生文化と共通すると考えてもよいだろう。すなわち，中の文化・北の文化・南の文化の分立はいずれも，特定の経済的側面に重点をおくことで起こったと考えられる。

2　弥生文化とはどんな文化なのか——弥生文化の指標

(1) 複数の指標で考えられた1970年代以前

　現在の東京大学農学部校内で見つかった１個の壺を契機に，50年ほどかけて１つの独立した文化として設定された弥生文化は，まさしく弥生土器の時代の文化であった。弥生土器に伴って見つかるイネや金属器が次々に指標に加えられていき，やがて1930年代には弥生土器，農業（木製農具や大陸系磨製石器），金属器（鉄器，青銅器）という三大要素が設定される。特に弥生土器はもっとも見つかりやすい考古資料なので，弥生土器が見つかると水田稲作が行われていたと見なされてきた。

　1950～60年代にかけて，最古の弥生土器である板付Ⅰ式土器に伴う大陸系磨製石器や鉄器が見つかると，弥生文化はその当初から農業を行い，鉄器を使う文化と考えられたが，これは世界でも唯一の先史文化であると総括される。なぜなら，弥生文化以外の先史文化では，農業の開始後数百～数千年たたないと金属器は現れないからである。しかも青銅器が先で鉄器は後出するのが常だが，鉄器が先行するのは弥生文化だけであった。

　こうした特徴をみせる弥生文化がどのようにして成立したのか，その系譜と過程をめぐる考え方には，当初から大陸の要素を重視する小林行雄〔小林1951〕と，縄文の要素を重視する杉原荘介〔杉原1977〕[3]という２つの意見があった。

　もともと三大要素のなかでも，弥生土器と農業は，縄文土器や縄文農耕との系譜関係をどの程度見込むかによって，研究者ごとに意見の違いが見られたので，縄文文化には認められない金属器が，弥生文化成立に果たした役割が相対的に高まったといえよう。小林は，板付Ⅰ式に伴って出土したとされる熊本県斎藤山遺跡出土鉄器を重視し，鉄器こそが弥生文化を成立させる要素として，

大陸系譜の要素が強い弥生文化という見方を定着させた。

　一方，杉原荘介は列島各地における弥生文化の波及と定着という視点から弥生文化の成立を考えたこともあって，もともと弥生文化のなかに含まれている縄文系譜を重視したのであろう。森貞次郎〔森 1960〕もこの路線上にある。

(2)　単独の指標の重視——水田稲作という経済的側面

　三大要素のなかでも特に農業を重視して「それは食糧を採集する生活から，水田に種籾をまき米を作る，食糧生産の生活に移り変わった時代だった」と定義したのは佐原真である〔佐原・金関 1975：23頁〕。この定義によってこれまで弥生土器という技術的側面で縄文文化と画していた時代区分から，水田稲作という経済的側面で時代区分する方向へと転換が図られた。食料採集民から食料生産民への転換を意味する新石器革命を意識して，弥生文化の成立が考えられたのである。

　佐原がこうした見解を示したのは，古墳の開始期のように土器では画することが難しくなってきた現状の打開[4]と，縄文後・晩期農耕と弥生農耕の違いをどう位置づけるのか，という2点に絞られる。前者に関しては縄文から弥生への移行だけに限ったことではなく，前方後円墳の成立を指標とする弥生から古墳への移行など，土器以外にその時代を特徴づける指標で区分するという方向に，考古学全体が変わる時期にあたっていたといえよう。

　後者については，生業全体のなかで植物栽培がどのような位置づけにあったのか，という視点もなく，ただ穀物や雑穀栽培の存否だけで議論されていた，当時の縄文農耕論に対する強い警鐘があった〔佐原 1968〕[5]。

　こうした農業という単独の指標の重視は，やがて時代区分論争として新たな局面を迎えることとなり，その中で弥生文化の指標に関する議論が活発化する。

(3)　時代区分論争と弥生文化の指標

　1978年からの数年間に九州北部で行われた発掘調査の結果，弥生文化の三大指標とされたうちの農業と金属器が，最古の弥生土器である板付Ⅰ式よりも古い突帯文土器に伴うことがわかってきた。縄文晩期最終末の灌漑施設を備えた定型的な水田址と，大陸系磨製石器に木製農具，鉄器の数々は，どれも弥生文

化の所産として遜色のないものであった。この事実を縄文晩期のものと捉えるのか，弥生文化のものと捉えるのかで研究者の意見は分かれ，学界を巻き込んだ時代区分論争へと発展した〔近藤 1985〕。

　佐原の先の定義にしたがえば当然，弥生文化ということになる。目の前に広がる遺構や遺物の数々は，それを使った人びとが，水田稲作を生活の基本としていたことを示すのに，余りあるものだったからである。佐原は弥生時代の土器を弥生土器と定義していたので，定型化した水田が伴う突帯文土器は弥生土器ということになり，弥生文化の三大指標はすべて板付Ⅰ式よりさかのぼることになった。一方，弥生土器の時代を弥生時代や弥生文化と考える人びとにとっては，水田や鉄器がいくらさかのぼろうが，最古の弥生土器である板付Ⅰ式以前は縄文晩期，ということになる。

　弥生文化の土器が弥生土器であるという定義の問題ではなく，突帯文土器自身が弥生土器の特徴を備えているかどうかを分析したのが筆者である。その結果，弥生土器の特徴を備えていると認め，農業と鉄器をあわせて三大要素が存在する突帯文土器段階から弥生文化であると主張した〔藤尾 1988〕。

　いずれにしても水田稲作を弥生文化の指標とする限り，弥生文化の三大要素が同時に出現する点にかわりなく，当時の年代観で板付Ⅰ式より100年ほど古い段階に，3つがそろっていたことが明らかになったのである。

　しかしこうした技術・経済様式にもとづいた時代区分や弥生文化の指標は，90年代になると批判されるようになる。

(4)　社会的・祭祀的要素の重視

　田崎博之〔田崎 1986〕，泉拓良〔泉 1990〕，武末純一〔武末 1991〕，白石太一郎〔白石 1993〕に代表されるのは，水田稲作の単なる開始ではなく，始まったことによって起こる社会や祭祀の質的な変化を重視して，時代を画するべきだという考え方である。技術様式に比べると考古学的に認識するためにはハードルの高い指標（見つかりにくい）である環壕集落，戦い，農耕祭祀などの出現を目安とすべきという考え方である。これらの資料は土器や石器などの普遍的な考古資料と違って，存在したことを証明することが難しい。たとえば武末は「水田を基盤とする農業経済構造が確立した時代」（181頁）とか，「弥生

時代に始まる農業経済では余剰を限りなく増やしていこうとする体系が確立していること」(181頁)などをあげる。白石も「考古学的な時期区分としてはともかく，歴史認識の手段としての時代区分の問題としては，当然，板付Ⅰ式の段階に想定しうる新しい農耕社会の成立に画期を求めるべきであろう」(250頁)と説いている。

　これらの論説がみられた当時，環壕集落は板付Ⅰ式に伴うものが最古だったので，彼らも弥生文化の上限をさかのぼらせる必要性はないと考えていたが，その後，福岡市那珂遺跡で突帯文土器単純段階の環壕集落が，糸島市新町遺跡で突帯文土器単純段階に戦いが原因でなくなったと考えられる戦死者の墓が見つかったので，結果的には弥生文化の上限は板付Ⅰ式よりもさかのぼることとなった。ただ弥生短期編年のもとではわずか数十年，というきわめて短期間に農耕社会化が達成されたと考えられることになってしまったのである。

　したがって弥生文化の要素として経済面に加えて社会面を重視する見方は，こうした時代区分論争のなかから出てきたと考えている。

　次に祭祀的側面を重視する考え方が出てくるようになったのは，弥生文化が成立するにあたって縄文人(在来人)と渡来人のどちらが主体的な役割を果たしたのか，という主体者論争を契機とする。九州の研究者は在来人が弥生化していく過程を，遺跡や遺物から具体的にトレースできるため，縄文人主体論を唱えがちであるのに対し，近畿の研究者はそのような具体的な証拠よりも，定義的な部分からこの問題を捉えるため，渡来人主体論が多いという傾向がある。

　東北の水田稲作民と九州の水田稲作民との対比から，主体者論争に取り組んだのが宇野隆夫である。宇野は，縄文人が水田稲作を始めるときの精神的な要因を重視する。環壕集落を代表とする社会構造や弥生的世界観への転換をはじめ，農耕儀礼を中心とする宗教への転換までをも包括して精神的な問題と見なし，総合的に縄文から弥生への転換を考えることの重要性を説いた〔宇野1996〕。これは採集狩猟生活から水田稲作を中心とする生活に転換するに際しては，単に生業を変える，といったレベルの問題ではなく，水田稲作を行ううえで必要なさまざまな精神的ファクター，つまり世界観，自然観，祖先観などのすべての面を，イネに対して特化させていくという方針を採用しない限り，灌漑式水田稲作をすることはできないという考えである〔藤尾 2003a〕。この

点は，東北北部の水田稲作の実態を考える上でもポイントになるので，のちに改めて論じたい。

(5) 系譜を重視する考え方

経済・社会・祭祀という3つの側面で語られる横断的な指標で弥生文化を特徴づけるのではなく，時間的に縦に貫かれた系譜，すなわち縄文系，大陸系，弥生系という系譜で弥生文化を考える説が2000年以降，顕著になってくる。

もともと山内清男が提唱し，佐原真に引き継がれ，現在では石川日出志や設楽博己を主な論客とする。農業にしても金属器にしても，環壕集落や青銅器にしてもすべてが大陸系譜なので，横断的な指標ではどうしても大陸系譜が重視され，縄文文化から引き継がれた伝統的な要素が，ないがしろにされるという強い危惧感がある。

設楽は，政治史的視点だけを強調する弥生文化観は大陸系譜だけの要素を強調したもので，伝統的な縄文系譜の要素がないがしろにされるという危惧から，系譜ごとの割合の違いで大陸系が顕著な地域，縄文系が顕著な地域という視点で弥生文化を2つに分けた〔設楽 2000〕。すなわち大陸系弥生文化とは，韓半島起源の水田稲作農耕文化を受容することによって政治的な社会を形成した，あるいはそうした動きを潜在的に持つ文化であると定義し，東北北部〜九州の範囲に適用した。さらに利根川以西の環壕集落をもつ範囲をA，利根川以北の環壕集落がなく地域社会統合の気配のない範囲をBとして，弥生文化を細分した。

次に縄文文化の伝統が強い農耕文化として縄文系弥生文化を，中部高地や関東など弥生前期〜中期前半の条痕文土器分布圏に限って適用。水田稲作や畑作を生業とするものの比率は低く，壺棺再葬墓や土偶型容器など特徴的な器物を持つと定義した。

設楽は，「政治史的な視点から離れて生活文化史的な視点に立てば，政治的社会を形成しない農耕文化があることや，その中にもいくつかの変異があることなど，弥生文化が多様な広がりを持つことが認識されよう」(97頁)として，系譜を重んじ弥生文化の地域性として捉える考え方を示したのである。筆者も政治的社会を形成しない農耕文化があることには同意するが，それを弥生文

のなかに含める理由について，もう少し説明が必要ではないかと考えている。

次に九州・四国・本州に広がる灌漑稲作を，もっとも基底的な要素としてもつ文化を弥生文化と定義し，縄文晩期文化から引き継いだ地域性と，その後加わってできあがった多様な文化を，弥生文化の地域性と捉えるのが石川である〔石川 2010〕。大陸系，縄文系，弥生系の要素をすべて均等に重視して弥生文化を評価する石川は，渡来人の大量渡来によって縄文文化が弥生文化にとってかわられたという，大陸系譜偏重の考え方には断固反対の立場で，弥生文化をあくまでも縄文人が受け入れて緩やかに移行した多様な文化として捉える点に特徴がある。

社会的側面や祭祀的側面を，弥生文化かそうでないのかを決める際の決め手と考える筆者と，これらを弥生文化の多様性と捉える設楽や石川との違いがここにある。弥生文化の輪郭を考えるうえで避けては通れない問題なので，後ほど議論したい。

以上が弥生文化の指標に関する研究史である。次に弥生文化はどういう文化なのか，まずは東アジアの農耕を行う文化のなかではどのように位置づけられるのか，という点と，縄文文化や古墳文化との違いは何か，という点について，少し広い視野から検討することにする。

(6) 農耕の起源地と拡散地

J・ダイヤモンドは，農耕が始まる過程を3つにパターン化している〔ダイヤモンド 2000〕。穀物の野生種や家畜の野生種が存在し，それらを自ら栽培化・家畜化して農業や牧畜を始めた起源地。もともと野生種が存在していたのに自らは栽培化・家畜化することはなく，起源地から作物や家畜，栽培や飼育技術がもたらされたことを契機として栽培化・家畜化が始まった地域。野生種がまったく存在せず，起源地から農耕や牧畜を受け入れた拡散地の3つである。

イネの野生種が存在しない日本列島は拡散地だが，同じく野生種が存在しない韓半島も日本列島と同じ拡散地かというと，そうではない。拡散地のなかには起源地に隣接するところと，複数の拡散地を介して伝わるところがある。前者が韓半島，後者が日本列島である。こうした起源地（長江下流域）から複数の拡散地（山東半島，韓半島）を介して伝わったことが，弥生文化の特徴に大

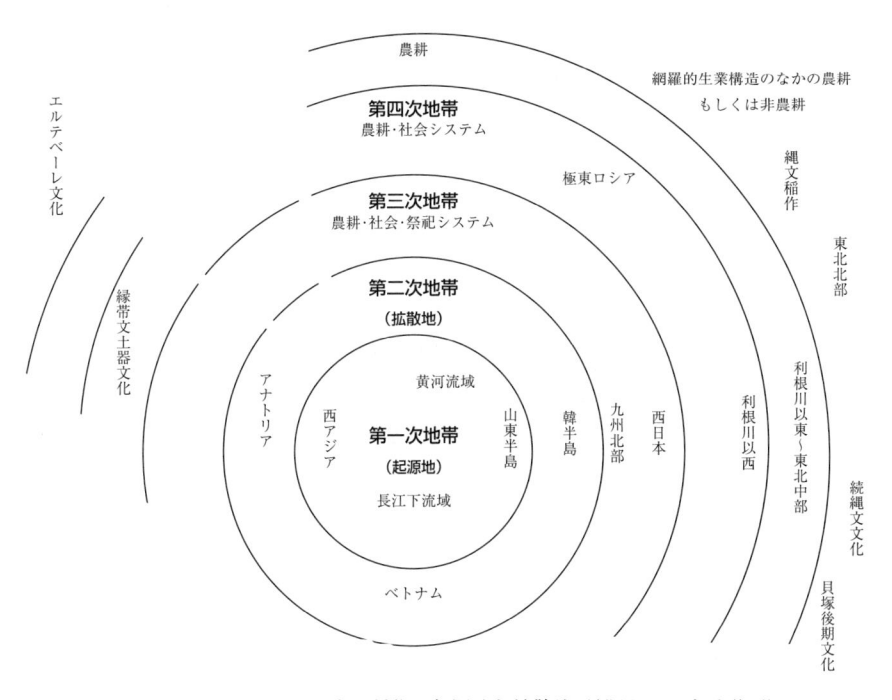

図79　東アジアにおける水田稲作の起源地と拡散地〔藤尾 2009a〕を修正

きな影響を与えている。

　水田稲作の起源地は長江下流域であるが，弥生稲作に直接つながる起源地は山東半島である（図79）。前2500～前2000年頃，不定型の畦畔をもつ水田で稲作が行われていたが，当初は生業に占める割合も低くて補助的に過ぎない園耕段階にあった〔宮本 2009〕。本格的な定型化した畦畔をもつ水田で稲作が山東半島で始まるのは，龍山文化期と考えられている。韓半島で前11世紀に始まる水田稲作の起源地こそ山東半島なのである。

　山東半島は野生のイネこそ分布しないが，長江下流域から北上したイネをもとに，水田稲作を前三千年紀中頃に始めた地域であることは間違いない。ある程度の寒冷化にも耐えうる水田稲作を，品種的にも農耕技術的にも作り上げ，水田稲作を園耕段階から生業全体のなかで特化するまで高め，もはや戻ることのできない生産基盤として位置づけた地域こそが山東半島なのである。その意味で山東半島は，日本列島など中緯度温帯地帯における水田稲作文化の起源地

といっても過言ではないだろう。

　山東半島起源の灌漑式水田稲作は，韓半島西南部において遼寧式青銅器文化と結びつき，社会面・祭祀面を定型化した水田稲作社会を，前11世紀の青銅器時代前期末には成立させる。首長墓に副葬される青銅器がそのことを物語っている。つまり韓半島は，灌漑式水田稲作という面においては拡散地であっても，青銅器文化としての面を組み合わせて新しい文化を創造したという面では，弥生文化の起源地という両方の性格を合わせ持っている。

　前10世紀後半，遼寧式銅剣を祭礼具とした灌漑式水田稲作を生産基盤にもつ人びとが九州北部に渡ってくる。この祭祀的まとまりは玄界灘沿岸地域に限定してみられるが，豊穣を祈る農耕祭祀は，前8世紀になって西日本全体へと広く定着していき，最終的に北陸から東海地方まで拡散する。水田稲作の拡散とは文化複合体の拡散であり，水田稲作という生業面だけが広がるといった単純な話ではない。在来の園耕民も文化複合体を受け入れるために，それまでの労働組織を再編成して，もはや後戻りできないような体制になったうえで水田稲作を開始するのである。日常的な農耕祭祀も例外なくこの地域までは広がっている。

　以上のように，山東半島で創造された中緯度灌漑式水田稲作を生産基盤とする複合的な稲作文化は，山東半島で農耕社会化を達成。渡海先の韓半島で遼寧式銅剣を祭礼具とする祭祀的側面を組み込む。やがて渡海して九州北部に到達。韓半島南部と九州北部には遼寧式銅剣を象徴とする農耕社会が根づいていく。西日本から利根川までの地域には，農耕祭祀を行う農耕社会として400～500年かけて拡散。さらに北には農耕社会化を達成できたのかどうかが明確でない，北関東や東北地方の稲作文化が広がる。

　九州北部に成立した水田稲作社会は，中緯度灌漑式水田稲作という経済的側面を山東半島に，社会面や祭祀面の特徴を韓半島西南部に祖型をもつ文化であったことがわかる。山東半島を起源地と見なした場合には，韓半島西南部を介して水田稲作が広まった地域なので間接的な拡散地となり，農耕や祭祀的側面に華北型雑穀農耕や北方式青銅器文化の色濃い特徴を内包しているのである。

　農耕の起源地と拡散地という視点で検討した結果，弥生文化は農耕の第2次地帯（韓半島）に隣接して存在し，水田稲作を生産基盤とする社会組織を受け

入れ，縄文以来の伝統を加えて創られた文化という位置づけが可能である。文明の中心から遠く離れていた結果，文明の暴力を直接受けることなく，ゆっくりとした社会の複雑化を保証された地理的位置にあったという点で，ベトナムとは異なっている。

　前4世紀には九州北部や中国・四国・近畿・東海で，武器形青銅器や銅鐸を指標とする青銅器祭祀が始まり，前3世紀になると福井～天竜川を結ぶ線まで東進して，基本的な東限となる。さらに東へ行くにつれて，祭祀的側面，社会的側面の順に横断的な側面は欠落していき（見えなくなり），利根川を越えると祭祀的側面と社会的側面の存在を確認することはできない。これは日本列島のような起源地からみて東方向への文化拡散だけにみられるのではなく，沿海州方面にもみられる。またオリエントを起源地として，アナトリアを介しヨーロッパ中央，北海流域へと向かうルート上でも共通してみることができる。

(7) 前後する文化との関係

　次に時間的に前後する縄文文化や古墳文化と，弥生文化との違いを見てみよう。続縄文文化や貝塚後期文化との違いを横からの視点とすれば縦からの視点である。

　弥生文化を「大陸・半島から移住してきた人びとがもち込んだ灌漑水田稲作農耕と連動する一連の社会システム」の存在として，縄文文化と区別するのは山田康弘である〔山田 2010：179頁〕。一連の社会システムとは社会文化と精神文化に分かれ，前者には排他的テリトリーの成立を象徴する環壕集落と武力による問題解決という，新しい思想の生起を意味する集団的戦闘行為の発生。後者には土器埋設祭祀「生と死と再生・豊穣」という，循環的思想にもとづいて発現・施行させる土器埋設祭祀の消滅と，稲魂を運ぶ容器として機能し，送り返すといった用途を担った鳥形木製品をあげる。

　つまり一連の社会システムとは「弥生化」のプロセスが認められることに他ならず，弥生文化の地域性とは，弥生化のプロセスにみられる違いということになるから，弥生化への複雑化がみえない利根川以東の地域を弥生文化の枠内で捉えることはできず，あくまでも弥生文化とは別の文化，ということになる。

　弥生文化に後続する古墳文化は政治史的観点から弥生文化と区別されてきた

し，現在もその点に変わりはない。特に古墳時代の前半期を経済的側面で弥生文化と区別することはできないからである。3～4世紀の古墳前期は名実ともに変化した5世紀以降とは異なり，集団的催眠状態による巨大古墳築造の時代として位置づけられていて，汎列島的な政治同盟が初めて形成された時代とはいっても，各地の社会段階や政治関係には大きな差異があり，汎列島的に統一化された時代にはほど遠い段階であった〔土生田 2009〕。

つまり弥生文化と古墳文化（特に前半期）を分けているのは，生産・経済的な側面ではなく，地域ごとの差が著しかった祭祀・葬制・宗教が汎列島的な共同幻想にとりつかれて，首長層が同じ墓制をとり同じ祭祀を行うに至った点にある。

以上，時間的に前後する縄文・古墳文化と弥生文化を比較した結果，両文化との違いを次のようにまとめることができる。縄文文化は，各地域の生態系に適した農耕を含む食料獲得手段を，網羅的に組み合わせた生業構造に特徴があり，祭祀にみられる地域性はあまり顕著ではなく等質的であった。弥生文化は弥生稲作に特化する選択的な生業構造をもつため，生態系をも改変する点が縄文文化との最大の違いで，葬制や祭祀にも地域性が顕著だった。古墳文化の特に前半期は，生産基盤という面では弥生文化と変わらなかったが，葬制と祭祀が汎列島的に共通していた。

すなわち弥生文化は経済・社会・祭祀的側面において縄文文化とは完全に異なり，祭祀的側面において古墳前半期と区別できる文化ということができよう。したがって弥生文化にみられる縄文文化の伝統とは，土器製作技術，土器の形態や文様，打製石鏃・石錐・打製石斧といった打製石器の技術，木器や骨角器とその製作技術，漆器とその技術，勾玉など，選択的な生業構造や社会の仕組みに抵触しない技術ばかりということになる。逆に思想，信条，農耕祭祀など，弥生文化の生業構造や社会の仕組みに抵触する縄文文化の上部構造は，基本的に引き継がれていない。

(8) ま と め

旧石器文化を除く日本列島の先史文化のなかで弥生文化は，設定に際してつねに縄文文化や古墳文化との違いが意識された。縄文文化との違いは，農業や

金属器などのハードウェアの存否で区別する段階から，社会の仕組みや祭祀など，システムの違いとして区別する段階に至っている。ところがシステムは大陸系の要素であることもあって，縄文系の要素を取り上げにくい傾向があるため，東日本では水田稲作という指標一つで，弥生文化を規定する傾向がある。

同じくアジア地域で水田稲作を行う諸文化との違いを，縄文文化の系譜を引いている点に求める東日本の研究者は，水田稲作の存在で弥生文化と捉えるのに対して，西日本の研究者は，長江下流域からの距離に応じて減じてくる大陸系譜の要素の濃淡を根拠に，弥生文化を考える傾向がある。

アジアや時代という横と縦の視点から弥生文化の特徴について見た結果，やはり，弥生文化とは，灌漑式水田稲作を選択的生業構造のなかに位置づけたうえでそれに特化し，一端始めれば戻ることなく古墳文化へと連続していく文化である，という考え方が妥当であると判断されたので，この規定があてはまる弥生文化はどの範囲にみられるのか，次節で検討する。

3　弥生文化の質的要素——横と縦のボカシの地域・時期について

これまでも弥生文化は，安定した弥生文化として「中の文化」にくくられてきたが，弥生長期編年になっても一つにくくることができるのであろうか。この節では弥生長期編年にもとづいて「中の文化」を3つの側面，すなわち経済・社会・祭祀的側面で再検討する。参考までに「中の文化」の周辺も含めて3つの側面をみたものが図80である。

(1)　西　日　本

九州北部では前10世紀後半に，韓半島に向かい合う福岡・佐賀の玄界灘沿岸地域に位置する平野の下流域で灌漑式水田稲作（弥生稲作）が始まる。前9世紀後半には早くも福岡平野に環壕集落（那珂遺跡）が出現するほか，戦闘行為がもとで死亡したと考えられる死者が葬られた支石墓（糸島市新町遺跡）がみられるようになる。福岡市板付遺跡では，前8世紀になると副葬品（玉）をもつ小児甕棺墓地が現れ，しかも副葬品をもっていない小児墓地よりも集落の中心近くに造営されることから，階層性がすでに萌芽していると考えられている

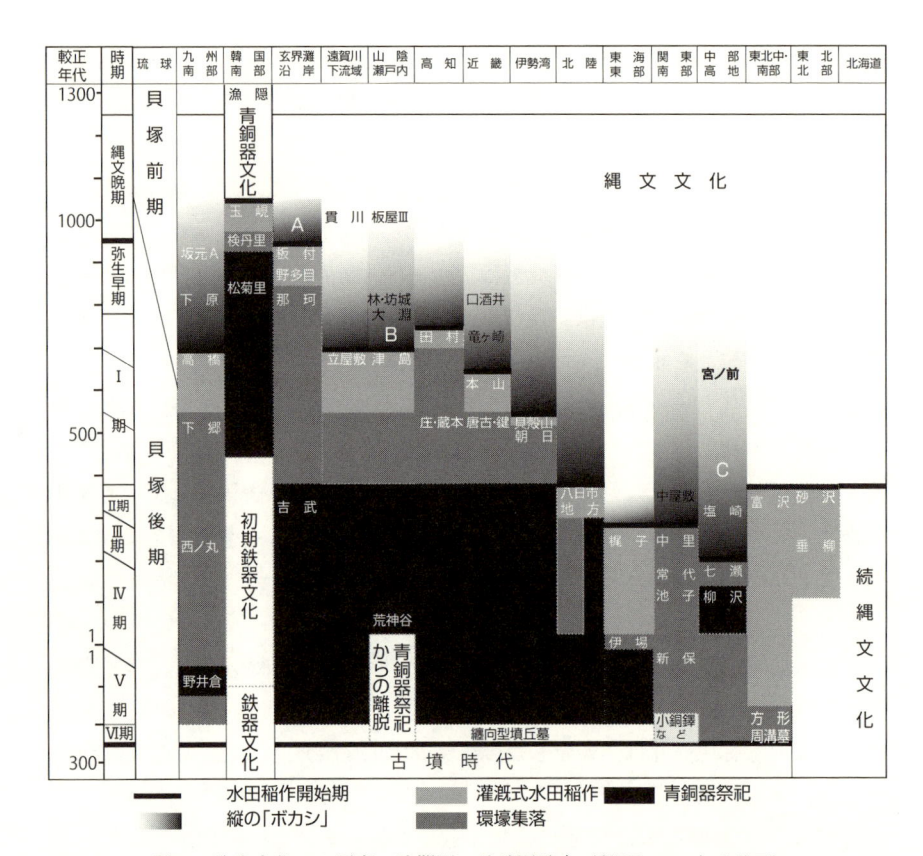

図80　弥生文化の3要素の時期別・地域別分布〔〔藤尾 2011b〕を修正〕

　この図は，〔藤尾 2000〕を初出に，〔藤尾 2004a〕など，数度の改訂をへて今回に至っている．今回は，最新版の〔藤尾 2011b〕に修正を加えたので，その根拠と修正点を記す．中部以東は，〔中山 2010，石川 2010〕より引用．

沖縄　貝塚前期と後期の境を，黒川式から高橋II式までの間とした（木下尚子氏教示）．
九州南部　縄文水田として都城市坂元A遺跡を追加．丹塗り磨研土器を出土した南さつま市下原遺跡を追加．環壕集落として鹿屋市西ノ丸遺跡（山ノ口式）と宮崎市下郷遺跡（前期後半）を追加．宮崎ではこれ以降，環壕集落が継続して営まれる．宮崎県の状況について乗畑光博氏から教示を得た．
遠賀川下流域　石庖丁を出土した北九州市貫川遺跡を追加．
山陰　突帯文土器（前池式）の胎土中からイネのプラント・オパールが見つかった板屋III遺跡を追加．
瀬戸内　丹塗磨研土器や石庖丁を出土した松山市大淵遺跡を追加した．
高知　田村遺跡を前8世紀末に位置づけた．歴博調査
徳島　庄・蔵本遺跡を前6世紀に位置づけた〔藤尾ほか 2000〕．
神戸　本山遺跡を前7世紀に位置づけた．歴博調査．
奈良　唐古・鍵遺跡を前6世紀に位置づけた．歴博調査．
滋賀　長原式の土器付着炭化物からキビが見つかった竜ヶ崎A遺跡を追加．歴博調査．
東海東部　東海から改称した．
静岡　木製農具を出土した静岡市梶子遺跡，V期の環壕をもつ伊場遺跡を追加．

216　V　弥生文化の輪郭

中部高地　木製農具が出土した長野県七瀬遺跡を追加。前期の縄文水田が見つかった山梨県宮ノ前遺跡を追加。
群馬　V期の木製農具を出土した新保遺跡を追加．
北信　大陸系磨製石器がセットで出土した長野県塩崎遺跡を追加．
関東南部　IV期の木製農具を出土した千葉県常代遺跡，神奈川県池子遺跡を追加．
石川　III期の環壕集落である八日市地方遺跡を追加．

〔山崎 1990〕。前6世紀には遼寧式銅剣の形を模したという説のある木剣が比恵遺跡から見つかっており，青銅器自体は出土していないものの，祭祀に伴う祭儀を木剣で代用していたと推定されている〔吉留編 1991〕。前4世紀後半（中期初頭）になると，福岡市吉武大石遺跡のような銅剣・銅矛・銅戈や多鈕細文鏡を副葬する王墓が出現するのである。

　こうした動きは熊本県宇土半島から大分市を結ぶ線より北の九州中部でもみられる。これらの地域では弥生稲作の開始こそ前7世紀前葉と遅れるものの，前7世紀中には佐賀県吉野ヶ里遺跡などで環壕集落が成立。青銅器の副葬は九州北部とほぼ同じ，前4世紀後半に始まる。

　同じ九州南部でも宮崎と鹿児島では様相が異なる。弥生稲作は九州中部とほぼ同じ前7世紀前葉には鹿児島県薩摩半島や宮崎市内などで始まる。環壕集落は前期後半の宮崎市下郷遺跡で出現し，以後，継続するが，鹿児島東部では前3世紀に比定される鹿屋市西ノ丸遺跡（山ノ口I・II式）など，明確なものは限られている[6]。青銅器も鹿児島県野井倉遺跡の中広銅矛，大隅で中広銅戈が，宮崎では2点見つかっているだけなので，九州北・中部の青銅器祭祀圏内とは明らかに様相を異にしている。

　中国・四国地方でもっとも早く弥生稲作が始まるのは高知平野にある前700年頃（I期古段階）の田村遺跡で，同時に環壕も掘られている。瀬戸内では前7世紀前葉に今治市阿方遺跡などで弥生稲作が始まり，前7世紀中頃には環壕集落が現れる。香川，鳥取平野でも前7世紀前葉に弥生稲作が，前6世紀中頃には徳島で弥生稲作が始まっている〔藤尾ほか 2010〕。したがって瀬戸内沿岸では愛媛から徳島まで，ほぼ50年ずつズレながら弥生稲作が広がったようである。中国・四国地方の青銅器祭祀は前4世紀前葉の銅鐸祭祀からである。近畿でもっとも早く弥生稲作が始まるのは前7世紀後半〜前6世紀前葉の神戸市本山遺跡で，古河内潟沿岸では前6世紀中頃，奈良盆地では前6世紀後半頃に弥

3　弥生文化の質的要素　*217*

生稲作が開始される。環壕集落は前6世紀中頃，青銅器祭祀は前4世紀前葉に出現する。

以上のように，九州北部につづいて弥生稲作が始まるのは，前700年頃の高知平野である。前7世紀前葉には九州南部や瀬戸内西半部と山陰で始まる。同じ九州島内にある鹿児島や大分よりも先に高知で弥生稲作が始まることが注目される。近畿地方では西部瀬戸内より50年ほど遅れて神戸付近で始まり，古河内潟沿岸，奈良盆地へと東へ広がって行く。

この結果，弥生稲作が広がるにあたってもっとも時間を要したのが，九州北部を出るまでに要した200年あまりという事実は，中部瀬戸内，近畿が50年ずつの時間で広がっていることと比較すると，拡散の仕方に何らかの違いがあったことを予想させる。

(2) 伊勢湾以東・以北の東日本

前5世紀後半に伊勢湾沿岸地域まで広がった弥生稲作が次に向かったのは北陸で，前4世紀前葉（前期末）には富山付近に達している。環壕集落も前3世紀（Ⅲ期）には出現し，銅鐸祭祀は福井まで広がり，のちに青銅器祭祀の北限となる。

このあと水田が現れるのは前4世紀前葉の東北北部の日本海側沿岸で，「中の文化」の域外である。青森と富山の間にある新潟・山形・秋田には，今のところ水田稲作を行っていたことを示す遺構は見られない。前4世紀後半（Ⅱ期）には仙台平野や福島県いわき周辺など，東北の太平洋沿岸でも水田稲作が始まり，前3世紀（Ⅲ期）には木製農具も現れて水田稲作が定着していたと考えられる。しかし利根川を越えると環壕集落はいまだ見つかっておらず，後3世紀（弥生Ⅵ期）になってようやく会津地方に方形周溝墓が作られる程度である。青銅器祭祀はもちろん見ることはできず，木の鳥や木偶などの農耕祭祀に使われる木製品もいまだ見つかっておらず，農耕社会が成立していたのかどうかははっきりしない。

前5世紀前半に伊勢湾沿岸まで到達していた弥生稲作が，太平洋沿岸を東へ延び始めるのは弥生中期中頃の前3世紀後半になってからで，小田原市中里遺跡に突然環壕集落が出現する。東播磨の土器が見つかっていることから，石川

日出志は東部瀬戸内との間を行き交う人びとを介して，それまで丘陵寄りに居を構えていた在来の人びと（再葬墓を営む）が平野に進出し，集住して作ったムラと考えている〔石川 2010〕。

　前2世紀（Ⅳ期）になると，東京湾に面した神奈川・東京・千葉など関東南部でも環壕集落が出現することから，農耕社会が成立したものと考えられる。その東限は千葉県佐倉市大崎台遺跡である。なお環壕集落が利根川を越えて北に広がることはなく，北限は新潟県村上市の山元遺跡（Ⅴ期）である。北信地域でも前2世紀頃（Ⅳ期）に大橋遺跡など環壕を備えた農耕集落が出現し，ほぼ同じ時期の柳沢遺跡では，武器形祭器と銅鐸の埋納坑が見つかっているところから，青銅器祭祀が特定のムラで行われていたことがわかる。銅鐸祭祀の東限は福井から天竜川を結ぶ線までなので，飛び地的にみられる東日本唯一の青銅器埋納を行った遺跡である。面的に広がったり時期的にも継続したりしないので，あくまでも一時的な現象にとどまるものと推測される。

　石川日出志は，北信では弥生青銅器文化の出現と同時に，銅戈や石戈を模した文化が重層的なあり方をみせ，まさに柳沢遺跡を頂点とする，弥生青銅器文化，石器模造品文化（一時的模倣品）と位置づける。この一時的模倣品も利根川を越えることはなく，環壕集落の分布と一致している。一方，後期後半になって加賀・中部・関東一円に現れる小銅鐸・巴形銅器・有鉤銅釧は，後期末になると東海から南関東，さらに北関東まで現れるが，弥生青銅器祭祀との関係は今のところ微妙で，前方後円形・後方形墳丘墓の出現動向とあわせて考えてみる必要があるという。かねてより弥生青銅器祭祀との関連が取りざたされていた有角石器は，今のところ青銅器文化とはいいがたいという評価である[7]。

　仙台平野以北になると，弥生的祭祀を物語る資料はなく，種籾祭祀ぐらいはあった可能性は指摘されているものの，詳細は不明である。石川は環壕集落がない以上，農耕祭祀以上のムラ・共同体レベルを包括する弥生祭祀は欠落する可能性が高いという。

　このように関東南部と中部地域は本州のなかでももっとも遅れて弥生稲作が始まった地域で，環壕集落は成立するが，青銅器祭祀を行う集団が存在したのは今のところ中信地域だけである。また仙台以北では水田稲作を早く始めるものの，農耕祭祀以上の共同体祭祀は行われていなかったようである。

(3) 3つの指標の分布

　以上みてきたように,「中の文化」のなかには, 一度始めた水田稲作をやめた地域は存在しない (図81)。

　社会的側面の指標である環壕集落は, 基本的に九州南部 (宮崎) から利根川以西 (佐倉〜村上) の地域に分布し,「中の文化」の大部分に認められる (図82)。関東北部〜東北中部には認められず, わずかに弥生終末期の会津盆地に

図81　食糧生産を基礎とする生活を送る地域と諸文化

図82　環壕集落の分布

図83　青銅器祭祀の分布

220　V　弥生文化の輪郭

方形周溝墓が認められるに過ぎない。環濠集落は弥生終末期に姿を消し古墳時代には継続しない。

　祭祀的側面は，青銅器祭祀が九州中部から福井〜天竜川を結ぶ線までと，中信に点在してみられるほか，環濠集落が分布する中部・関東南部にはムラ・共同体レベルを包括する弥生祭祀が想定されている（図83）。利根川以北の北関東や東北において，農耕祭祀など日常の豊穣を祈る儀礼がまったくなかったとは考えにくいが，今のところ証拠が見つかっていない。

　青銅器祭祀の終焉だが，まず山陰や岡山で前3世紀頃から衰退し始め，大型墳丘墓を造営し，そこを舞台に行う祭祀に重点をおくようになる。結局，武器形青銅器を用いる祭祀が2世紀一杯，銅鐸を用いる祭祀が東海地方で2世紀一杯，近畿でも3世紀に入って見られなくなり，弥生青銅器祭祀は終焉を迎える。

(4)　3つの側面からみた地域的なまとまり

　以上，経済（水田稲作），社会（環濠集落），祭祀（弥生祭祀）という3つの側面の組み合わせを通時的にみると，前3〜前2世紀の日本列島は5つの地域的なまとまりに分けることができる（図84）。

〔九州中部〜北陸・東海西部〕　3つの側面すべてを認めることができる。祭祀は特に青銅器祭祀が行われている。

〔中部・関東南部，宮崎〕　農耕社会は成立している。青銅器祭祀は，柳沢遺跡など一時期だけ限定的に認められるだけだが，環濠集落の分布域なので，ムラ・共同体レベルを包括する弥生祭祀は存在したと考えられる。

〔鹿児島，北関東〜東北中部〕　一度始めた水田稲作を継続するので，経済的側面だけは継続して認められる地域である。しかし環濠集落や青銅器祭祀は一時的に見られるか（鹿児島），会津盆地を除くとまったくみることはできない（北関東〜東北中部）。農耕社会化していたのか，はっきりしない。

〔東北北部〕　灌漑施設を備えた定型的な水田で300年近くも稲作を行うが，前1世紀にみられなくなる地域。採集狩猟生活にもどったと考える研究者が多く，水田稲作民がどこかへ移動してしまったとは考えられていない。

〔北海道，薩南〜奄美・沖縄諸島〕　水田稲作を採用せず，生態系に適応して漁撈活動にある程度特化した地域。南海産の貝を媒介にした交流によって

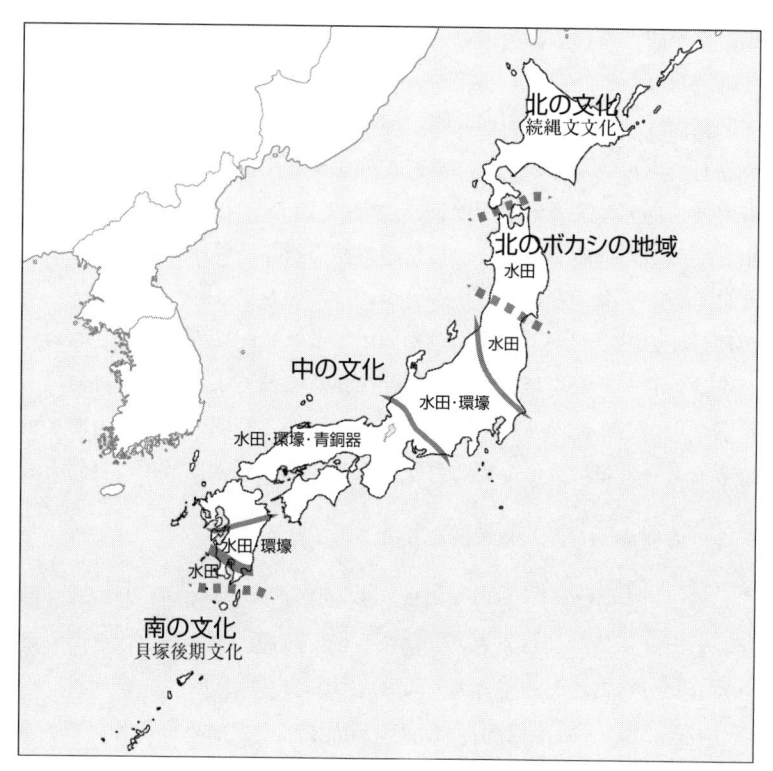

図84　3つの側面からみた日本列島

必需財や威信財を手に入れていた。

この結果,「中の文化」は3つに分けることができた。最後が北の文化と南の文化。のこりは北のボカシの地域。東北中部は水田稲作を継続するが,農耕社会化が進んでいるのかどうかはっきりしない。

北海道と奄美・沖縄諸島を除けば,灌漑式水田稲作を行っているわけだが,九州から東北にかけての地域では,地域によってみられる横断的な側面が異なるのはなぜであろうか。どうして環壕集落が成立したり,しなかったりするのであろうか。

考える糸口になるのが生業全体に占める水田稲作の位置づけである。縄文文化のように網羅的な生業構造のなかの1つとして農耕(水田稲作)が行われていたのか,それとも弥生文化のように水田稲作に特化した選択的な生業構造の

なかにあったのか，という点である。これは単に経済上の面だけではなく，社会全体に関係してくる問題である。つまり，水田稲作を行うためには経済面だけではなく，社会的にも祭祀的にも水田稲作に特化する，すなわち水田稲作を行うためにもっとも効果的な社会や祭祀体系を求めていく必要がある。そうした状態になってこそ，環壕集落が出現し，弥生祭祀が行われるのである。

しかし弥生祭祀の有無や環壕集落の有無といった違いを持ちながらも，灌漑水田稲作を一度始めたらやめずに継続した「中の文化」では，後3世紀中頃から後半にかけて，ほぼ同時に古墳文化が成立するのである。社会の複雑化や弥生祭祀が進まなくても，ほぼ同時に前方後円墳を造り，古墳祭祀を行うところに，古墳文化成立の特質が隠されていると考えるが，この問題はまた後述する。

(5) 縦の「ボカシ」

東北北部にみられる水田稲作は，網羅的な生業構造のなかで行われていたと考えられているが，網羅的な生業構造といえば縄文文化特有のものである。実は縄文文化のなかで水田稲作が行われていた可能性が指摘されている地域がある。つまり水田稲作が生業全体のなかで特化する以前に，網羅的な生業構造のなかで水田稲作が行われていた可能性である。

まず九州北部の弥生早期に併行する時期の瀬戸内や近畿である（図80のB）。前9〜前8世紀の愛媛県大淵遺跡では磨製石庖丁と磨製石鎌，丹塗磨研壺が，香川県林・坊城遺跡では九州北部系の木製農具が，伊丹市口酒井遺跡では磨製石庖丁と籾痕土器が，それぞれの地域の晩期突帯文土器に伴って見つかっているため，晩期末の水田稲作の可能性が説かれている。

次に九州北部の晩期最終末（図80のA），黒川式段階にも韓半島青銅器文化前期の磨製石庖丁が見つかった北九州市貫川遺跡，九州南部晩期最終末の湧水を利用した水田遺構が見つかった都城市坂元A遺跡などがある。これらはもし行われていたら，弥生稲作出現以前の網羅的な生業構造のなかでではないかと予想され，狩猟，採集，漁撈などに対して特化していなかったと考えられる。現状では確実に水田稲作を行っていたという決め手に欠けてはいるものの，もし行っていたとしたら，以上のような稲作形態が予想される。

こういう視点で関東・甲信の前8〜前3世紀の状況を見てみよう（図80の

C)。石川日出志はこの時期，水田稲作が行われていたと考えている〔石川 2000〕。神奈川県中屋敷遺跡で見つかった前4世紀前葉（前期末）に併行するコメは，遺跡近辺の水田で作られたと推測しているのである。その形態は，縄文後・晩期以来の多角的（筆者の網羅的）食料源獲得経済の一環として，雑穀にコメを加えたものという理解である〔石川 2010〕。先述した設楽の縄文系弥生文化の地域と一致している。

弥生前期～中期前半に併行する時期の，関東甲信にみられる網羅的生業構造のもとで行われた水田稲作を，石川や設楽は弥生文化に含める。縄文に特徴的な網羅的な生業構造にあっても，水田稲作が行われた結果，壺の比率が上がったり，男女の分化を意味する土偶型容器が創造されたりで，もはや縄文文化の範疇では捉えられない，というのが根拠である。山内の続縄文文化の考え方に近い。このような見方が成り立つなら，先述した図80-Aや同Bの時期はどのように理解すればよいのであろうか。

水田稲作に伴う道具が断片的とはいえ出土したAやBの段階は，すべて縄文晩期末の文化として考えられているが，Cでは大量の炭化米と雑穀が出土している点に違いがある。A，Bとも隣接する韓半島南部や九州北部という，併行する時期の水田稲作文化の影響を受けて，採集や狩猟に水田稲作を加えた，網羅的な生業構造を持っていた可能性は否定できない。同様に隣接する伊勢湾沿岸の弥生前期文化の影響を受けた関東甲信（C）も同じ文化的背景をもつとみてよい。

したがってもしCを弥生文化に含めて考えるならば，少なくとも弥生早期に隣接するBは，縄文系弥生文化の範疇に含めて考えざるを得なくなってくるのではないであろうか。筆者は水田稲作を網羅的な生業構造の一部にもつ縄文文化が，あってもよいと考えているので，かならずしもBやCを弥生文化のなかで考える必要ないと考える。かといって縄文文化の範疇にはいらないことは，山内清男の言説からも明らかである。弥生早期に併行する段階は縄文晩期で，弥生前期に併行する段階以降が弥生というのではなく，共通の基準で考える必要性があるのではないだろうか。続縄文文化の考え方を北海道だけに限定しなければ続縄文文化でもいいし，鈴木信がいうように類弥生文化でもよい〔鈴木 2009〕。ただ日本における弥生文化の始まりを考えるうえでも，Cを弥

生文化に含めて考えることには，賛同できない。

4 「中の文化」の細分

これまでの分析で，「中の文化」のなかには，生業構造のなかに水田稲作をどのように位置づけるのかによって，選択的な生業構造のなかで特化するところと，網羅的な生業構造のなかにとどまるところの2つがあることをみてきた。水田稲作の広がりとともに弥生文化や続縄文文化などの範囲が，どのように伸張するのか，縦の「ボカシ」の段階を意識しながら，時期ごとにみていこう。

(1) 文化的まとまりの時期別変遷

前10世紀後半の弥生稲作の開始から，後3世紀中頃の定型化した前方後円墳の成立までの約1200年間を，4つの段階に分けて考えてみた。まず弥生稲作が九州北部だけにみられる段階と，弥生稲作が玄界灘沿岸を出て東海〜北陸以西に広がる段階（第一段階），東北地方で水田稲作が始まり，北海道に続縄文文化が成立する段階（第二段階），関東甲信でも弥生稲作が始まって本州全体に広がった段階（第三段階），最後が東北北部で水田稲作がみられなくなり，水田稲作の北限が東北中部まで後退した段階（第四段階）である。水田稲作が始まる前には，各地で縦の「ボカシ」の段階をみることができる。

第一段階（弥生早期〜前期後半）

前10世紀後半，九州北部玄界灘沿岸地域で弥生稲作が始まる（図85）。図80-Aはこれ以前のこの地域の話である。前8世紀末までの約200年間は玄界灘沿岸地域の外には広がらないので，それ以外の日本列島には縄文晩期末文化と貝塚前期〜後期文化が広がっている。ただし，瀬戸内のように水田稲作が生業の一部に取り入れられていた可能性のある地域，すなわち西日本に縦の「ボカシ」（図80-B）の段階を想定できる。

前8世紀末から前5世紀中頃までの約500年間で，弥生稲作は玄界灘沿岸を出て東海西部地域までの西日本全体に広がる。東日本にはまだ弥生稲作は広がっておらず，雑穀栽培や畑稲作など筆者のいう縦の「ボカシ」の段階が広がっ

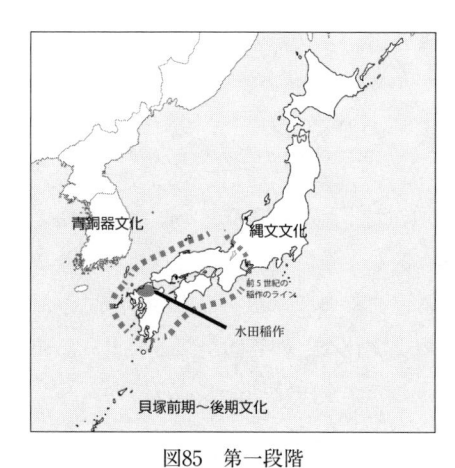

図85　第一段階
弥生早期〜前期後半：前10〜前5世紀.

図86　第二段階
弥生前期末〜中期前半：前4〜前3世紀.

図87　第三段階
弥生中期中頃〜後半：前3〜前2世紀.

図88　第四段階
弥生中期末〜後期末：前1〜後3世紀.

ているが，石川は弥生前期〜中期前半，設楽は縄文系弥生文化と呼び，弥生文化のなかに含めて考えている．東北や北海道にはまだ縄文晩期末の文化が広がっていて，奄美・沖縄地方では貝塚前期文化から後期文化への移行が終了する．

第二段階（弥生前期末〜中期中頃）

水田稲作が北陸や東北北部，仙台平野，福島県いわき地域などの東北地方の数ヵ所で始まる段階で，北海道には続縄文文化が成立する（図86）。関東甲信地方は依然として筆者のいう縦の「ボカシ」の段階（図80-C）である。一部で水田稲作が行われるという説もあるが，畑稲作や雑穀栽培は確実に行われている。再葬墓や土偶形容器のように，もはや縄文文化とはいえない祭祀的な要素が多く認められることが，もはや縄文文化ではないことを示す重要な要素と考えられている。

第三段階（弥生中期中頃〜後半）

弥生Ⅲ期後半（中期中頃）に南関東，Ⅳ期に甲信で弥生稲作が始まることによって，本州・四国・九州全域で水田稲作が行われている段階である（図87）が，水田稲作の目的や生業のなかにおける位置づけは異なっていた可能性がある。藤本が想定した「北の文化」「中の文化」「南の文化」が並立するのは，この段階になってからである。先述したように「中の文化」は，環壕集落が分布する利根川以西の農耕社会化した地域と，北関東・東北中南部，鹿児島のように環壕集落が見つかっていなくて，農耕社会が成立しているのかどうかが明確でない地域に二大別される。前者の場合，水田や集落を見る限り，網羅的な生業構造の一部に水田稲作が組み込まれていたとは考えにくいこともあって，農耕社会化の途上にある文化という位置づけもできる。ただ，ムラや共同体を包括する弥生祭祀が行われていた可能性がかなり低いことや，後述するように水田稲作の目的が異なっていた可能性が指摘されているので，弥生文化の範疇に含まれるかどうかはまだわからない。いずれにせよ，弥生稲作の開始により関東甲信地方で続いていた縦の「ボカシ」の段階は消滅する。

第四段階（弥生中期末〜後期末）

東北北部には水田稲作を行う人びとがみられなくなり，水田稲作の北限は山形から仙台平野を結ぶ線まで南下。同時に続縄文文化が南下し，一部は日本海沿岸の新潟〜石川まで達し，西日本の弥生人と直接，接している可能性が指摘されている。貝塚後期文化は11世紀半ばまで継続する（図88）。

この結果,「中の文化」は, 青銅器祭祀を行う北陸〜天竜川以西, 基本的に青銅器祭祀は行わないが, 弥生祭祀を行っている可能性のある関東南部・中信地域, 宮崎, 弥生祭祀を行っていない可能性のある北関東〜東北中部, 鹿児島, の3つに分けることができる。しかし3世紀中頃〜後半には「中の文化」全体が古墳文化へ移行する。

まとめ

　4つの段階にわたって「中の文化」の動向をみてきた。「中の文化」の南の境界は, 貝塚後期文化の北限がほぼ固定化されているので, 前10〜後3世紀の間, 変動することはなかった。

　それに対して「中の文化」の北限は変動していた。九州北部で弥生稲作が始まってからの約500年間は, 伊勢湾沿岸や北陸まで拡大する一方であったが, 中部・関東方面へは前3世紀まで150年ほど停滞する。関東甲信の縦の「ボカシ」の段階に阻まれていた。もちろん東北北部には海上ルートで北陸から直接伝わるが, 目的や実体面からみて弥生稲作とはいえるものではなかった。

　次に動きが始まるのは, 弥生Ⅲ期後半〜Ⅳ期（前3〜前2世紀）の関東南部や甲信における弥生稲作の開始である。これを契機に水田稲作の範囲は東北北部までつながったように見える。このうち, もう後戻りをしなかった東北中部までを, 藤本は「中の文化」と規定したわけだが, 東北北部で行われていた水田稲作と北関東の水田稲作は, そもそも同じ系譜上で捉えていいのかどうか疑問が残る。東北北部では前4世紀に砂沢遺跡で始まった水田稲作の流れを引くと考えられる水田稲作が, 田舎館遺跡などで行われていたので, 一見,「中の文化」が東北北部にまで達したようにみえ, またそう理解してきたわけだが, ここは慎重に考えてみたい。

　もう後戻りをしないと定義されている「中の文化」の北限は, 東北中部の仙台・大崎平野にある。高瀬克範は仙台平野の水田稲作を「設備投資型」と呼び, 西日本の装備を一通り求め, 確保される効率性や生産性に目をつけたものと理解している〔高瀬2004〕。一方, 後戻りする東北北部の水田稲作を「経費節約型」と呼び, 縄文文化とほとんど変わらない装備で稲作を行い, 道具製作にかかるコストを抑制し, ひいては稲作開始期のリスク軽減を意図していると理解

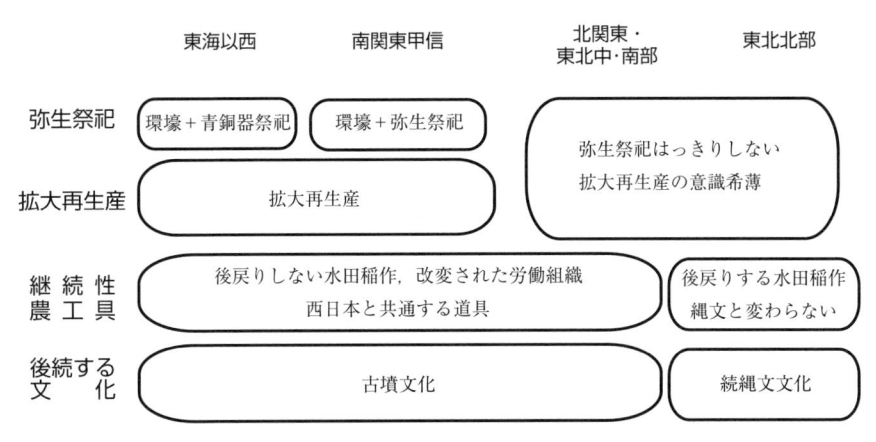

	東海以西	南関東甲信	北関東・東北中・南部	東北北部
弥生祭祀	環壕＋青銅器祭祀	環壕＋弥生祭祀	弥生祭祀はっきりしない	
拡大再生産	拡大再生産		拡大再生産の意識希薄	
継続性農工具	後戻りしない水田稲作，改変された労働組織 西日本と共通する道具			後戻りする水田稲作 縄文と変わらない
後続する文化	古墳文化			続縄文文化

図89　東日本における水田稲作の目的

する。このように好対照をみせる東北北部と東北中・南部の水田稲作であるが，利根川以西の水田稲作地帯にはみられない点で共通点をもつ。それは，拡大再生産の意識と弥生祭祀がみられない点である（図89）。

祭祀については先にふれたので，ここでは拡大再生産について斎野裕彦の言葉を借りて説明しよう。これは土地に対する意識といってもよいものだが，仙台平野は一定の期間，一定の範囲にとどまって耕作することこそがもっとも重要視され，条件の悪いところまで含めて可耕地開発を行う西日本のようなあり方をみることはできないという。津軽も一定の生産量を確保できるならば，それ以上水田域を拡張することはせず，むしろ特定の範囲に一定期間とどまることを重要視するという〔斎野 2004〕。

かつて林謙作は，東北北部と中・南部の水田稲作について，縄文以来の労働組織や石材供給システムを維持したまま水田稲作を行った東北北部では，寒冷化によって生業を元に戻せたのに対して，組織やシステムを改変したうえで水田稲作を行った東北中南部は，すでに戻ることができなかったと指摘している〔林 1993〕。

また広瀬和雄は東北北部の水田稲作を「東北北部型の弥生文化」と命名し，「各地域集団の領域は広大であったため相互の利害が接触しがたい。したがって地域集団間における秩序形成のための政治的契機は醸成しにくかった」〔広瀬 1997：90頁〕と述べたが，広大であったからではなく，もともと可耕地に

対する考え方が異なっていた可能性が，斎野や高瀬によって指摘されていることの意味は大きい。拡大再生産の意識が希薄であるということは，水田稲作の目的自体が異なっていた可能性を示唆している。

これまでは，東北中・南部の水田稲作を，関東南部以西の水田稲作と同じと考えてきたが，ここで見方を変えて，目的も意識も異なる水田稲作と考えてみたら，東北北部と東北中・南部が，前1世紀に見舞われた寒冷化に対してみせた異なる動きを，どのようにみることができるのであろうか。

弥生文化にとってのコメは，食糧にとどまらず，余剰生産物，交換財，儀礼・祭祀の対象（稲魂），税など，多様な性格を持っていたと予想される〔藤尾 1999b〕。また拡大再生産こそが目的であり，可耕地の拡大に努め，その結果，土地争い（戦い）に発展することもある。特に九州南部（宮崎）～南関東の地域においてはその傾向が強かったと考えられる。

ところが，先述したように仙台も津軽も，何が何でも耕地を増やしていくといったところがみられない。東北北部ではギフトや食料，集団を結びつけるための手段〔高瀬 2004〕としての性格が強く，食料の一部にとどまっていた可能性が指摘されている。つまり食料としての面ではなく，集住化の達成が目的で水田稲作を始めたという理解である。

斎野裕彦は，仙台平野の水田稲作について，寒冷地に適応した水田であっても，成人1人あたりの熱量は8～22%で，補助的な役割を果たしているのに過ぎないため，狩猟活動が減った分，漁撈活動が再編成され，水田稲作の不足分を補ったと考えている〔斎野 2004〕。そのため漁撈活動に専業することになり，東北中部以北では土器製塩も盛行するという。仙台平野でさえも，網羅的な生業構造の一つとして水田稲作が位置づけられていた可能性を示している。

結局，水田稲作が網羅的な生業構造のなかの一つとして位置づけられていたところでは，水田稲作を行う目的が異なっていた可能性が認められることからわかるように，地域によって水田稲作を行う目的はさまざまであった可能性がある[8]。

横の「ボカシ」の地域であろうが，縦の「ボカシ」の段階であろうが，双方の特徴が混在する地域や時期は普通にみられるものである。縄文から弥生への転換期を縦の「ボカシ」の段階とすれば，文明の中心から周辺へと離れて行く

につれて，当初の要素が一つずつ欠落していくのが横の「ボカシ」の地域であった。そうした地域や時期固有の文化内容についての共通認識は研究者間にあるので，要はそれぞれの地域や時期をどのように理解して，何と呼ぶのかの問題なのである。

つまり前380年頃（前期末）から始まった東北北部の水田稲作は，社会面の改編を行わずに開始され，温暖期という好条件にも恵まれて，田舎館遺跡につながる水田稲作を継続できた。前1世紀以降に始まったとされる寒冷化を前にしても，旧体制のままの労働組織を維持していたことが幸いして，もとの採集狩猟生活に戻ることができた。もともと網羅的な生業構造の一つに位置づけていた水田稲作ゆえに，別の生業で補うか，バランスを変えればよかったのである。逆に東北中・南部は，水田稲作に特化した生業構造に見合う社会面の改編を行っていたため，寒冷化しても容易に水田稲作をやめることはできない。元に戻ることはできずに，水田稲作を継続せざるを得なかったのではないだろうか。このように北関東〜東北中部と東北北部では，生業構造や労働組織の違いが寒冷化に対して異なる行動をとらせた原因と考えられる。

このような想定が可能だとすれば，「中の文化」の北端は，前3世紀にいたってようやく最北端（東北中部）に達し，以後，固定化され，古墳文化へ移行することとなる。すなわち「中の文化」の北端も南端も一度到達した地点で後退することなく，弥生文化の段階は固定化されたことになる。逆に東北北部では，前期末以降の温暖な段階に水田稲作を網羅的な生業構造の一部に取り込み，後期以降に寒冷化すると水田稲作を外したことになる。すなわち東北北部は，生業を固定化せず，状況に応じて網羅的生業構造内のバランスを変えることによって，環境変化に対峙するという，生態系にもっとも適した生業体系を維持していたといえよう。

前稿〔藤尾 2011b〕では，東北北部は採集狩猟生活→農耕生活→採集狩猟生活とめまぐるしく生活スタイルを変える，「ボカシ」の地域と位置づけたが，実は続縄文文化と同じく，生態系と環境にあわせて生業バランスをこまめに調節した文化といえるのである。温暖期から寒冷期への気候変動の影響を，直接受ける東北北部ならではの適応戦略であり，拡大再生産を至上命題とするゆえに，何が何でも水田稲作をやめることができない弥生文化とは，本質的に異な

る文化だといえるのではないだろうか。一方，南の「ボカシ」の地域について，藤本は古墳文化の段階から顕在化するとしてきた。鹿児島では，定型化した水田や木製農具が見つかっているわけではないが，水田稲作が行われていることは確実である。しかし大河川が流れる宮崎とは異なり，「迫」と呼ばれる台地上に小規模な水田を拓き，湧水を主に利用するため，水の給排水に伴う調整が必要とされていない鹿児島では，大隅半島の肝属川流域を除けば，社会的側面の改変にまで及ぶような農耕社会化は起きていなかった可能性は高い[9]。一方，宮崎では前期後半以降，環壕集落が普遍化することから，弥生文化段階は「中の文化」の領域に含まれていたと考えている。

(2) 「中の文化」の輪郭

これまで検討してきた結果，安定した水田稲作がもっとも拡大した前3～前2世紀（弥生中期中頃～中期後半）の日本列島上には，図87にみるように「中の文化」を含めたⅠ～Ⅳの，4つの文化的まとまりが存在していたことがわかった。この時期は，生業構造のなかにおける水田稲作の位置づけや水田稲作の目的はともかくとして，灌漑式水田稲作が九州・四国・本州全体に広がっていた時期である。

縄文文化がすでにみられなくなったこの時期，列島内に存在した文化的まとまりは，どのような特徴をもっていたのであろうか。共通点と相違点を明らかにする。

図90に示した文化的まとまりの特徴を表13に示した。生業構造のなかにおける水田稲作の位置づけ，農工具のあり方，環壕集落や方形周溝墓，青銅器祭祀の有無，耕地拡大についての姿勢，後続する文化の違い，などを指標に，この時期の北海道から沖縄までの列島内を4つの文化的まとまりに分けた。

弥生稲作を生産基盤とする選択的な生業構造を持ち，環壕集落を指標とする農耕社会化を達成した文化をⅠとして，青銅器祭祀を行う東海・北陸以西～九州中部までをⅠA，青銅器祭祀を基本的に行わないが，弥生祭祀を行っていた可能性のある利根川以西の南関東甲信越と九州南部（宮崎）をⅠBとする。よって違いは青銅器祭祀を行い大陸的要素の強いⅠAと，基本的に青銅器祭祀を行わないⅠBということになるが，いずれも3世紀半ばに前方後円墳を築造

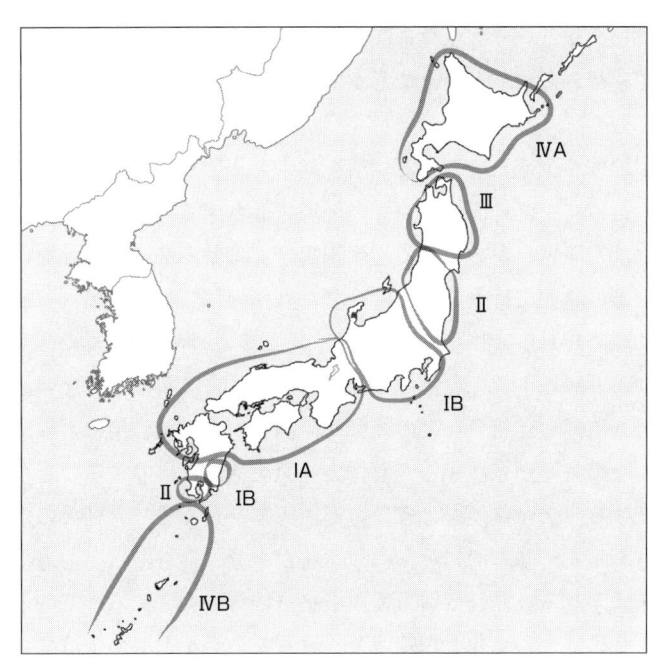

図90　前3～前2世紀の諸文化

表13　日本列島上に存在した4つの文化の特徴（前3～前2世紀）

	地　域	経済的側面	社会的側面	墓　制 （副葬制）	祭祀的側面	後続の文化
ⅠA	東海・北陸以西～九州中部	灌漑式水田稲作、畑作	環濠集落、方形周溝墓、戦い	副葬制	青銅器祭祀、木の鳥、木偶	古　墳
ⅠB	南関東甲信越、宮崎			Ｖ期の群馬	有角石器、小銅鐸、顔面付土器	
Ⅱ	北関東～東北中部、鹿児島		労働編成の質的転換	栃木、茨城	小銅鐸、岩偶	
Ⅲ	東北北部	400年間、水田稲作	縄文の労働組織を継承		土　偶	ボカシの地域
ⅣA	北海道	漁撈に基盤をもつ採集狩猟、交易	個人崇拝？	副葬制		続縄文
ⅣB	薩南・奄美・沖縄諸島		有力者の存在	種子島のみ		貝塚後期

4　「中の文化」の細分

する。農耕社会化という弥生化を深化させた社会が政治社会化して，古墳文化を創造して移行した地域ということができよう。従来の弥生文化として理解された内容をもつ。

次に水田稲作を生産基盤とする生活を基本とするが，環壕集落が顕在化せず，弥生祭祀を行っていた可能性が少ない地域をⅡとする。利根川以北の北関東や東北中・南部，鹿児島が該当する。青銅器祭祀は基本的に見られないものの，武器形青銅器の祭祀を行う地域に隣接した九州南部では，中広銅矛と中広銅戈が断片的に認められる。北関東，東北中・南部では，青銅器以外の弥生的な祭祀の道具（鳥形木製品，卜骨，刻骨，木偶など）も基本的に明確ではない。しかし労働組織や石器流通の仕組みなどの社会的側面を，水田稲作用に再編成しているので，どんなに気候が寒冷化しても採集狩猟生活に後戻りすることなく，水田稲作を継続する。会津盆地のように方形周溝墓を造るまでに社会の複雑化が進んだ地域もあるが，基本的に社会の複雑化が十分に進む前に，前方後円墳を築造したと考えられる。これは前方後円墳築造の背景を考える上でも重要である。

以上のように「中の文化」の範囲と一致するのがⅠとⅡの地域であり，藤本が指摘するとおり「もはや後戻りしない文化」なのである。

本州の最北端では前4世紀から前2世紀にかけて300年ほど水田稲作を行っていたが，そのあとは行わなくなり，網羅的な生業構造のなかから水田稲作が欠落する（Ⅲ）。水田稲作は網羅的な生業構造のなかの一つとして位置づけられ，労働組織も流通機構も縄文晩期の体制のまま再編成されなかったことが，環境変動にあわせて水田稲作を行わなくても，やっていくことを可能としたと考えられている〔林 1993〕。祭祀的側面に縄文文化を色濃く遺すことは少なくなったとはいえ，田舎館遺跡でも土偶が伴うことからしっかり遺っていたことを推測することができる。

以上，水田稲作を生産基盤として後戻りすることなく，古墳文化へ移行する点を共通項とする文化として設定された藤本の「中の文化」は，農耕社会化を達成して弥生祭祀を行っていることが明らかな，利根川～九州南部（宮崎）までのⅠ地域と，達成したかどうかがはっきりしないまま古墳文化へ移行した利根川以北～東北中部，鹿児島のⅡ地域に分かれる。Ⅰ地域はさらに青銅器祭祀の有無で，青銅器祭祀を行うAと行わないBに分かれる。これで弥生文化の

横の輪郭は定まった。

　以上，前3〜前2世紀に限って見ただけでも，九州・四国・本州にはさまざまな文化的まとまりが見られることが明らかになった。となれば，前10〜後3世紀までを通してみた時，より時期的・地域的な文化的差異が大きいことから，「弥生文化」という枠組み，「弥生時代」という時代概念が，本当に有効なのか，という石川の本質的な疑問に突き当たらざるを得ない。この問題を考えるかぎを握っているのが，縦の「ボカシ」の時期である[10]。この段階を弥生文化の枠内で考えるのかどうかを決めれば，弥生文化の輪郭を決めることができる。

5　縄文文化と古墳文化との境界

(1)　縦の「ボカシ」とエピ縄紋

　本格的な水田稲作が始まる前に，水田稲作を行っていた可能性を示す要素が断片的にみられる段階を，縦の「ボカシ」の時期と称して論じてきた。のちに弥生稲作を行う地域であれば，どこにでもみられるこの段階を，どのように評価すればいいのであろうか。先述したように，東海以西の西日本や東北にみられる縦の「ボカシ」の段階は，縄文晩期末として位置づけられているが，関東甲信にみられる縦の「ボカシ」の段階は，東日本の弥生研究者によって弥生前期とか縄文系弥生文化という，弥生文化の枠のなかで理解されていた。この問題を理解する上で参考になるのが「エピ縄紋説」[11]である。

　林謙作は，時代区分の単位ではなく文化の変遷の段階として，エピ縄紋，を提唱した。「つまり，エピ縄紋というのは，ひとつの地域，あるいはひとつのムラの中に，縄紋系，弥生系の要素が入り混じっていて，弥生系の要素が縄紋系の要素を圧倒できないでいる状態をいいあらわす言葉なのだ」〔林 1993：75頁〕と定義し，3つの場合を想定した。

①コメをはじめとするハードウェアだけがつたわっている場合（つまり作っていない）。例：縄文晩期末の穀物や雑穀を持っている場合。筆者の図80-Aに相当。

②縄文的な社会や生産のシステムのなかにコメの栽培を取り込んでいる場合。

さらに2つに分かれる。
　　a　水田稲作を取り入れていない場合（または不明：水田不明）。例：口酒井，林・坊城，大淵など，筆者の図80-B。
　　b　水田稲作を取り入れている場合（つまり行っている：水田あり）。例：砂沢，田舎館，宮ノ前，坂元A。筆者の図80-C。
③一つの地域に稲作を土台としたムラ社会は成立していても，採集狩猟を土台としたムラ社会も健在な場合。例：弥生早期の玄界灘沿岸地域，唐古や中里など各地でもっとも古い水田稲作を行う遺跡が出現した段階。

　エピ縄紋と，縄文時代や弥生時代という時代がパラレルではないのは，弥生早期と縄文晩期末が，同じエピ縄紋に相当すると考えられていることからもわかるように，弥生系の要素が圧倒的でないことを意味している。すなわち圧倒できればエピ縄紋という文化の変遷段階ではなくなり，弥生文化の範疇にはいるのである。

　よって弥生文化とは，弥生的な社会や生産のシステムのなかで水田稲作を行い，それを土台としたムラ社会が成立し，維持するための弥生祭祀を行っている場合，を想定することができる。

　石川も設楽も，林のエピ縄紋（②-b），縄文的な社会や生産のシステムのなかにコメの栽培を取り込んでいる段階，言葉を換えれば網羅的な生業構造のなかで水田稲作を始めた段階（例　東北北部）も弥生文化と捉えている。それに対して筆者は，エピ縄紋③，稲作を土台とした言い換えれば選択的な生業構造のなかで水田稲作を始めてから以降に限定して弥生文化と捉えているのである。

　「縄文から弥生への転換は栽培を含む網羅的な生業体系から穀物栽培を中心とする選択的な生業体系への変化に特徴づけられるのである」〔藤尾 1993：1頁〕という定義は，今も変える必要はないと考えている。したがって中部関東の弥生は，前3～前2世紀の中里遺跡の成立からで，それ以前はエピ縄紋ということになる。そしてこの点は設楽も同意している。エピ縄紋という点では共通しているのに，弥生文化かどうかで判断が分かれる原因はどこにあるのだろうか。

(2) 各地のエピ縄紋段階

　まず九州北部の黒川式段階だが，1960年代より縄文後・晩期における上部構造の動揺が指摘されてきた。近藤義郎は浅鉢や深鉢にみられる，黒色磨研化という韓半島櫛目文文化への意識的同調性，深鉢の粗製化という社会的労働時間の短縮，土偶・石棒の大量製作といった社会の動揺を抑える精神的な縛りの強化といった現象を指摘し，縄文文化の上部構造は明らかに変化の兆しを見せていると指摘した〔近藤 1962〕。さらに晩期末になると先述したように，韓半島青銅器時代前期文化の水田稲作に伴う石庖丁などが断片的に出現する。コメ自体は縄文後期後半以降，圧痕土器を根拠に存在した可能性を考える研究者もいるが，中沢道彦や安藤広道は認めていない。坂元 A 遺跡の縄文水田も評価が分かれている。しかしもしこの段階に湧水型水田で稲作が行われていたとすれば，網羅的な生業構造のなかで行われていたと考えられるので，林のいうように縄文後期後半〜晩期末はエピ縄紋段階ということになる。

　中国地方は，誰もが認めている板屋Ⅲ遺跡の前池式段階の突帯文土器段階にみられるイネのプラント・オパールを胎土に含む土器や籾圧痕をもつ土器，九州北部にもってくると黒川式新段階は，エピ縄紋①の段階である。それ以前については今のところ，穀物関係の資料は見つかっていない。

　岡山では岡山大学学生部男子学生寮から，器種構成に占める割合が数パーセント台の壺と太型蛤刃石斧など，エピ縄紋②段階がみられる。香川では林・坊城遺跡から木製農具が出土していて，水田稲作の可能性が説かれているが，壺の比率はまだ数％台で低いので，エピ縄紋②に位置づけられる。大淵遺跡も石庖丁をもつものの，壺の比率はまだ低いので，エピ縄紋②の段階である。以上は図80-b，すなわち縄文晩期末に比定される。

　長原遺跡は少なくとも長原式新段階には遠賀川系土器が出現しているので〔藤尾 2009c〕，エピ縄紋③の段階である。なお船橋式以前は②段階となる。

　伊勢湾沿岸では馬見塚式段階（弥生早期新段階併行）に補助的手段として稲作が始まったと考えられており，エピ縄紋②に相当。弥生稲作は弥生Ⅰ期中段階からである。かたや静岡県宮竹野遺跡のような条痕文土器を使う在来の人びとが，水田稲作を行っていたことが知られている。壺の比率も3割に達しない

ことから，稲作は補助的な手段と考えられている〔設楽 1995〕ので，やはりエピ縄紋②に相当する。以上は図80-C，すなわち弥生前〜中期に比定されている。

このように九州北東部から瀬戸内，近畿，東海までの西日本の弥生稲作社会では，前7〜前6世紀までのおよそ150年間，九州北部で創造された，水田稲作の技術，農耕社会の維持・運営の仕方から，弥生祭祀に関する部分までの弥生文化の構造が，忠実に守られていた。そのことが，斉一的な遠賀川系文化として，私たちの目に映ってきたことにつながっていると考えられる。その背景に旧突帯文土器文化圏という，地理的・歴史的に類似した，生態的・技術的・祭祀的基盤を持つ地域圏があったことがわかる。

中部・関東地方でコメの存在を示す証拠が現れるのは，前8世紀初頭（Ⅰ期初頭併行）の浮線文土器段階である。山梨県宮ノ前遺跡では，百間川遺跡で見つかったものと同じお手盛りの畦で，1枚あたりの面積を狭くした小区画水田が見つかっている〔中山 1993〕。突帯文土器の深鉢が変容した深鉢変容壺が出現する。しかし10％以下の割合であり，石器組成も縄文晩期と基本的に変わらないので，エピ縄紋②段階に相当する。

Ⅰ期新段階になると，中屋敷遺跡のように大量のコメやアワを貯蔵する遺跡が現れたり，壺の割合も20％台まで上がったりで，水田稲作の比率が少しずつ増えていることは明らかである。また土偶型容器も出現するなど，浮線文土器を使う人びとの意識に水田稲作を行うにあたって，男女の共同労働が不可欠であるという考え方が芽ばえていたこともわかる。木偶ではなく土偶型容器を用いる点に，縄文的価値観から完全に脱却しきれない精神世界の一端を見ることができるが，儀礼や祭祀など精神面の弥生化を行い始めているところに，社会の基本的な変化をみることができる。エピ縄紋②bに相当する。

農耕社会の成立は，中里遺跡や神奈川県池子遺跡などにみられる大陸系磨製石器や木製農具の出現，土偶の消滅，方形周溝墓が成立する弥生Ⅲ期（前3〜前2世紀）である。特に土偶がⅠ期に稲作を行うようになっても消えなかったのは，土偶に代表される縄文的な祭祀と，網羅的生業構造のなかで行われた水田稲作が両立できたことを意味すると考えられる。

しかしⅢ期に成立する農耕社会や稲作の祭祀と，土偶とは相容れずに廃棄されてしまう。東北北部の砂沢遺跡や田舎館遺跡など土偶が少なくなるとはいっ

ても両立しているところとは，この地域の水田稲作を行う社会を考える際に参考となる。

次に中部高地～南関東の条痕文土器に伴う再葬墓や土偶形容器は，伊勢湾沿岸まで迫ってきている遠賀川系文化に対して，条痕文土器を使用する人びとが社会の動揺を抑えるための精神的な縛りを強化したものである。また条痕文土器の粗製化も労働時間の短縮という視点でみることはできないだろうか[12]。いずれにしても土器に対する何らかの考え方の変化が反映されているわけで，これらは西日本の縄文後・晩期にみられた現象と同じ上部構造の動揺にみえてならない。ただ異なるのは神奈川県中屋敷遺跡で見つかった前4世紀段階（前期末併行）の大量の炭化米や雑穀の存在である。貯蔵できるほどの量を生産できていたということは，たとえ網羅的な生業構造のなかで食料獲得手段の一つとして位置づけられていたとしても，縄文文化の枠で考えるのは難しいということであろう。他にも壺形土器や土偶型容器の出現などが縄文文化では捉えられないことを示す証拠としてあげられている。

だからといって弥生文化といえるのかというと，板付遺跡など九州北部の弥生早期に現れる農耕集落との格差は著しいため，やはり弥生文化を認めるわけにはいかない。エピ縄紋に相当する時代区分の用語が必要である。北海道限定という研究史上のしばりをゆるめて，続縄文という用語を当てるのがもっとも妥当と考えられる。次に弥生文化の縦の輪郭の終わりもみてみよう。

(3) 古墳文化への転換

筆者のこれまでの立場は，「水田稲作を選択的な生業構造のなかに位置づけた上で，それに特化し，いったん始めたら後戻りせず，古墳文化へと連続していく文化」を弥生文化と考えてきた。それに対して石川日出志は，縄文文化の伝統と灌漑式水田稲作でしか弥生文化を定義できないと主張する〔石川 2010〕。環壕集落のように，大陸文化系統の文化要素を重視するのは，古墳時代に継承されるものを重視する見方だとして石川は批判するが，土生田純之が指摘しているように，弥生文化と古墳前半期の文化を経済的側面だけで区別することができないこともまた明らかである〔土生田 2009〕。弥生文化は，縄文文化だけではなく古墳文化とも区別できなくてはならず，そのためにも社会的側面や祭

祀的側面を重視しなければならないと考える。

　したがって，関東南部で灌漑式水田稲作が始まる以前や，前一千年紀の九州・四国・本州にみられるすべての文化を，縄文文化の伝統＋灌漑式水田稲作を同じくする弥生文化の地域性とみる（石川説）か，水田稲作を行うという点では共通するが，水田稲作の目的を異にする文化の集合体とみるのかは，結局のところ，コメの性格や機能を食料としてだけ位置づけるのか，それとも食料以外の経済価値，祭祀の対象としても位置づけるのかによって，異なってくるのである。

　関東北部，東北中・南部を除いた九州・四国・利根川以西の本州が，灌漑式水田稲作を生活の中心においた選択的な生業構造をもつという点では，研究者の認識は一致しているとみてよいだろう。これは食料獲得手段全体に占める水田稲作の比率が，高いとか低いとかを意味しているのではなく，水田稲作をどのように位置づけているのかという，意識の問題である。武末の言葉を借りれば，農民の意識，こうした共通の方針をもつかどうかの違いである〔武末1991〕。九州南部までの地域では，農耕社会化を達成したうえで政治社会化を志向し，やがて前方後円墳の築造へと進んでいく。しかし農耕社会化を達成しているのかどうかがはっきりしない地域である，利根川以東～東北中部地域も，前方後円墳の築造へと向かう。

　水田稲作の目的の違いにもとづいて，弥生化の程度（複雑化）が異なるとするならば，弥生文化の地域性とみるのか，別の文化としてみるのかはともかくとして，「中の文化」には少なくとも3つの複雑化があったことになる。農耕社会を成立させて東アジア青銅器文化の一翼を担い，青銅器祭祀を行ったⅠA（東海～北陸以西，九州中部）。農耕社会が成立し，弥生祭祀は行ったものの，青銅器祭祀まではいかなかったⅠB（関東甲信，宮崎）。社会的にも弥生化を達成できたかどうかがはっきりしないⅡ関東北部～東北中部，鹿児島である。このⅠとⅡに代表される「中の文化」に東北北部までを含めて弥生文化と見なし，みられる違いを縄文以来の伝統に起因して形成された地域性とする石川と設楽。Ⅰを弥生文化，縦の「ボカシ」の時期や目的を異にした水田稲作を行うⅡを別の文化とみなす筆者。考え方はさまざまである。しかし東北北部を除けばいずれの地域も前方後円墳築造という集団催眠へと陥っていく。つまり筆者の定義

によれば古墳文化は，弥生文化と，弥生文化ではない文化が，集団催眠に陥ることによって創られた文化ということになる。拡大再生産のうえで階級分化した社会の延長線だけに，古墳文化が生まれたのではなかったのである。

おわりに

　最後に第Ⅴ章の内容をまとめておく。
　藤本強の定義をもとにした最新の弥生文化の定義「弥生文化とは，灌漑式水田稲作を選択的生業構造の中に位置づけた上でそれに特化し，一端始めれば戻ることなく古墳文化へと連続していく文化である」により，「中の文化」から外れる東北北部の水田稲作文化を，弥生文化の枠外とした。
　続縄文文化や貝塚後期文化は，縄文文化の伝統を単に引き継いでいるだけでなく，周辺諸文化との関係に応じて特徴的な内容をもつという点で，すでに縄文文化の範疇からは逸脱している，という山内清男の見方にしたがえば，網羅的生業構造のなかで水田稲作を行う場合もすでに縄文文化ではないと考えた。
　弥生文化の水田稲作は，選択的生業構造のなかで特化する点を特徴とするので〔藤尾 1993〕，網羅的生業構造のなかにおける水田稲作は，時代区分上の概念である縄文文化でも弥生文化でもない，というのが現状である。言葉を換えれば文化の変遷概念としては林謙作の「エピ縄紋」という考え方に相当する。
　現在，網羅的な生業構造のなかで水田稲作が行われていたと考えられているのは，前3～後3世紀の北関東から東北中部までの地域である。これらの地域では，環濠集落や方形周溝墓が見つかっておらず，弥生祭祀を行っていた形跡も認められないことから，農耕社会化や政治社会化を指向しない水田稲作文化と推定されている。水田や木製農具が見つかっていない薩摩もこの範疇に含まれる可能性は高い。水田稲作のハードウェアこそ見つかるが，ソフトウェアが見つからない文化こそ，エピ縄紋そのものといえよう。
　灌漑施設を備えた水田こそ見つかっていないが，ハードウェアの一部が見つかっているのが，前7～前4世紀の中部・関東の条痕文土器文化（大量の炭化米とアワ，湧水型水田）と，前10～前8世紀の西日本の突帯文土器単純段階（大陸系磨製石器，木製農具，丹塗磨研壺，籾痕土器），前10世紀前半の九州の黒川式

段階（磨製石庖丁，籾痕土器，湧水型水田）である。いずれも水田稲作が行われていた可能性があるが，行われていたとしても網羅的生業構造のなかであったという点では共通している。いずれも筆者が縦の「ボカシ」の段階と呼ぶ段階で，エピ縄紋に相当する。

第4節や第5節で指摘した地域は，筆者の定義による限り，弥生文化と呼ぶことはできず，山内清男の定義による限り縄文文化と呼ぶこともできない。しかし網羅的な生業構造のなかであろうが，水田稲作が行われていれば弥生文化と規定する設楽博己や石川日出志は，前7世紀以降の東日本の水田稲作を行う文化を弥生文化と呼ぶ。したがって彼らにとっては，水田稲作を行っていることが確実になれば，論理的に前10世紀以前にも弥生文化の上限はさかのぼることとなる。

弥生文化の定義を次のように定めた。「選択的な生業構造のなかに水田稲作を位置づけたうえでそれに特化し，いったん始めたら戻ることなく古墳文化へ連続していく文化」である。拡大再生産による農耕社会化，政治社会化していくことが潜在的に組み込まれていた文化であり，それをうまく進めるための弥生祭祀というメカニズムをもつ。突帯文土器単純段階以前に水田が見つかっても，ただちに弥生文化と認定できないし，縄文文化に水田稲作があってもよいと考える。

弥生文化は，前10世紀後半から後3世紀半ばにかけての日本列島において，最大の領域を占める文化である。存続期間は最大1200年間あまりと長いが，500年間しかつづかない南関東など，水田稲作の開始年代によって地域ごとに弥生文化の存続幅には長短がある。

弥生文化は，前10世紀後半からの約250年間は，玄界灘沿岸地域にしか広がっていなかったものの，前6世紀中頃には宮崎から伊勢湾沿岸まで広がり，前3世紀には利根川まで拡大して最大の領域をほこる。その後はこの領域を保ったまま，3世紀中頃に古墳文化へと移行する。

日本列島上には弥生文化以外にも，3つの水田稲作を行う文化がある。1つは前7世紀以降の薩摩，前400年以降の東北中・南部，前4〜前2世紀の青森である。さらに水田跡こそ見つかっていないが，その存在が想定されている3つの「ボカシ」の段階がある。現状では異論のある時期もあるが，システムの

一部として水田稲作が行われていたわけではなく，ハードウェアだけが取り込まれた，まさにエピ縄紋に相当する。

　薩摩や東北中・南部では西日本と同時に古墳文化へと移行する。したがって古墳の成立とは，必ずしも，生産の拡大，農耕・政治社会化の延長線上にないことは明らかである。

　筆者がこの問題に取り組んで，はや10年以上がたつ。当初は青銅器祭祀を行う地域を弥生文化と考えていたため，今も関東の弥生研究者からの批判はやまない。しかし弥生長期編年のもとでは，いわゆる縦の「ボカシ」と呼んだ段階，特に条痕文土器の存続幅が大幅に長くなったことや，柳沢遺跡の発見によって，東日本における定型化した水田稲作が始まるまでの文化の捉え方を，大きく見直さざるを得なくなってきたのも事実である。網羅的な生業構造のなかに水田稲作を位置づけ，それと相成り立ち，変容しつつある祭祀をもつ文化なのである。

　弥生時代がいつから始まるのか，というテーマで初めて論文〔藤尾 1988〕を書いたとき，武末氏から厳しく批判されたが，その論点は，突帯文土器単純段階以前に，水田稲作が見つかることも想定しておくべき，という点であった。突帯文土器単純段階以前に，試行例や失敗例などが見つかる可能性もあるため，水田稲作の結果，それがしばらく継続することで社会に質的変化が起きたとき，農民の意識が生まれたときをもって弥生時代とすべきではないのか，というのが，その骨子ではなかったかと思う。

　それから四半世紀。武末氏が想定された（と私が思える）事例が遠く離れた東北北部で見つかったのである。環濠集落も作らない灌漑稲作を，武末氏が弥生時代の指標として認めた〔武末 2011b〕ことについては少なからず衝撃を受けたが，筆者は25年前の武末氏の指摘を現在も有効だと考えて，その立場から本章を執筆した。西日本，東日本の研究者からのご叱正を賜りたい。

註
1) 本章は，紀元前10世紀から後3世紀までの約1200年間を存続幅とする弥生長期編年にもとづき記述する。従来の年代観の場合は，弥生短期編年と呼ぶことにする。
2) 九州南部が南の「ボカシ」の文化に入るのは古墳時代からなので，弥生文化の範囲内

に含めて考えている.
3) 稲作の一連の技術は簡単な模倣によっては得られないので，技術を身につけた人が多少移住したことはあろうが，「しかし，当初の弥生時代の文化の中に縄文文化の伝統の強く残っていること，弥生時代文化のそれぞれの地域における最初の地方色が，縄文時代文化の最後の地方色をだいたい受け継いでいることなどから，縄文時代人の大きな移動などを認めるわけにはいかない．むしろ，それぞれの地方の住民が，農耕技術を受け入れて，弥生時代へかわっていったと考える方が，穏当な考えのように思えるのである」(139頁).
4) 佐原真は，「そして現在では，縄文土器，弥生土器，そして古墳時代の土師器と須恵器を製作技術の上で区別することは，ほとんど不可能な段階にまでたちいっている」〔佐原 1975：120頁〕と述べ，古墳時代の土器を土師器と呼ぶほうが実情に適していると述べている．
5) もともと縄文農耕と弥生農耕の違いは，森本六爾が大正時代に的確に指摘していたにもかかわらず〔森本 1934〕，忘れたかのような議論が行われていた．森本は，縄文時代の「農業はたとへ在り得たとしても甚だ副次的なものである」(同22頁)．「かくして私は，其の農業の存在の仕方が，社会的には支配的であり，社会現象をも支配したと認め得られる所から，弥生式の社会を，原始的ながら一の農業社会と認めたいのである」(同25頁) と述べている．
6) 鹿児島の環壕集落は，川辺町寺山遺跡（中期）や鹿児島大学構内遺跡（前期末〜中期初頭）などで，壕の一部とみられるものが確認されているが，全体像がわかるものは少ない（新里貴之氏教示）．現在，コーナー部が見つかり巡ることがはっきりしているのは鹿屋市西ノ丸遺跡だけである．
7) 2010年5月15日に歴博で行われた基幹研究「農耕社会の成立と展開」（藤尾研究代表）において行われた石川の発表内容である．
8) 沖縄の農業の目的について安里進が興味深い指摘を行っている〔安里 2006〕．沖縄のグスク時代の農業は，耕地開発による生産力拡大ではなく，冬作システム，複合経営，集団農業などで，自然災害を回避して，生産の安定化をめざしていたことがわかる．
9) 鹿児島県埋蔵文化財センターの東和幸氏から，鹿児島における水田稲作の特徴についてご教示いただいた．
10) 筆者は2011年に上梓した『〈新〉弥生時代—500年早かった水田稲作—』の本文の中で，「弥生時代」という用語を基本的に使わなかった．西日本だけで弥生文化を研究する研究者には理解しづらいと思うが，東日本の水田稲作文化を研究している者にとっては，きわめて切実な問題なのである．
11) 筆者は通常，「縄文」という字を使うが，「エピ縄紋」に関してのみ，林の用字に準じる．
12) 土師器と弥生式土器の違いの一つに，装飾的手法がきわめてわずかになっている点

や，土器の機能をそこなわない程度に粗雑に仕上げたものが多いことを指摘した横山浩一は，こうした「この弥生式土器から土師器への転化は，土器自体については退化ともうけとれる現象であるが，社会全体としてはむしろ発展というべきものである。なぜなら，弥生式土器の豊富な装飾とていねいな仕上げは，職人的な熟練によって，時間と労力とを節約した結果である」と指摘している〔横山 1959：126頁〕。このことから土器の粗製化に伴う労働時間の短縮は，一般に社会全体としては発展していると考えられるのである。

エピローグ

　最後に本書の内容を章ごとにまとめておこう。

〈プロローグ〉
　1960年代以降の弥生文化観の形成と変遷，弥生研究と炭素14年代測定との関係について論じた。

〈Ⅰ　弥生稲作の開始年代〉
　2009年から2012年の夏までに新しく測定した炭素14年代値をふまえて，伊勢湾沿岸地域以西の各地における弥生稲作の開始年代と，弥生長期編年によってもっとも長い存続幅をもつことになった，板付Ⅱa式と板付Ⅱb式の出現年代について再検討した。
　まず対象とした主な地域は，前稿〔藤尾 2009d〕で扱った福岡・早良平野，大分平野，愛媛県高縄半島，香川県，大阪湾沿岸地域，奈良盆地，愛知県に加えて，2009年以降，新しく測定した，福岡県小郡市大保横枕遺跡，徳島市庄・蔵本遺跡，鳥取市本高弓ノ木遺跡の資料を加えて分析を行った。
　その結果，福岡・早良平野における弥生稲作の開始年代，すなわち，日本列島で最初に弥生稲作が始まったのが，前10世紀後半であったこと自体に変更はないが，弥生稲作が福岡・早良平野を一歩出て最初に福岡県今川遺跡や同大保横枕遺跡などに拡散した時期，いわゆる板付Ⅰ式新段階の年代が，前8世紀後葉〜末であったことを確認した。同時に，弥生稲作が九州島を出て，山陰東部（鳥取平野）や西部・中部瀬戸内で始まるのは前7世紀初頭〜前葉であることをあらためて確認した。
　この結果，玄界灘沿岸地域で弥生稲作が始まってから九州島を出るまでに，約250年を要したことになる。この時間が，福岡・早良平野で暮らしていた，ほぼすべての園耕民が弥生稲作民に転換するまでに要した時間と同じであったことは，前稿〔藤尾 2011a〕で指摘したとおりである。その間，各地で起きて

いたことを第Ⅱ章で検討した。

〈Ⅱ　弥生稲作の開始と拡散〉

　弥生短期編年のもとでは，九州北部で始まった弥生稲作が，伊勢湾沿岸地域まで広がるのに要した時間がわずか100年程度であった理由を，西日本各地の縄文人（園耕民）が慢性的な食料不足を解決するために，水田稲作を短期間で採用したことに求めた。

　弥生長期編年のもとでは，弥生稲作が伊勢湾沿岸地域まで広がるのに500年あまりかかっていたことになるが，この間，西日本各地で実際に何が起こっていたのかを，福岡・早良平野と大阪湾沿岸地域を例に考えた。

　ある平野に最初の弥生稲作民が現れてから，平野全体に弥生稲作が広まるまでに，福岡平野では250年から300年，大阪平野では150年から200年ぐらいかかっていることがわかった。

　以上の点から，両平野ともほとんどの園耕民が弥生稲作へ転換するまでの間は，弥生稲作民と園耕民が200年近くにわたって住み分け状態にあったことを意味しているし，素早く弥生稲作に転換した人びと（フロンティア）と，なかなか転換しなかった人びとがいたことを明らかにした。

　すなわち弥生長期編年のもとで，弥生稲作が伊勢湾沿岸地域まで広がる時間が，これまで考えていたよりも5倍も長い500年かかったのは，まず玄界灘沿岸の諸平野と，それぞれの平野内にまんべんなく広がるのに，半分の250年かかっていること。それにプラスして，玄界灘沿岸地域を出てほぼ50〜70年スパンで伊勢湾沿岸地域へと広がるという横方向の時間と，各平野内に弥生稲作が面的に広がるという，いわば縦方向の時間という，横と縦の2つの時間が加わっていたことを意味していたのである。

　しかも弥生稲作が玄界灘沿岸地域の外に広がるのは，玄界灘沿岸地域でほとんどの園耕民が弥生稲作を始めて以降であったが，瀬戸内・山陰・近畿においては地域全体に広がるのを待たずに，東接する平野へと広がっていたことを指摘した。この広がり方にみられる2つの違いは，弥生稲作が広がる際，フロンティア（先導して弥生稲作を始める人びと）と，そうでない人びと（ほとんどの園耕民）とでは，弥生稲作の受容形態が異なっていた可能性を示唆している。

〈Ⅲ　弥生文化の鉄〉

　弥生短期編年にもとづく弥生文化は，農業（弥生稲作）が始まった当初から鉄器を使用した世界で唯一の先史文化であった。鉄器を知った弥生人はわずか100年あまりで，脱炭や鍛錬鍛冶など高度な技術を駆使して利器に適した鋼を作り，弥生独自の鉄器を作った。弥生稲作の開始後わずか400年あまりで達成された鉄器化は，農業の開始から古代国家の成立（7世紀）までわずか1000年という，世界でもまれにみるスピードで古代化を達成する大きな原動力となった。まさに古代日本の右肩上がりの成長を支えたのは鉄だったという位置づけである。

　しかし弥生長期編年にもとづく弥生文化は，大陸系磨製石器を利器として農業が始まる。鉄器が使われ始めるのは燕での鉄器生産が本格化した前4世紀以降で，弥生稲作が始まってからすでに600年あまりを過ぎた頃であった。

　弥生人は燕製の鋳造鉄斧を使い始めるとほぼ同時に，使えなくなった鋳造鉄斧を素材に小形の鉄器を作り始める。しかしそれは加熱処理を伴わない，磨製石器製作技術を駆使した鉄器づくりであった。こうした現象は，弥生文化だけでなく，沿海州など東北アジアの縁辺部に位置する文化にも共通して見られることが，すでに指摘されている。

　弥生人が鍛冶や脱炭など加熱処理を伴う高度な技術を駆使して鉄器を作り始めるのは，韓半島南部で鉄製錬が始まる前3～前1世紀以降である。九州北部では前3～前1世紀頃には鉄器が利器の中心になって鉄器化を達成し，紀元後には日本海沿岸の地域から西日本はしだいに鉄器化への道を歩み始める。

　一方，同じ金属器である青銅器は，鉄器より400年ほど早い前8世紀末には現れているが，遼寧式銅剣の破片を再加工して作った小形のノミが1点見つかっているだけで，しかもその後は基本的に数百年間にわたってみられない時期がつづく。青銅器が本格的に出現するのは，首長墓の副葬品や祭器・礼器の性格をもつ武器形青銅器や鏡，銅鐸などが現れる，前4世紀前葉～後半頃（前期末～中期初頭）で，鉄器より数十年遅れる。

　このように弥生文化の金属器は，弥生稲作を始めて600年あまりの石器時代をへたあと，前4世紀前葉に利器としての鉄器が，後半には武器や祭器としての青銅器が出現して本格化する。これは鉄器と青銅器を利器と祭器・礼器とし

て使い分ける，東アジア金属器文化の特質を弥生文化が引き継いでいることを意味する。

　弥生稲作の始まりと同時に鉄器を使用し，鉄器の急速な普及を根拠とした弥生版の右肩上がりの成長物語は，いずれも根拠を失った。弥生文化は600年あまりの石器時代，200年あまりの金石併用期をへて，前2世紀（中期後半）の九州北部から，初期鉄器時代へと転換していくのである。

〈Ⅳ　新しい弥生集落像〉

　弥生長期編年の登場によって，弥生集落論は縄文集落論と同様に，累積結果をもとに社会組織や集団構造を明らかにする研究と，同時併存住居をもとに住居の建築から廃棄までの変遷を探る研究や，集落景観を復原する研究の2つに分かれて行われる段階にはいった。

　集落構造をもとに社会構造や集団構造を復原するこれまでの研究は，累積結果であることをあまり意識することなく行われてきた。5軒程度を1つの単位とする単位集団が，いくつか集まってより上位のまとまりを作っていくという集団発展論や統合論は，今後，同時併存という前提から累積結果を前提とする研究へと，いかに転換していくかにかかっている。また弥生ムラの復元模型や復元公園も，何年間の累積結果であるという説明をつけない限り，観覧者に誤解を与えることになるであろう。

　一方，縄文住居のような埋設土器をもたない弥生住居の場合，同時併存住居を特定するための作業は，いくら炭素14年代を測ることができたとしても，弥生前期末や中期初頭などの，存続幅が30～50年と短い時期を除けば基本的に難しいことが予想される。したがってある瞬間の住居の数，人口推定，ムラ景観の復原は難しく，やはり延べ軒数を前提とした研究へと転換していかざるを得ないと考える。

　一方，累積結果を手がかりに人口を推定する研究は，弥生前期末～中期初頭など，存続幅の短い期間を参考にしながら発展させていく方法が基本となっていくだろう。弥生稲作の開始年代が500年さかのぼったことによって，人口増加率はこれまで予想していたよりは0.5%ほど低い，0.7～0.8%程度であったことがわかった。それでもまだ累積結果の影響が増加率を押し上げている可能

性があるので，高止まりしていることも十分に考えられるものの，それを差し引いたとしても，世界の農耕民の人口増加率である0.1～0.2％よりははるかに高いという特徴をもつ．

　以上のように，累積結果であることを意識することなく全国で復原されている弥生ムラの姿を変更するのは，容易なことではないが，同時に火災にあった焼失集落などを対象に炭素14年代測定を組み合わせて，ある瞬間のムラの姿を復原することに努めなければならない．

〈V　弥生文化の輪郭〉
　前10世紀後半に始まった弥生稲作によって，九州北部玄界灘沿岸地域に弥生文化が成立すると，それまで網羅的な生業構造をもつという点で等質的だった縄文文化は分裂して多文化列島の時代に入る．前4世紀の日本列島には従来から知られていた北海道の続縄文文化，東北北部の「ボカシ」の地域，東北中・南部から鹿児島に至る「中の文化」，奄美・沖縄諸島の貝塚後期文化があったが，今回新たに関東・中部地方の前期～中期前半に縦の「ボカシ」の段階を設定した．
　そして前3～前2世紀（中期前半～中期後半）の日本列島には，続縄文文化（ⅣA）と貝塚後期文化（ⅣB）（網羅的な生業構造を引き継いだ水田稲作を行わない文化），東北北部（Ⅲ）（網羅的な生業構造のなかで水田稲作を含む農耕を行ったが，いつでも撤退できた文化），そして東北中南部（灌漑式水田稲作を網羅的な生業構造のなかに位置づけ，どんなことがあっても水田稲作を継続する文化：Ⅱ）が，そして南関東以西の灌漑式水田稲作を選択的な生業構造のなかで特化させ，農耕社会化を達成する，いわゆる弥生文化（Ⅰ）が並存していたと定義した．
　この間，本州島には生業構造を異にした人びとが数百年にわたって並存していたことになる．これらの人びとの違いは生業面だけでなく，社会面や祭祀面でも異なっていたと考えられる．
　弥生稲作が500年早く始まっていたことでより顕著になってきたのは，弥生稲作が各地で本格化する前段階に見られる，縄文と弥生の様相を併せ持つ過渡的な段階の存在である．縄文以来の網羅的な生業構造のなかの1つとして水田稲作を位置づけた，前4～前2世紀の東北北部のようなあり方が，前7～前3

世紀の関東甲信地域の条痕文土器文化や，前10〜前8世紀の瀬戸内や近畿の突帯文土器文化などにも存在した可能性がある。今回，このような段階を，藤本強が設定した「ボカシ」の地域という，いわば横のボカシに対して，「ボカシ」の段階という，いわば縦のボカシとして設定し，弥生稲作を本格的に始める前段階として弥生文化の枠外とした。

さらに藤本の「中の文化」のなかに，韓半島南部社会からの距離に応じて古墳成立への過程を異にする3つの類型を設定し，水田稲作の継続年数，農耕社会の複雑度，そして祭祀的統合度を異にしながらも，後3世紀中頃には前方後円墳が同時に成立することに，古墳成立の真実が隠されていると理解した。

単に縄文文化と時間的に画するだけであれば，灌漑式水田稲作の始まりを指標にすればよいが，弥生文化を同時代の東アジア各地の農耕文化や後続する古墳文化とも画するとすれば，それだけでは不十分である。生業構造のなかにおける水田稲作の位置づけや，社会的・祭祀的側面の特徴を明確にしてこそ識別が可能である。時代区分と文化区分とは異なる指標によって行われるべきことを改めて指摘しておきたい。

あ と が き

　最後に本書に収録した論文の出典と，原著論文を書いた当時の研究を取り巻く状況についてふれておく。

　プロローグは，2011年に同成社版『弥生時代の考古学』第9巻の総論として書いた「稲・鉄史観成立の検証と研究の行方」のなかから，これまでの弥生文化観がどのようにして作られてきたのか，そして弥生短期編年が作られた経緯，国立歴史民俗博物館（以下，歴博と略す）の年代歴史学研究について再構成したものである。

　第Ⅰ章は2009年に雄山閣から刊行された『新弥生時代のはじまり』第4巻所収の「弥生時代の実年代」のなかから，韓国青銅器時代の実年代と，古墳の開始年代を除いたうえで，その後の資料増加を反映して，板付Ⅰ式新の年代，板付Ⅱa式と板付Ⅱb式の存続幅，徳島や鳥取平野における弥生稲作開始年代について加筆し，「弥生稲作の開始年代」として改訂したものである。測定値一覧表も誤りの訂正を行っている。

　日本列島における弥生稲作の開始年代については前10世紀後半という点で変更はないが，これまで試料数が少なく，統計的に精度が粗かった板付Ⅱa式と板付Ⅱb式の出現年代と存続幅の精度をあげることができた。

　また第Ⅰ様式中段階に弥生稲作が始まると考えられてきた鳥取平野の弥生稲作が前7世紀前葉には始まっており，前7世紀中頃以降の神戸市域より先行していた可能性も指摘できた。

　なお，それ以外の地域における弥生稲作の開始年代については新資料の追加もなく，前稿のままである。

　第Ⅱ章は，1999年と2003年に『国立歴史民俗博物館研究報告』に収録された「福岡平野における弥生文化の成立過程——狩猟採集民と農耕民の相互関係——」と「近畿における遠賀川系甕の成立過程」を合体し，かつ2011年に吉川弘文館から刊行した『〈新〉弥生時代——500年早かった水田稲作——』の「なかなか広まらなかった水田稲作」を参考に，再構成したものである。

福岡平野の原著論文は，弥生短期編年のもとで書いたものなので，今回は弥生長期編年にもとづいて書き直している。また，福岡平野の土器の図面は第Ⅰ章に載せているので，この章では割愛している。

　今から10年前は，縄文後・晩期にコメを含む穀物や雑穀類の園耕が行われていたと普通に考えていたので，本章もその前提を踏襲している。東日本の研究者のなかには突帯文土器以前にコメ，アワ，キビはないと断言する研究者もいるが，あくまでも現状論であって，韓半島の前二千年紀後半の状況にかんがみ，将来，必ず誰もが認めるコメや雑穀の存在が明らかにされるという前提で執筆した。もちろん，作っていたかどうかは別問題である。

　第Ⅲ章「弥生文化の鉄——弥生長期編年下の鉄史観——」は，2003年の「鉄と出会った日本列島の人々」（『近世たたら製鉄の歴史』丸善プラネット社）と，2004年の「弥生時代の鉄」（『国立歴史民俗博物館研究報告』第110集）をもとに再構成したものである。この2本はすでに弥生稲作開始500年遡上説の発表後に刊行されたものだが，弥生前期～中期の較正年代を検討していたさなかに執筆したものだったので，いずれも弥生短期編年にもとづき執筆した。

　その後，弥生長期編年をもとに，2011年の「鉄器のない水田稲作の時代」（『〈新〉弥生時代』歴史文化ライブラリー）や，「弥生鉄史観の見直し」（『国立歴史民俗博物館研究報告』基幹研究「農耕社会の成立と展開」成果報告書，2013年刊行予定）を執筆した。

　そこで本書では，2011年の「稲・鉄史観成立の検証と研究の行方」（『弥生時代の考古学』第9巻，同成社）における見直しを基礎に，「弥生時代の鉄」と「鉄と出会った日本列島の人々」を合体して，弥生長期編年のもと「弥生文化の鉄——弥生長期編年下の鉄史観——」として再構成したものである。

　第Ⅳ章「新しい弥生集落像」は，2009年刊行の「較正年代を用いた弥生集落論」（『国立歴史民俗博物館研究報告』第149集）を再録したものである。誤植等の微修正のみ行っている。いまだもって，較正年代時代の弥生集落論の方法はみえていない。

　第Ⅴ章「弥生文化の輪郭」は，2013年2月の「弥生文化の輪郭——灌漑式水田稲作は弥生文化の指標なのか——」（『国立歴史民俗博物館研究報告』第178集，30周年記念論文集）に一部，手を加えて再構成したものである。筆者は，「弥生文化の

輪郭」という同じタイトルで、2009年に「弥生文化の輪郭――時間・地域・年代論――」(「弥生文化の輪郭」『弥生時代の考古学』第1巻、同成社）と2011年に吉川弘文館『〈新〉弥生時代』に「弥生文化の輪郭」を連続して執筆している。もともとは2000年に書いた「弥生文化の範囲」（国立歴史民俗博物館編『倭人をとりまく世界――2000年前の多様な暮らし――』山川出版社）が出発点になっているが、このときは弥生文化の範囲を利根川以西に限定するもので、さすがに過激であったため、設楽博己氏が『考古学研究』に「縄文系弥生文化論」を投稿する引き金になったことを、本人が後に書いている。それからしばらくの間、この問題からは遠ざかっていたが、同成社版『弥生時代の考古学』第1巻の総論を執筆するにあたり、弥生文化の北限を仙台平野まで伸ばして考えた。その理由は、前1世紀に寒冷化が訪れても、労働組織や社会組織を水田稲作対応に再編成していたため、東北北部のように一端はじめた水田稲作をやめて、もとの採集狩猟生活に戻ることができず、継続して古墳時代へと移行する点を評価したからである。

しかし2011年の『〈新〉弥生時代』では再び利根川以北の仙台平野以南の地域を弥生文化の範囲から外し、本書もそれを踏襲した。理由は、斎野裕彦氏らが網羅的な生業構造のなかでの水田稲作を考えていることを重視したからである。これは、弥生早期以前の縄文後・晩期に湧水型の水田稲作などがもし見つかるとすれば、網羅的な生業構造のなかに位置づけられている可能性を踏まえたものである。すなわち水田稲作を行っていても網羅的な生業構造のなかに位置づけているのが縄文稲作、選択的な生業構造のなかに位置づけられているのが弥生稲作と考えるからである。

前8世紀（板付Ⅰ式併行）の中部高地で想定されているアワ・キビ栽培が存在した社会は、もはや縄文文化とはいえない、という意見もあるが、農耕が網羅的な生業構造のなかに位置づけられているのなら、やはり縄文文化といわざるを得ないし、もし弥生文化というのであれば、新たな弥生文化の定義を行ったうえでのことであろう。

エピローグには、各章のまとめを簡単に記した。

最後に、本書で取り上げたコメ、青銅器、鉄器といった弥生文化を特徴づける指標を研究した先駆者たちと筆者との関わりについて述べることにしたい。

まずコメや鉄といえば岡崎敬先生である。1981年に九州大学大学院文学研究科に入学した筆者にとって，岡崎先生は大学院時代の指導教官であると同時に，九州大学助手時代（1986～87年）の上司でもあった。はじめてお会いした1980年当時は，NHKの番組『シルクロード』の放映後だったこともあり，それ以前から先生を知る方々からは，だいぶお年を召されたとはうかがっていたものの，まだまだ行動力にあふれてエネルギッシュであった。

　青銅器といえば森貞次郎先生である。大学院時代の筆者は九州大学考古学研究室から先生のご自宅に郵便物を運ぶ役をつとめていた。研究室に先生宛の郵便物などが届くと，当時の木村幾多郎助手からお届けするように指示されたものである。筆者が先生と同じ福岡市東区筥松2丁目に住んでいたからである。鹿児島本線の高架工事に伴う区画整理で今はもうなくなってしまったご自宅に伺うと，玄関先で帰されることはまずなく，温かく迎えられ，一介の学生であった筆者に，「最近の弥生研究はどうですか？」などと，笑いながら質問された。今想い出すとなんとお答えしたのやら，恥ずかしい限りである。夕食を振る舞われたあと，帰りにはちゃっかりと高級ウィスキーをお土産にいただくのが楽しみの一つであった。

　農業や弥生土器，また本書では取り上げられなかったが「戦い」といえば佐原真先生である。戦争をテーマとする歴博の基幹研究や，企画展「倭国乱る」の事務担当者として勉強させていただいた。基幹研究で沖縄の米軍施設「象の檻」に行ったとき，高校生を引率していた女性に，「先生方は何の研究をされているのですか？」と聞かれ，「戦争の研究です」と答えられた佐原先生に向かって，その女性は，「私たちは平和の勉強をしています」と返答し，足早に去って行かれた。その女性の後ろ姿を，複雑な表情でしばらく見つめられていた佐原先生のまなざしを今でも忘れることはできない。そして佐原先生が歴博に導入された年代研究が，現在の歴博の中心的な研究の一つになっていることに感謝している。

　岡崎先生と佐原先生は，歴博の総合展示第1室「稲と倭人」との関わりが深い。1980年の文化庁歴博準備室時代に春成秀爾先生や白石太一郎先生によって始まった「農耕社会の成立」というテーマの展示に，1981年から岡崎・佐原先生が参加されることになり，準備が進められていたことも忘れてはならない。

そして今，2016年秋のリニューアルオープンを目指して第1室の展示プロジェクト委員会が始まったところである。筆者を展示プロジェクト代表として。世の中も変わったものである。

　鉄といえば，広島大学学部時代の恩師である潮見浩，川越哲志，河瀬正利先生である。学部時代は授業以外で鉄の勉強をしたことがなかった筆者も，歴博に着任してからはどうにも逃れられず，本務として関わることとなった。着任時に吉岡康暢教授を研究代表とする特定研究「日本・韓国の鉄生産技術」の事務担当者になったからである。このようなことなら学部時代にしっかり勉強しておけばよかったと思ったものの，もう後の祭り。3先生には大変お世話になった。

　本書がこうした先学たちと今の弥生文化を学ぶ若い人たちをつなぐ架け橋となることを願ってやまない。

　なお本書は決して筆者だけの仕事ではない。歴博年代研究グループの皆さんや同僚と，試料をご提供いただいた韓国，日本の諸先生方や諸先輩方のご協力，そして同僚の励ましのたまものである。また吉川弘文館の石津輝真氏，並木隆氏，本郷書房の重田秀樹氏にはひとかたならぬご援助を賜った。記して感謝の意を表したい。

参 考 文 献

秋山　浩三　　1999：「近畿における弥生化の具体相」(『論争吉備』189〜222頁，考古学研究会)
安里　　進　　2006：「琉球―沖縄史をはかるモノサシ―陸の農業と海の交易―」(『地域の自立―シマの力―』下―沖縄から何を見るか　沖縄に何を見るか―，156〜172頁，コモンズ)
東　　　潮　　1987：「鉄鋌の基礎的研究」(『考古学論攷』12，70〜188頁，橿原考古学研究所)
東　　　潮　　1991：「鉄素材論」(『古墳時代の研究』5，2〜36頁，雄山閣)
安　在　晧　　2009：「松菊里文化成立期の嶺南社会と社会文化」(『弥生時代の考古学』第2巻，73〜89頁，同成社)
井沢洋一・常松幹雄・菅波正人編　　1990：『入部Ⅰ』福岡市埋蔵文化財調査報告書235
石井　　寛　　1977：「縄文社会における移動と地域組織」(『調査研究集録』2，1〜42頁)
石川　岳彦　　2009：「日本への金属器の渡来」(『新弥生時代のはじまり』第4巻，147〜160頁，雄山閣)
石川岳彦・小林青樹　　2012：「春秋戦国期の燕国における初期鉄器と東方への拡散」(『国立歴史民俗博物館研究報告』第167集，1〜40頁)
石川日出志　　2000：「東北日本の人びとの暮らし」(国立歴史民俗博物館編『倭人をとりまく世界―2000年前の多様な暮らし―』68〜86頁，歴博フォーラム刊行記録，山川出版社)
石川日出志　　2010：『農耕社会の成立』シリーズ日本古代史①，岩波新書1271
石川日出志・設楽博己・高橋徹・深澤芳樹・藤尾慎一郎　　2009：「座談会　弥生年代論の行方」(『弥生時代の考古学』第1巻，1〜42頁，同成社)
石母田　正　　1962：「古代史概説」(『岩波講座日本歴史1―原始・古代―』1〜75頁，岩波書店)
泉　　拓良　　1990：「弥生時代はいつ始まったのか」(『争点日本の歴史』1，188〜202頁，新人物往来社)
李　昌　熙　　2010：「粘土帯土器の実年代」(『文化財』50〜100頁，国立文化財研究所)，韓国語
井上　智博　　2007：「水田稲作受容期の河内平野」(『月刊文化財』527，22〜27頁)
今村　峯雄　　2003：「高精度年代測定による総合的歴史研究―現状と課題―」(『国立歴史民俗博物館研究報告』第108集，243〜256頁)
今村峯雄編　　2003：『縄文時代・弥生時代の高精度年代体系の構築』平成13〜15年度文部

科学省科学研究費基盤研究(A)(1)研究成果報告書

宇野　隆夫　　1996:「書評　金関恕+大阪府立弥生文化博物館編『弥生文化の成立―大変革の主体は「縄紋人」だった―』」(『考古学研究』43―1, 104～109頁)

宇野　隆夫　　2009:「交差年代法による弥生年代観形成の経緯」(『弥生時代の考古学』第1巻, 199～207頁, 同成社)

大澤　正己　　1982:「鉄鏃と鉄鑿状鉄器の冶金学的調査」(『鬼虎川の金属関係遺物』第7次調査報告2, 49～68頁, (財)東大阪市文化財協会)

大澤　正己　　1991:「中伏遺跡出土二条凸帯斧の金属学的調査」(『中伏遺跡1』96～115頁, 北九州市埋蔵文化財事業団調査報告書第120集)

大澤　正己　　1998:「弥生時代の中国産鉄製品―可鍛鋳鉄・鋳鉄脱炭鋼・炒鋼・塊錬鉄―」(『98国際金属器歴史会議しまね』発表要旨)

大澤　正己　　2001:「上野Ⅱ遺跡出土鉄関連遺物の金属学的調査」(『上野Ⅱ遺跡』153～204頁, 中国横断自動車道尾道松江線建設予定地内埋蔵文化財発掘調査報告書10, 日本道路公団中国支社・島根県教育委員会)

大澤　正己　　2004:「金属学的分析からみた倭と加耶の鉄―日韓の製鉄・鍛冶技術―」(『国立歴史民俗博物館研究報告』第110集, 71～82頁)

大澤　正己　　2009:「古代鉄を巡る我が想い―初期鉄器文化と鉄の生い立ち (酸化銅鉱の製錬副産物の可能性)―」(『長野県考古学会誌』129, 1～8頁)

大塚　初重　　1998:「弥生時代の暦年代をどう考えるか」(『弥生時代の考古学』シンポジウム日本の考古学3, 11～28頁, 学生社)

大貫　静夫　　2007:「上馬石上層文化の土器編年」(『遼寧を中心とする東北アジア古代史の再構成』平成16～18年度科学研究費補助金基盤研究(B)研究成果報告書)

大貫　良夫　　1979:『文明の誕生』岩波書店

岡崎　敬　　　1957:「日本における初期鉄製品の問題」(『考古学雑誌』42―1, 14～29頁)

岡崎　敬　　　1968:「日本における初期稲作資料―朝鮮半島との関連にふれて―」(『朝鮮学報』49, 67～87頁)

岡崎　敬　　　1971:「日本考古学の方法―古代史の基礎的条件―」(『古代の日本』9, 30～53頁, 角川書店)

H. Ozaki et al.　2007:Radiocarbon in 9th to 5th Century BC tree-ring samples from the Ouban1 Archaeological site, Hiroshima, Japan. *Radiocarbon*, Vol. 49 (2), pp. 473-479

尾嵜　大真　　2009:「日本産樹木年輪試料の炭素14年代からみた弥生時代の実年代」(『弥生時代の考古学』第1巻, 225～235頁, 同成社)

小田富士雄　　1972:「入門講座:弥生土器―九州3―」(『考古学ジャーナル』79, 22～26頁)

乙益　重隆　　1961:「熊本県斎藤山遺跡」(『日本農耕文化の生成』119～132頁, 東京堂)

小畑　弘己　　2011：『東北アジア古民族植物学と縄文農耕』同成社
小畑弘己・真邉彩　　2011：「レプリカ法による水天向遺跡出土土器の圧痕とその意義」（『水天向遺跡』さつま町埋蔵文化財発掘調査報告書(4)，126～129頁）
片岡　宏二　　1999：『弥生時代渡来人と土器・青銅器』雄山閣
片岡　宏二　　2011：「海を越えた韓人・倭人」（『響灘の考古学Ⅴ』第17回土井ヶ浜シンポジウム資料集，2(1)，2～6頁．土井ヶ浜遺跡・人類学ミュージアム）
片岡宏二・飯塚宏　　2006：「数理的方法を用いた渡来系弥生人の人口増加に関する考古学的研究―弥生時代前期～中期における三国丘陵をモデルとして―」（『九州考古学』81，1～20頁）
金関恕・大阪府立弥生文化博物館編　　1995：『弥生文化の成立―大変革の主体は「縄紋人」だった―』角川書店
川越　哲志　　1968：「鉄及び鉄器生産の起源をめぐって」（『たたら研究』14，7～15頁）
川越　哲志　　1993a：『弥生時代の鉄器文化』雄山閣
川越　哲志　　1993b：「弥生鋳造鉄器評論」（『たたら研究会創立40周年記念製鉄史論文集』1～20頁）
久保田一郎編　　2001：『上野Ⅱ遺跡』中国横断自動車道尾道松江線建設予定地内埋蔵文化財発掘調査報告書10，日本道路公団中国支社・島根県教育委員会
Green S. W. & Zevelebil M.　　1990：The mesolithic colonization and agricultural transition of South-east Ireland. *Proceeding of Prehistoric Society* 56, pp. 57-88
小林　謙一　　2004：『縄紋社会研究の新視点―炭素14年代測定の利用―』六一書房
小林　謙一　　2009：「^{14}C 年代測定を利用した縄紋中期竪穴住居の動態の把握」（『国立歴史民俗博物館研究報告』第149集，113～133頁）
小林　謙一・春成秀爾・秋山浩三　　2008：「河内地域における弥生前期の炭素14年代測定研究」（『国立歴史民俗博物館研究報告』第139集，17～50頁）
小林茂・磯望・佐伯弘次・高倉洋彰編　　1998：『福岡平野の古環境と遺跡立地―環境としての遺跡との共存のために―』九州大学出版会
小林　行雄　　1936：「弥生式文化」（『日本文化史大系』1，214～253頁，誠文堂新光社）
小林　行雄　　1947：『日本古代文化の諸問題』高桐書院
小林　行雄　　1951：『日本考古学概説』創元選書，創元社
小林　行雄　　1952：「古墳時代文化の成因について」（『日本民族』113～129頁，岩波書店）
近藤　義郎　　1962：「弥生文化論」（『岩波講座日本歴史１―原始・古代―』139～188頁，岩波書店）
近藤　義郎　　1985：「時代区分の諸問題」（『考古学研究』32―2，23～33頁）
斎野　裕彦　　2004：「東北地方における水田稲作の開始とその展開」（『さあべい』21，1～35頁）
Sakamoto et al.　　2003：Radiocarbon calibration for Japanese wood samples. *Radiocarbon*

45 (1), pp. 81-89
坂本　諭司　　2000：『平田遺跡第Ⅲ調査区』島根県木次土木建築事務所・島根県木次町教育委員会
佐々木稔・村田朋美・伊藤薫　　1985：「出土鉄片の金属学的調査」(『石崎曲り田遺跡Ⅱ』中巻，429～431頁，福岡県教育委員会)
佐原　真　1968：「日本農耕起源論批判─『日本農耕文化の起源』をめぐって─」(『考古学ジャーナル』23，2～11頁)
佐原　真　1975：「農業の開始と階級社会の形成」(『岩波講座日本歴史1─原始・古代─』114～182頁，岩波書店)
佐原　真　1981：「考古学者からみた自然科学」(『考古学のための化学10章』1～24頁，東京大学出版会)
佐原　真　1983：「弥生時代・弥生文化・弥生土器」(『弥生土器Ⅰ』1～8頁，ニューサイエンス社)
佐原　真　2005：『ヒノキ・スギ等の年輪年代による炭素14年代の修正』平成9～11年度科学研究費補助金・基盤研究(A)(1)研究成果報告書
佐原真・金関恕　　1975：「米と金属の世紀」(『古代史発掘』4，23～54頁，講談社)
潮見　浩　1982：『東アジアの初期鉄器文化』吉川弘文館
設楽　博己　1995：「中部高地・関東─条痕文土器文化の広がり─」(『弥生文化の成立─大変革の主体は「縄紋人」だった─』180～192頁，角川書店)
設楽　博己　2000：「縄文系弥生文化の構想」(『考古学研究』47─1，88～100頁)
設楽博己・小林青樹　　2007：「板付Ⅰ式土器成立における亀ヶ岡系土器の関与」(『新弥生時代のはじまり』第2巻，66～107頁，雄山閣)
白石太一郎　1993：「弥生・古墳文化論」(『日本通史』第2巻─古代Ⅰ─，245～285頁，岩波書店)
白石太一郎　1999：『古墳とヤマト政権─古代国家はいかに形成されたか─』文春新書036
白石太一郎編　　1994：『国立歴史民俗博物館研究報告』第56集，共同研究「日本出土鏡データ集成」2
杉原　荘介　1961：「総論」(『日本農耕文化の生成』3～33頁，東京堂)
杉原　荘介　1970：「福岡県板付遺跡における昭和43年・昭和44年度の調査」(『案山子』第4号，1～4頁，日本考古学協会生産技術研究特別委員会農業部会連絡誌)
杉原　荘介　1977：『日本農耕社会の形成』吉川弘文館
鈴木　信　2009：「続縄文文化と弥生文化」(『弥生時代の考古学』第1巻，129～147頁，同成社)
Zevelebil M. & Rowley-Conwy P.　　1984：Transition of farming in Northern Europe; a hunter-gatherer's perspective. *Norwegian Archaeological Review* 17, pp. 104-128
Solverg B.　　1989：The Neolithic transition in Southern Scandinavia; internal development

or migration? *Oxford Journal of Archaeology* 8, pp. 261-296

ダイヤモンド・J　　2000：『銃・病原菌・鉄』（倉骨彰訳），草思社

高橋　　徹　　1980：「大分県考古学の諸問題Ⅰ―刻目突帯文土器とその展開について―」（『大分県地方誌』98，43～52頁）

高橋　　徹　　2011：「岡崎敬と弥生文化研究」（『弥生時代の考古学』第9巻，72～85頁，同成社）

高倉　洋彰　　2003：「弥生文化開始期の新たな年代観をめぐって」（『考古学ジャーナル』510，4～7頁）

高倉洋彰編　　1970：『宝台遺跡』日本住宅公団

高瀬　克範　　2004：『本州島東北部の弥生社会誌』六一書房

武末　純一　　1987：「弥生土器と無文土器・三韓土器―併行関係を中心に―」（『三佛金元龍教授停年退任記念論叢Ⅰ―考古学編―』842～857頁）

武末　純一　　1991：「近年の時代区分論議―特に弥生時代の開始を中心に―」（『日本における初期弥生文化の成立』173～185頁，文研出版）

武末　純一　　2002：『弥生の村』日本史ブックレット3，山川出版社

武末　純一　　2004：「弥生時代前半期の暦年代」（『福岡大学考古学論叢』131～156頁）

武末　純一　　2011a：「森貞次郎論（1910―1998）」（『弥生時代の考古学』第9巻，86～100頁，同成社）

武末　純一　　2011b：「書評　石川日出志著『農耕社会の成立』」（『考古学研究』58―2，98～100頁）

田崎　博之　　1985：「須玖式土器の再検討」（『史淵』121，167～202頁，九州大学文学部）

田崎　博之　　1986：「弥生土器の起源」（『論争・学説日本の考古学』4―弥生時代―，21～52頁，雄山閣）

田崎　博之　　1994：「弥生文化と土地環境」（『第四紀研究』33―5，303～315頁）

田崎　博之　　1995：「弥生時代の土器つくりノート」（『みずほ』15，47～53頁）

田崎　博之　　1998：「福岡地方における弥生時代の土地環境の利用と開発」（『福岡平野の古環境と遺跡立地―環境としての遺跡との共存のために―』113～117頁，九州大学出版会）

田代　克己　　1986：「石器・木器をつくるむら，つくらないむら」（『弥生文化の研究』7，102～107頁，雄山閣）

たたら研究会編　　1991：『日本古代の鉄生産』六興出版

田中　清美　　2000：「河内潟周辺における弥生文化の着床過程」（『突帯文と遠賀川』867～900頁，土器持寄会論文集刊行会）

田辺　昭三　　1956：「生産力発展の諸段階」（『私たちの考古学』11，5～13頁）

田辺昭三・佐原真　　1966：「弥生文化の成立と地域性―近畿―」（『日本の考古学』Ⅲ―弥生時代―，117～128頁，河出書房新社）

地球科学研究所　　　1994：「広島県三原市八幡町小丸遺跡出土資料の加速器放射性炭素年代測定」(『山陽自動車道建設に伴う埋蔵文化財発掘調査報告 (XI)』122～123頁，広島県埋蔵文化財調査センター調査報告書第130集)

都出比呂志　　1967：「農具鉄器化の二つの画期」(『考古学研究』13―3，36～51頁)

Dennel R. W.　　1985：The hunter-gatherer/agricultural frontier in Prehistoric temperate Europe. In S. W. Green & S. M. Perlman (eds.) *The Archaeology of Frontier and Boundaries*. Academic Press, INC.

土佐　雅彦　　1981：「日本古代製鉄に関する研究序説―とくに炉形を中心に―」(『たたら研究』24，12～34頁)

中沢道彦・中村豊・遠部慎　　2012：「徳島県三谷遺跡における縄文時代晩期末の雑穀」(『雑穀研究』27，10～15頁，雑穀研究会)

中島　直幸　　1982：『菜畑遺跡』唐津市文化財調査報告書5

中西　靖人　　1984：「前期弥生ムラの二つのタイプ」(『縄文から弥生へ』120～126頁，帝塚山大学考古学研究所)

中西　靖人　　1992：「農耕文化の定着」(『新版日本の古代』5―近畿―，93～118頁，角川書店)

中橋　孝博　　1995：「墓の数で知る人口爆発」(『原日本人―弥生人と縄文人のナゾ―』朝日ワンテーママガジン14，朝日新聞社)

中橋孝博・飯塚勝　　1998：「北部九州の縄文―弥生移行期に関する人類学的考察」(『人類学雑誌』106(1)，31～53頁)

中村俊夫・福本浩士・光谷拓実・丹生越子・小田寛貴・池田晃子・太田友子・藤根久　　2004：「年輪年代と^{14}C年代の比較」(『名古屋大学加速器質量分析計業績報告集 XV』206～214頁)

中山　誠二　　1993：「山梨県における稲作関連遺跡の現状」(『山梨県考古学協会誌』6，18～31頁)

西本豊弘編　　2010：『弥生農耕の起源と東アジア―炭素14年代測定による高精度編年体系の構築―』成果報告書，平成16～20年文部科学省科学研究費補助金学術創成研究費

禰宜田佳男　　1988：「石器から鉄器へ」(『古代国家はこうしてうまれる』51～102頁，勝川書店)

野島　永　　1992：「破砕した鋳造鉄斧」(『たたら研究』32・33，20～30頁)

野島　永　　1993：「弥生時代鉄器の地域性―鉄鏃・ヤリガンナを中心として―」(『考古論集』433～454頁)

野島　永　　2009a：『初期国家形成過程の鉄器文化』雄山閣

野島　永　　2009b：「鉄器の生産と流通」(『弥生時代の考古学』第6巻，43～52頁，同成社)

野島　　永　　2010:「弥生時代における鉄器保有の一様相」(『京都府埋蔵文化財論集』6, 41〜54頁, 京都府埋蔵文化財調査センター)
橋口　達也　　1974:「初期鉄製品をめぐる2・3の問題」(『考古学雑誌』60—1, 1〜17頁)
橋口　達也　　1985:「日本における稲作の開始と発展」(『石崎曲り田遺跡』3, 5〜103頁, 二丈浜玉道路関係埋蔵文化財発掘調査報告書, 福岡県教育委員会)
橋口　達也　　1987:『新町遺跡』志摩町文化財調査報告書7
橋口　達也　　1995:「墓制の変化㈠北部九州─支石墓と大形甕棺の登場」(『弥生文化の成立』70〜80頁, 角川選書265)
土生田純之　　2009:「弥生文化と古墳文化」(『弥生時代の考古学』第1巻, 184〜197頁, 同成社)
浜田　達二　　1981:「遺跡の年代を測る─炭素14と年輪年代学─」(『考古学のための化学10章』69〜90頁, 東京大学出版会)
林　　謙作　　1993:「クニのない世界」(『みちのくの弥生文化』66〜76頁, 弥生文化博物館企画展図録)
林　　謙作　　1995:「連載講座:縄紋時代史25　縄紋人の集落⑸」(『季刊考古学』51, 91〜98頁)
春成　秀爾　　1990:『弥生時代の始まり』UP考古学選書11, 東京大学出版会
春成　秀爾　　2003:「弥生早・前期の鉄器問題」(『考古学研究』50—3, 11〜17頁)
春成　秀爾　　2007:「近畿における弥生時代の開始年代」(「縄文時代から弥生時代へ」『新弥生時代のはじまり』第2巻, 20〜34頁, 雄山閣)
春成秀爾・今村峯雄・藤尾慎一郎・坂本稔　　2003:「弥生時代の開始年代─14C年代の測定結果について─」(『日本考古学協会第69回総会研究発表要旨』55〜58頁)
Peterson J. D.　　1981: From foraging to food production in South-East Ireland; some licit evidence. *Proceeding of Prehistoric Society* 56, pp. 89-90
広瀬和雄編著　　1997:『縄文から弥生への新歴史像』角川書店
福岡県教育委員会編　　1984:『三沢蓬ケ浦遺跡』福岡県文化財調査報告書第66集
藤尾慎一郎　　1987:「板付・式甕形土器の成立とその背景」(『史淵』124, 1〜27頁, 九州大学文学部)
藤尾慎一郎　　1988:「縄文から弥生へ─水田稲作の開始か定着か─」(『日本民族・文化の生成1』437〜452頁, 六興出版)
藤尾慎一郎　　1989:「九州の甕棺」(『国立歴史民俗博物館研究報告』第21集, 141〜206頁)
藤尾慎一郎　　1991a:「水稲農耕と突帯文土器」(『日本における初期弥生文化の成立』187〜270頁, 文献出版)
藤尾慎一郎　　1991b:「水稲農耕開始期の地域性」(『考古学研究』38—2, 30〜54頁)
藤尾慎一郎　　1993:「生業からみた縄文から弥生」(『国立歴史民俗博物館研究報告』第48

集，1～64頁）
藤尾慎一郎　　　1996：「倭国乱に先立つ戦い」（『倭国乱る』174～178頁，国立歴史民俗博物館特別展図録）
藤尾慎一郎　　　1999a：「弥生時代の戦いに関する諸問題―鉄・鉄素材の実態と戦い―」（『人類にとって戦いとは』2，12～55頁，東洋書林）
藤尾慎一郎　　　1999b：「コメのもつ意味」（『新弥生紀行―北の森から南の森へ―』122～123頁，国立歴史民俗博物館企画展図録）
藤尾慎一郎　　　1999c：「福岡平野における弥生文化の成立過程―狩猟採集民と農耕民の相互関係―」（『国立歴史民俗博物館研究報告』第77集，51～84頁）
藤尾慎一郎　　　2000：「弥生文化の範囲」（国立歴史民俗博物館編『倭人をとりまく世界―2000年前の多様な暮らし―』157～171頁，歴博フォーラム刊行記録，山川出版社）
藤尾慎一郎　　　2002：『縄文論争』講談社選書メチエ
藤尾慎一郎　　　2003a：『弥生変革期の考古学』同成社
藤尾慎一郎　　　2003b：「近畿における遠賀川系甕の成立過程」（『国立歴史民俗博物館研究報告』第108集，開館20周年記念論文集，45～66頁）
藤尾慎一郎　　　2003c：「鉄と出会った日本列島の人びと」（『近世たたら製鉄の歴史』2～21頁，丸善プラネット社）
藤尾慎一郎　　　2004a：「日本の穀物栽培・農耕の開始と農耕社会の成立―さかのぼる穀物栽培と生産経済への段階―」（『国立歴史民俗博物館研究報告』第119集，117～137頁）
藤尾慎一郎　　　2004b：「弥生時代の鉄」（『国立歴史民俗博物館研究報告』第110集，3～30頁）
藤尾慎一郎　　　2006：「九州における縄文晩期末―弥生前期の実年代―」（『弥生農耕の起源と東アジア　ニューズレター』5，8～9頁）
藤尾慎一郎　　　2007a：「土器型式を用いたウィグルマッチ法の試み」（『国立歴史民俗博物館研究報告』第137集，157～184頁）
藤尾慎一郎　　　2007b：「弥生時代の開始年代」（「縄文時代から弥生時代へ」『新弥生時代のはじまり』第2巻，7～19頁，雄山閣）
藤尾慎一郎　　　2007c：「九州における弥生時代中期の開始年代」（「縄文時代から弥生時代へ」『新弥生時代のはじまり』第2巻，45～51頁，雄山閣）
藤尾慎一郎　　　2009a：「縄文から弥生へ―弥生前史―」（『弥生時代の考古学』第2巻，3～16頁，同成社）
藤尾慎一郎　　　2009b：「較正年代を用いた弥生集落論」（『国立歴史民俗博物館研究報告』第149集，135～162頁）
藤尾慎一郎　　　2009c：「弥生開始期の集団関係―古河内潟沿岸の場合―」（『国立歴史民俗博

藤尾慎一郎　　　　　　　　　　　　物館研究報告』第152集，373～400頁）

藤尾慎一郎　　2009d：「弥生時代の実年代」（『新弥生時代のはじまり』第4巻，9～54頁，雄山閣）

藤尾慎一郎　　2009e：「総論　弥生文化の輪郭―時間・地域・年代論―」（『弥生時代の考古学』第1巻，3～20頁，同成社）

藤尾慎一郎　　2009f：「バルト海沿岸の農耕化と弥生文化―エルテベーレ文化を中心に―」（『弥生時代の考古学』第1巻，89～111頁，同成社）

藤尾慎一郎　　2011a：「稲・鉄史観成立の検証と研究の行方」（『弥生時代の考古学』第9巻，3～14頁，同成社）

藤尾慎一郎　　2011b：『〈新〉弥生時代―500年早かった水田稲作―』歴史文化ライブラリー329，吉川弘文館

藤尾慎一郎　　2012：「書評：中山誠二著『植物考古学と日本の農耕の起源』・小畑弘己著『東北アジア古民族植物学と縄文農耕』」（『日本考古学』33，143～149頁）

藤尾慎一郎　　2013a：「弥生文化の輪郭―灌漑式水田稲作は弥生文化の指標なのか―」（『国立歴史民俗博物館研究報告』第178集，85～120頁）

藤尾慎一郎　　2013b：「弥生鉄史観の再検証」（『国立歴史民俗博物館研究報告』第180集掲載予定）

藤尾慎一郎編　　1987：「福岡市早良区有田七田前遺跡1985年度発掘調査」（『九州文化史研究所紀要』32，73～126頁）

藤尾慎一郎編　　2001：『弥生文化成立期の西日本・韓国の土器』考古学資料集19，国立歴史民俗博物館

藤尾慎一郎・今村峯雄　　2006：「弥生時代中期の実年代―長崎県原の辻遺跡出土資料を中心に―」（『国立歴史民俗博物館研究報告』第133集，199～229頁）

藤尾慎一郎・今村峯雄・西本豊弘　　2005：「弥生時代の開始年代― AMS-炭素14年代測定による高精度年代体系の構築―」（『総研大文化科学研究』創刊号，73～96頁）

藤尾慎一郎・今村峯雄・山崎頼人　　2009：「弥生時代井堰の年代―福岡県小郡市力武内畑遺跡の年代学的調査―」（『国立歴史民俗博物館研究報告』第153集，117～128頁）

藤尾慎一郎・小林謙一　　2006：「大分市玉沢条里跡遺跡出土土器に付着した炭化物の炭素14年代測定」（『玉沢地区条里跡第7次発掘調査報告』大分市埋蔵文化財調査報告書66，129～141頁）

藤尾慎一郎・小林謙一　　2007：「佐賀市東畑瀬遺跡出土土器に付着した炭化物の年代学的調査」（『東畑瀬遺跡1・大野遺跡1』佐賀県文化財調査報告書第170集，223～230頁）

藤尾慎一郎・小林謙一・今村峯雄・坂本稔・松崎浩之　　2004：「高知県土佐市居徳遺跡出土土器の^{14}C年代測定」（『居徳遺跡群Ⅵ』㈶高知県文化財団埋蔵文化財センター調査報告書第91集，281～296頁）

藤尾慎一郎・坂本稔・住田雅和　2010：「徳島市庄・蔵本遺跡群出土炭化物の年代学的調査」（『国立大学法人徳島大学埋蔵文化財調査室年報』2，53〜60頁）

藤尾慎一郎・濱田竜彦・坂本稔　2013：「鳥取平野における水田稲作開始期の年代学的調査—弥生前期中頃の突帯文土器—」（『国立歴史民俗博物館研究報告』第180集掲載予定）

藤尾慎一郎・春成秀爾・小林謙一・今村峯雄・坂本稔・尾嵜大真　2006：「九州の弥生早・前期の実年代」（『日本考古学協会第72回総会要旨』77〜80頁）

藤尾慎一郎・山崎頼人・坂本稔　2013：「福岡県小郡市大保横枕遺跡の年代学的調査—弥生前期の二重環壕を備えた集落の年代—」（『国立歴史民俗博物館研究報告』第180集掲載予定）

藤田　等　1959：「初期農耕の発展に関する二・三の問題」（『私たちの考古学』19，1〜10頁）

藤本　強　1982：「続縄文文化と南島文化」（『縄文文化の研究』6，4〜7頁，雄山閣）

藤本　強　1988：『もう二つの日本文化—北海道と南島の文化—』東京大学出版会

藤本　強　2009：『日本列島の三つの文化』市民の考古学7，同成社

増田　精一　1971：「青銅器の鉄器の役割」（『古代の日本』2，160〜170頁，角川書店）

松井和幸編　1994：「小丸遺跡」（『山陽自動車道建設に伴う埋蔵文化財調査センター調査報告書（Ⅺ）広島県埋蔵文化財調査センター報告第130集，21〜173頁）

水ノ江和同　1997：「北部九州の縄紋後・晩期土器—三万田式から刻目突帯文土器の直前まで—」（『縄文時代』8，73〜110頁）

光谷　拓実　2005：「黄幡1号遺跡出土木材の年輪年代調査」（『黄幡1号遺跡発掘調査報告書』95〜96頁，文化財センター調査報告書第47冊，㈶東広島市教育文化振興事業団）

宮本　一夫　2009：『農耕の起源を探る—イネの来た道—』歴史文化ライブラリー276，吉川弘文館

村上英之助　1964：「弥生時代の鋳鉄品について」（『たたら研究』11，1〜5頁）

村上　恭通　1994：「弥生時代における鍛冶遺構の研究」（『考古学研究』41—3，60〜87頁）

村上　恭通　1998：『倭人と鉄の考古学』青木書店

村上　恭通　2000：「鉄器生産・流通と社会変革」（『古墳時代像を見なおす—成立過程と社会変革—』137〜200頁，青木書店）

村上　恭通　2001：「上野Ⅱ遺跡にみられる鉄器生産の特徴」（『上野Ⅱ遺跡』205〜208頁，中国横断自動車道尾道松江線建設予定地内埋蔵文化財発掘調査報告書10，日本道路公団中国支社・島根県教育委員会）

村上　恭通　2008：「東アジアにおける鉄器の起源」（『新弥生時代のはじまり』第3巻，148〜154頁，雄山閣）

森　貞次郎　　　1960：「島原半島（原山・山ノ寺・礫石原）及び唐津市（女山）の考古学的調査―おわりに―」（『九州考古学』10，6〜10頁）

森　貞次郎　　　1966：「九州」（『日本の考古学』Ⅲ―弥生時代―，32〜80頁，河出書房新社）

森　貞次郎　　　1968：「弥生時代における細形銅剣の流入について」（『日本民族と南方文化』127〜161頁，平凡社）

森貞次郎・岡崎敬　1961：「福岡県板付遺跡」（『日本農耕文化の生成』37〜77頁，東京堂）

森岡　秀人　　　1990：「稲作はどのように広がっていったか」（『争点日本の歴史』1，203〜219頁，新人物往来社）

森本　六爾　　　1934：「農業起源と農業社会」（『日本原始農業新論』（『考古学評論』1―1，18〜25頁，東京考古学会）

安田　喜憲　　　1982：「気候変動」（『縄文文化の研究』1，163〜200頁，雄山閣）

家根　祥多　　　1987：「弥生土器の誕生と変貌」（『季刊考古学』19，13〜18頁）

家根　祥多　　　1993：「遠賀川式土器の成立をめぐって―西日本における農耕社会の成立―」（『論苑考古学』267〜329頁，天山舎）

山尾　幸久　　　1983：『日本古代王権形成史論』岩波書店

山崎　純男　　　1980：「弥生文化成立期における土器の編年的研究―板付遺跡を中心としてみた福岡・早良平野の場合―」（『鏡山猛先生古稀記念古文化論攷』117〜192頁）

山崎　純男　　　1983：「西日本後・晩期の農耕」（『縄文文化の研究』2，267〜281頁，雄山閣）

山崎　純男　　　1990：「環濠集落の地域性―九州―」（『季刊考古学』31―環壕集落とクニのおこり―，57〜61頁）

山崎　純男　　　1991：「北部九州における初期水田―開田地の選択と水田構造の検討―」（『日本における初期弥生文化の成立』350〜394頁，文献出版）

山崎純男編　　　1999：『福岡市板付周辺遺跡調査報告書第20集』福岡市埋蔵文化調査報告書第601集

山田　康弘　　　2009：「縄文文化と弥生文化」（『弥生時代の考古学』第1巻，165〜183頁，同成社）

山内　清男　　　1932：「日本遠古乃文化」（『ドルメン』8，60〜63頁）

山内　清男　　　1933：「日本遠古之文化―縄紋式以後（完）―」（『ドルメン』2―2，49〜53頁）

山本　直人　　　2002：『加速器質量分析放射性炭素年代測定法による縄文時代集落の存続期間に関する研究』

山本　直人　　　2007：「東海・北陸における弥生時代の開始年代」（「縄文時代から弥生時代へ」『新弥生時代のはじまり』第2巻，35〜44頁，雄山閣）

横山　浩一　　　1959：「手工業生産の発展―土師器と須恵器―」（『世界考古学大系』3―日本Ⅲ―，125〜144頁，平凡社）

吉留秀敏編　　　1991:『比恵遺跡群10』福岡市埋蔵文化財調査報告書255
吉留秀敏編　　　1994:『那珂11―二重環濠集落の調査―』福岡市埋蔵文化財調査報告書366
若林　邦彦　　　2002:「河内湖周辺における初期弥生集落の変遷モデル」(『環瀬戸内海の考
　　　　　　　　古学』上巻，225～239頁，平井勝氏追悼論文集刊行会)
和島　誠一　　　1958:「西日本における古代鉄器中の炭素量」(『資源科学研究所彙報』第48
　　　　　　　　号，53～56頁)
和島　誠一　　　1967:「弥生時代社会の構造」(『日本の考古学』Ⅲ―弥生時代―，1～31頁，
　　　　　　　　河出書房新社)
和島誠一・長谷川熊彦　　1968:「兵庫県会下山遺跡出土の板状鉄斧の分析」(『西日本にお
　　　　　　　　ける古代鉄器中の炭素量』)
渡辺　直経　　　1966:「縄文および弥生時代のC^{14}年代」(『第四紀研究』vol.5，No.3―4，
　　　　　　　　157～168頁)

索　引

ゴチックは主な説明のある頁を示す．

Ⅰ　事　項

あ　行

アズキ属種子　135(註2)
天城式　35
石庖丁形(鋳造)鉄器　144
板状鉄製品　157
板付Ⅰ式土器　4,9,36,39,204
板付Ⅱa式土器　36,52,**58**,59,**61**,63,246
板付Ⅱb式土器　56,**60**,**61**
板付Ⅰ古式甕　79,82,84,85,87,93,95
板付祖型甕　75(→参考　祖型甕)
板付タイプ　87,93,**96**,98,101,102
入佐式　35
Interaction Model　98(→参考　相互交流モデル)
ウィグルマッチ法　21,105,124,127,**183**,**184**
ウィグルマッチング　184
ＡＭＳ炭素14年代測定　1,13,15
衛満朝鮮　7,9
エビ縄紋説　235,238,241,243,244
エルテベーレ文化　98
燕　7,9,10,139～142
円形粘土帯土器　66,140,141
園耕民　75,**76**,88,90,95,96,98,101,102,104,106,130,135
大石式　35
大形板状鉄斧　147,148
太田型甕　107
大洞Ｂ式　28,35
大洞Ｃ₂式　85
卸し技術　144
(古)遠賀川(式)系土器　3,5,47,59,61,62,**72**,73,105,107,108,110,112～114,116,124,134

か　行

貝塚(前・後期)文化　199,201,204,241
海洋リザーバー効果　20,37
塊錬鉄(製品)　**155**,157
学術創成研究　15,70(註2)
拡大再生産　70,229～231,240,242
樫王式　57
鍛冶炉　**154**,157,165,170
可鍛鋳鉄　139,142,170
金山産サヌカイト　132
上菅生Ｂ式(古)　35
上菅生Ｂ式(新)　43
亀ノ甲Ⅱ式(タイプ)　36,59,61,120
灌漑式水田稲作　1,203,211,241,251
環　壕　77,78,82,131
環壕集落　4,6,41,84,85,87,102,112,117,132,213,217,219～221,223,227,232,239,241,243
擬孔列文土器　36
魏　志　147,148,163
北の文化　199,203,227
北のボカシ　222
肝属川　232
口酒井式　129
屈曲型一条甕　27,116,117
屈曲型二条甕　37,84,116
倉岡式　45
黒川式土器　**28**,91,241
黒川式古　32,35
黒川式新　28,32,34～37,**39**,41
汲田式　197(註3)
傾斜編年　**7**,19
原始鍛冶　150,**159**
口縁下端凸状甕　117,120
交差年代法　6,**7**,**9**,11,12,15
較正曲線　105,124,127
古河内潟　104,108,110,112,113,129,217
後漢書　148
コクゾウムシ　90,136(註9)
故　鉄　154
古諸岡川　78

さ　行

再葬墓　219,227,239
細別型式　174,175,193
在来人(縄文人)主体説　4

砂鉄製錬　161
沢田式新　36,45,52
山東半島　202,211
Japanese Culibration Curve(JCal)　16,42
C₄植物　58
滋賀里Ⅲb式　91
四箇タイプ　87,88,96,101,102
刺激伝播　113,137(註15)
支石墓　215
自生説　105
時代区分論争　4,206
主体者論争　4
樹木年輪　12(→参考　年輪年代)
条痕文土器　239
条痕文土器分布圏　209
城ノ越式　9
上部構造　214,237,239
縄文系弥生文化　209,224,226,235
縄文集落論　174,177
縄文人主体論(説)　88,208
食料困窮説　73
新住み分け論　112
新石器革命　3
水平編年　143
須玖式　179
須玖Ⅰ式　181
須玖Ⅱ式　154,181,184
スタンプ痕　90
住み分け説　88,90,91,105～107,109,112
青銅器祭祀　219,221,228,232,234,240,243
精錬鍛冶　149
石器模造品文化　219
瀬戸内甕　122
選択的生業構造(選択的な生業構造)　6,214,
　　215,222,225,232,239,240,242
双合范　141
相互交流モデル　98,102(→参考　Interaction
　　Model)
続縄文　199,201,203,224,227,231,239,241
祖型甕　79,85,87,93,96,101
組織痕文土器　28,35
松菊里式住居　187
松菊里式　5,14
松菊里式土器　91
松菊里タイプ(型)　186
松菊里文化　143

た 行

大陸系弥生文化　209

多角的食料源獲得経済　223,224
高橋Ⅱ式　59,61,64
宝台Ⅰ式　179,183,184
宝台Ⅱ式　179,183
宝台遺跡　172,177,184
戦　い　4,41,97,230
多鈕細文鏡　217
脱炭焼きなまし　145
立岩式　189
縦切り派　17
縦の「ボカシ」　200,201,223,225,227,228,230,
　　234,240,243
単号范　141
短冊型鉄斧　148
鍛錬鍛冶(A・B)　148,150,154,159
鋳造鉄斧再利用説　139
鋳鉄脱炭鋼　145,150
長江下流域　210,211,215
直接製鋼法　157
壺棺再葬墓　209
鉄　鋌　148
伝　世　143,170(註3)
同時機能住居　174,175
同時併存住居　172,187
土器型式の均等存続幅　1
土器付着炭化物　15
土偶型容器　209,224,227,238,239
突帯文土器　3
渡来人主体論(説)　88,208
鳥形木製品　234

な 行

那珂古川　78
那珂タイプ　87,93,96,98,101,102,136(註7)
中の文化　199,200,203,222,223,225,227,228,
　　231,234,240,241
中山Ⅰ式　45,52,59
長原式　105,107,112～114,134
2400年問題　184,195
二重環濠　78
二上山産サヌカイト　132
日本版較正曲線　16
年輪年代(法)　8,13(→参考　樹木年輪)
農耕祭祀　219,221

は 行

白鋳鉄　139
原山式　36,58
播磨型　117

索　引　271

比較年代決定法　9
標準甕　114,117,120,122,132,134(註16)
Phase　175
船橋式　107,124
プラント・オパール　57,237
フロンティア　98,106,247
フロンティア理論　112,129,134
方形周溝墓　6,221,232,238,241
砲弾型一条甕　38,84,116,129
ボカシの地域　199

ま　行

前池式　35,53,136(註9)
馬見塚(F地点)式　57,58
見えざる鉄器　164,166
水走式　114
見直し論　174
三国丘陵　173
南の文化　199,**204**,227
三万田式　60,70(註1),135(註2),136(註9)
無刻目突帯文土器　43
網羅的な生業構造　204,214,222,224,225,
　　227,230,231,234,237～239,241～243
木　偶　234

や　行

ヤコウガイ交易　204
山の寺式　27

山の寺・夜臼Ⅰ式　21,36,39,41,42
弥生稲作　1,41,42,73,174,199,200,211,
　　219,225,227,228,232,234,235,237,238,247,
　　248
弥生集落論　172,173,177
弥生短期編年　2,7,**18**(註1),72,105,138,142,
　　143,170(註1),243(註1),248
弥生長期編年　1,2,5,**18**(註1),73,104,105,
　　138,142,143,150,169,201,202,243,247,248
弥生文化の三大要素　3
夜臼Ⅰ式　27,32
夜臼Ⅱa式　36,38,**39**,41,42,47,197(註1・2)
夜臼Ⅱb式・板付Ⅰ式　**41**,42
湧水型水田　**203**,237,241,242
床面直上　172,175
横のボカシ　200,230

ら　行

龍山文化期　211
遼寧式青銅器文化　212
遼寧式銅剣　4,140,143,170(註4),202,212,
　　217,248
類弥生文化　224
レプリカ法　53,70(註1)
ロジスティックモデル　190,195

わ　行

倭国大乱　7,163,165～167,169

Ⅱ　遺　跡　名

あ　行

青谷上寺地遺跡(鳥取)　159
赤井手遺跡(福岡)　147,170(註5)
阿方遺跡(愛媛)　45,52,61
有田遺跡(福岡)　85,90,93,95
有田七田前遺跡(福岡)　87,91
有馬遺跡(群馬)　161
池上・曽根遺跡(大阪)　8,13,14
池子遺跡(神奈川)　238
池島・福万寺遺跡(大阪)　114,**116**
石木中高遺跡(佐賀)　38
石遺跡(福岡)　35
板付遺跡(福岡)　3,11,**78**,79,85,87,**93**,
　　95,132,136(註4・12),215,239
板付田端遺跡(福岡)　82

板屋Ⅲ遺跡(島根)　136(註9),237
居徳遺跡(高知)　45
田舎館遺跡(青森)　228,231,234
今川遺跡(福岡)　4,66,140,143
上野Ⅱ遺跡(島根)　155,157
宇木汲田貝塚(佐賀)　9,10,27
牛牧遺跡(愛知)　55
姥山貝塚(千葉)　189
会下山遺跡(兵庫)　144
江辻遺跡(福岡)　87,**186**
扇谷遺跡(京都)　161
黄幡1号遺跡(広島)　42,49,62,66
大江前遺跡(佐賀)　38,**39**
大崎台遺跡(千葉)　219
大橋遺跡(東京)　175
大橋遺跡(長野)　219

大淵遺跡(愛媛)　　　　223,237
大保横枕遺跡(福岡)　　　36,59,70(註3)
岡山大学学生部男子学生寮(岡山)　　237
日佐遺跡(福岡)　　　　38

か 行

亀井遺跡(大阪)　　　　131
亀ノ甲遺跡(福岡)　　　61
唐古・鍵遺跡(奈良)　　122,129,137(註17)
狩尾遺跡(熊本)　　　　168
キウス遺跡(北海道)　　187
鬼虎川遺跡(大阪)　　　108,139,146
木の本遺跡(大阪)　　　114,116,120
草刈貝塚(千葉)　　　　176
葛原遺跡(福岡)　　　　147
口酒井遺跡(兵庫)　　　129,223
小丸遺跡(広島)　　　　161,162
御領貝塚(熊本)　　　　35
権現脇遺跡(長崎)　　　28,38

さ 行

斎藤山遺跡(熊本)　　　3,139,145,150,205
坂元A遺跡(宮崎)　　　223,237
雀居遺跡(福岡)　　　　59,85,87,95
三内丸山遺跡(青森)　　15,187
山谷遺跡(徳島)　　　　53
四箇遺跡(福岡)　　　　77,90,95,135(註2)
重富遺跡(福岡)　　　　136(註3)
下郷遺跡(宮崎)　　　　217
下城遺跡(大分)　　　　144
庄・蔵本遺跡(徳島)　　36,52
庄原遺跡(福岡)　　　　147
新町遺跡(福岡)　　　　208,215
砂沢遺跡(青森)　　　　228,238

た 行

大開遺跡(兵庫)　　　　117,120
田井中遺跡(大阪)　　　112,134
高松遺跡(大分)　　　　168
宝台遺跡(福岡)　　　　181,184
立岩遺跡(福岡)　　　　8
玉沢地区条里跡遺跡　　　35,43,49,50
田村遺跡(高知)　　　　49,217
田村遺跡(福岡)　　　　77
達川遺跡(韓国)　　　　154
津寺遺跡(岡山)　　　　169
鶴崎遺跡(佐賀)　　　　140
寺野東遺跡(栃木)　　　187

な 行

那珂遺跡(福岡)　　　　82,84,85,94,95,208,215
中桑野遺跡(福岡)　　　150
中里遺跡(神奈川)　　　218,236,238
長原遺跡(大阪)　　　　114,237
中伏遺跡(福岡)　　　　146
中屋敷遺跡(神奈川)　　224,238,239
奈具岡遺跡(京都)　　　145,147
菜畑遺跡(佐賀)　　　　3,27,38
西川津遺跡(島根)　　　150
西志賀貝塚(愛知)　　　10,11
西ノ丸遺跡(鹿児島)　　217,244(註6)
西畑瀬遺跡(佐賀)　　　33
西弥護免遺跡(熊本)　　157
貫川遺跡(福岡)　　　　223
勒島遺跡(韓国)　　　　152
沼遺跡(福岡)　　　　　177
莱城遺跡(韓国)　　　　153
野倉遺跡(鹿児島)　　　217
野多目遺跡(福岡)　　　87,92,93,132

は 行

橋本一丁田遺跡(福岡)　　27,38
林・坊城遺跡(香川)　　223,237
原の辻遺跡(長崎)　　　147,181
春住遺跡(福岡)　　　　84
比恵遺跡(福岡)　　　　145,177,217
比恵・那珂遺跡群(福岡)　82,93,94,136(註6)
東畑瀬遺跡(佐賀)　　　33
百間川遺跡(岡山)　　　169,238
平章里遺跡(韓国)　　　197(註5)
平田遺跡(島根)　　　　159
比莱洞遺跡(韓国)　　　170(註4)
福重稲木遺跡(福岡)　　38
古市遺跡(鹿児島)　　　61
文京遺跡(愛媛)　　　　161
星ヶ丘遺跡(大阪)　　　167
払田柵(秋田)　　　　　14

ま 行

曲り田遺跡(福岡)　　　3,139,145
纏向石塚(奈良)　　　　13
纏向遺跡(奈良)　　　　167
松河戸遺跡(愛知)　　　57
馬見塚F遺跡(愛知)　　57,58
水走遺跡(大阪)　　　　106,112〜114,116,120,122,
　　　　　　　　　　　129,134
三沢蓬ヶ浦遺跡(福岡)　193

索　引　273

宮竹野遺跡(静岡)　237
宮ノ下遺跡(大阪)　116
宮ノ前遺跡(山梨)　238
妻木晩田遺跡(鳥取)　159,169
本高弓ノ木遺跡(鳥取)　36
本山遺跡(兵庫)　129,217
森ノ宮遺跡(大阪)　108

や　行

柳沢遺跡(長野)　219,221,243
山賀遺跡(大阪)　108,131
山中遺跡(愛知)　58

山元遺跡(新潟)　219
駅洞遺跡(韓国京畿道)　170(註4)
吉武大石遺跡(福岡)　217
吉野ヶ里遺跡(佐賀)　139,217

ら　行

洛陽焼溝漢墓(中国)　8
力武内畑遺跡(福岡)　195
竜ヶ崎A遺跡(滋賀)　58

わ　行

若江北遺跡(大阪)　106,112,117,120,129,134

Ⅲ　人　名

あ　行

秋山浩三　105,112
安里　進　244(註8)
東　　潮　147,148
安在　晧　5
安藤広道　237
飯塚　勝　101,187,189,190
井川史子　13
李　健茂　148
石井　寛　174
石川岳彦　140,141,143
石川日出志　6,8,18(註2),203,210,218,219,
　　224,226,235,236,239,240,242
泉　拓良　207
李　昌煕　66,140,142
今村峯雄　14,15,49,62
宇野隆夫　4,6,7,103,208
大澤正己　139,146,157,159
大塚初重　10
大貫静夫　19
大貫良夫　137(註15)
岡崎　敬　8,10,11,15,144,147,163
尾嵜大真　17,49,62
小田富士雄　15,181
乙益重隆　145

か　行

片岡宏二　152,187,189
川口寅之輔　139,145
川越哲志　142,143,144,164
甲元眞之　143

小林謙一　17,114,174
小林青樹　87,141,143
小林行雄　2,7,9,163,164,205
近藤義郎　9,140,145,207,237

さ　行

斎野裕彦　229,230
佐々木稔　145
佐原　真　3,12,13,14,77,206,209
潮見　浩　145,148,162,167
設楽博己　6,57,87,209,242
清永欣吾　149,161
下條信行　135
昭王(燕)　9
白石太一郎　4,8,163,208
新里貴之　244(註6)
杉原荘介　10,11,12,205,243(註3)
鈴木　信　203,224

た　行

J・ダイヤモンド　210
高倉洋彰　173
高瀬克範　228
高橋　徹　7,8,15,70(註2)
武末純一　4,9,15,66,70(註4),142,207,240
田崎博之　4,77,82,84,87,93～96,136(註5・
　　6・10・11),181,207
田中清美　111
田辺昭三　7,164
田畑直彦　112
趙　榮濟　157
都出比呂志　163

274

常松幹雄	181	藤本　強	4,199,200,202
R. W. Dennle	98,99,106		

ま　行

出原恵三	47	増田精一	167
徳永貞紹	33	松木武彦	165
土佐雅彦	161	水ノ江和同	35
富岡謙蔵	8	光谷拓実	13,49,62
		宮本一夫	68,211

な　行

中西靖人	107	三好孝一	112
中橋孝博	97,101	村上英之助	144
中山誠二	238	村上恭通	141,142,154,157,164,167
西本豊弘	15,70	森岡秀人	108,109
禰宜田佳男	166	森貞次郎	7,8〜10,15,144,206
野島　永	139,141,142,145,150,167,168,171	森本六爾	244(註5)
（註6）			

や　行

		家根祥多	101

は　行

橋口達也	97,101,136(註8),142,170(註5)	山尾幸久	163
長谷川熊彦	144,145	山崎純男	27,32,91,96,136(註4),217
土生田純之	169,214,239	山崎頼人	70(註3)
浜田達二	13	山田康弘	213
林　謙作	176,229,234,235,241	山内清男	10,15,163,203,209,241,242
原田大六	144	山本直人	14
春成秀爾	45,77,101,104,105,108,110,114,	横山浩一	245(註12)
	124,137(註4)	吉留秀敏	217
東　和幸	244(註9)		

わ　行

広瀬和雄	103,229	若林邦彦	113,131
藤尾慎一郎	75,166,200,202,208,217,231,	和島誠一	144
	236,237,241,243,246	渡辺直経	10
藤田　等	144		

著者略歴

1959年　福岡県に生まれる
1986年　九州大学大学院文学研究科博士課程単位取得退学
現在　　国立歴史民俗博物館副館長・総合研究大学院大学教授，
博士(文学)

〔主要編著書〕
『縄文論争』（講談社，2002年）
『弥生変革期の考古学』（同成社，2003年）
『弥生文化の輪郭』（弥生時代の考古学1，共編著，同成社，2009年）
『弥生文化誕生』（弥生時代の考古学2，共編著，同成社，2009年）
『〈新〉弥生時代―500年早かった水田稲作―』（吉川弘文館，2011年）

弥生文化像の新構築

2013年(平成25) 5月1日　第1刷発行

著　者　藤尾慎一郎
　　　　ふじ　お　しんいちろう

発行者　前　田　求　恭

発行所　株式会社　吉川弘文館
〒113-0033　東京都文京区本郷7丁目2番8号
電話 03-3813-9151〈代〉
振替口座　00100-5-244
http://www.yoshikawa-k.co.jp/

印刷＝藤原印刷株式会社
製本＝株式会社 ブックアート

© Shin'ichirō Fujio 2013. Printed in Japan
ISBN978-4-642-09329-3

JCOPY　〈(社)出版者著作権管理機構　委託出版物〉
本書の無断複写は著作権法上での例外を除き禁じられています．複写される
場合は，そのつど事前に，(社)出版者著作権管理機構(電話 03-3513-6969，
FAX 03-3513-6979，e-mail: info@jcopy.or.jp)の許諾を得てください．

藤尾慎一郎著　（歴史文化ライブラリー）

〈新〉弥生時代
―五〇〇年早かった水田稲作―

一八九〇円（税込）　四六判・並製・カバー装・二八八頁

近年、国立歴史民俗博物館の「炭素14年代測定法」による衝撃の測定結果が、これまでの弥生文化像を覆しつつある。見直しを余儀なくされた稲作開始期の東アジア国際情勢、鉄器がない当初の数百年、広まりの遅い水稲耕作、変化を迫られる村や墳墓の景観…。五〇〇年遡る新しい年代観から導き出された、弥生文化併行期の日本列島の全体像を描き出す。

吉川弘文館